아직 살아있는 자 전두환

이 도서의 국립중앙도서관 출판시도서목록(CIP)은 서지정보유통지원시스템 홈페이지(http://seoji.nl.go.kr)와 국가자료공동목록시스템(http://www.nl.go.kr/kolis-net)에서 이용하실 수 있습니다. (CIP제어번호 : CIP2013007401)

아직 살아 있는 자 전두환

북콤마

차례

'진짜 주어'의 표정과 감정

늙은 장군이 손을 든다. 팔꿈치를 절도 있게 꺾는다. 노장군의 손은 오른쪽 눈썹 근처에 가 있다. 입꼬리가 내려간, 굳게 다문 입술에서 북받쳐 오르는 감정을 억누르는 게 엿보인다. 감정이 북받친 게 이상한 일은 아니다. 노장군은 58년 전엔 단상 아래에서 행진하고 있었다. 임관을 앞둔 청년 장교였다. 지금 노장군이 서 있던 자리에, 대통령 이승만이 서 있었다. 1954년에 경례하던 청년 장교는 2012년 단상에서 거수경례를 받는다. 58년 동안 많은 일이 있었다. 누군가 변했고, 많이 죽었고, 늙은 장군과 그의 군인 친구는 차례로 대통령을 지냈다. 그러므로 2012년 6월 8일 오후 태릉 육군사관학교에서 열린 '육사발전기금 200억 원 달성' 기념행사는 마냥 잔치로 끝나지 못했다. '5·18 광주학살 원흉의 사열 책임자를 엄중 처벌하라'(민주통합당 광주시당)는 비판이 나왔고 '백담사의 종소리는 두 번 다시 전두환 씨를 용서하지 않는다'(5·18기념재단)는 성명이 발표됐다.

나는 1976년생이다. 노장군이 육사 선배를 총으로 쏘고 육군의 최고 수장을 체포한 1979년에 세 살이었으며 광주 시민 수백 명이 숨진 1980

년에 네 살이었다. 1992년에 고등학교 1학년이었다. '서태지와 아이들'의 〈난 알아요〉에 맞춰 YG 양현석의 회오리춤을 추는 일에 슬슬 질려가던 그해 말, 김영삼이 대통령이 됐다. 동기들보다 한 해 늦게 대학에 들어간 1996년에 이미 노장군은 기소된 상태였다. 뒤늦게 정의가 찾아온 것처럼 보였다. 95학번들은 '전두환 체포 투쟁' 당시 연희동 골목길을 넘나들던 어느 봄날을 영웅담으로 기억했다. 1996년 장선우 감독의 영화 〈꽃잎〉이 개봉했다. 박정희주의자는 보였지만 전두환주의자는 보수 진영 안에서도 찾기 어려웠다. 노장군은 단죄를 받은 것처럼 보였다. 늙은 장군의 시대는 흘러갔다고 느껴졌으며 그를 따르던 사람들은 숨은 것처럼 보였다. 그들은 대중의 짧은 기억력이라는 엄폐물 뒤에 숨고자 했다.

요컨대 내게 늙은 장군은 악이었지만, 박제된 악마였다. 노장군은 내게 공포나 영감, 분노 같은 살아 있는 감정을 일으키는 인물이 아니었다. 기자가 된 뒤에도 한동안 그는 내 무의식의 캄캄한 구들장 아래 엎드려 있었다. 나보다 더 젊은 세대에게는 어떨까. 노장군의 이름을 인터넷에서 검색하면 대번에 '29만 원'이라는 단어가 뜬다. 노장군이 29만 원짜리 수표를 든 포스터도 있다. 진보 성향의 젊은 세대에게 그는 희화화의 대상인 것 같다. 20대가 노장군의 거수경례를 보며 느낀 감정은 분노라기보다는 비아냥거림일 게다. 마치 한물간 개그맨의 성대모사를 본 것처럼.

그러다 노장군이 다시 보였다. 2012년 6월 8일 그날, 통나무 아래에 웅크려 있다가 갑자기 몸을 드러낸 곰처럼, 그 사람은 거수경례 동작 하나로 내 무의식의 구들 아래서 의식의 무대로 올라왔다. 이명박 정부라는 현실은 때마침 좋은 스포트라이트가 되어주었다. 하나회의 멤버이자 육사 출신인 강창희 새누리당 국회의원이 그해 7월 대한민국의 제19대 국회의장에 뽑힌 현실은 맞춤한 BGM이었다.

노장군을 새로 발견하게 된 이유가 또 있다. 2년간 군사독재 시절에 활동한 정치인과 관료들의 회고록을 읽는 일에 빠져 살았다. '군사독재 덕후'로 불러도 될 정도였다. 박정희와 그의 시대를 이해해야 한다고 생각했다. '내가 싫어하는 한국 보수주의를 나는 잘 이해하고 있는가'라고 자문했다. '학생운동 세대가 아닌 내가 보수주의를 그토록 경멸하는 이유는 뭐란 말인가' 라고 반문했다. 그 질문은 내 안의 다른 자아 2가 보수주의를 경멸하는 자아 1을 관찰하는 자기 객관화로 나를 이끌었다. "나는 정치에 관심 있습니다, 그러나 이념으로서가 아니라 오로지 자기방어의 예술(art of self-defense)로서만 그렇습니다." [1] 미국의 르포 작가 헌터 톰슨(Hunter S. Thompson)의 이 문장을 빌려 말하면, 이 작업은 기자이기 전에 자유주의 성향을 가진 한 시민으로서 세상에서 상처받지 않기 위해 정신적 호신술을 연마하는 일이기도 했다.

2012년 6월부터 12월 19일까지 나는 정치부 기자로 여의도와 종로의 선거 캠프를 오갔다. 그 여섯 달 동안에도 나는 늙은 장군을 생각했다. 전두환에 대한 관심은 2012년에 생긴 '박근혜 현상'으로 더 커졌다. 그해 국회의원 선거를 앞두고 많은 진보적 지식인들이 시대정신을 이야기했다. 민주화 운동을 경험한 기자 선배들은 박근혜 대통령의 집권을 역사의 퇴보와 동일시했다. '장강의 뒤 물결이 앞 물결을 밀어낸다' 라는 클리셰가 술자리에 유독 자주 들렸다. 새누리당조차 자신들이 패배하리라

예측했던 국회의원 선거에서 민주통합당과 진보정당은 다수 의석을 얻지 못했다. 그런데도 진보 진영의 자기 최면은 멈추지 않았다. 그리고 보수가 그해 겨울에 치러진 대통령 선거에서 이겼다. 개혁진보 진영의 주장을 적용하면, 새누리당이 장강의 뒤 물결에 맞섰고 정당한 시대정신과 싸워 승리했다. 정말 그런 걸까?

1979년 겨울에도 상식을 가진 시민들이 변화를 당연한 것으로 여겼다. 유신은 악이었다. 절대 악이 사라졌으니 당연히 민주화가 와야 했다. 상식인들이 '당연히 와야 하고, 당연히 올 수밖에 없는 것'으로 여긴 민주화는 7년간 유예됐다. 격류의 한가운데에 서 있는 낚시꾼처럼, 노장군은 민주주의의 강물 한복판에서 권력을 낚아챘다. 강의 흐름을 틀어버렸다.

2013년 봄 나는 의식의 무대 한쪽 관객석에 쭈그리고 앉아 무대에 선 노장군을 쳐다보며 자문한다. 선배 세대가 싸웠던 독재자의 딸이 민주 선거로 대통령에 선출된 해, 1976년생의 기자는 자문한다. '노장군은 박제된 악마이거나 한물간 개그맨인가?' '그는 연구할 가치가 없는 평범한 악일 따름'이라는 진보주의자들의 목소리가 클수록 반항심처럼 '민주주의가 1979년의 시대정신이었다면 7년간 성공적으로 시대정신에 맞서 싸운 그 사람은 누구인가'라는 반문이 솟아올랐다.

이 책은 이 질문에 대한 나의 답안지다. 학위논문이나 일간지의 정치 단신과는 다른 글을 쓰려 했다. 행동과 문장의 주어 자리에서 추상적인 단체와 기관, 조직을 지워버리고 싶었다. 직책과 기관이라는 '가짜 주어' 뒤에 숨은 '진짜 주어'를 포착하려 했다. 요컨대 철저히 사람 이야기를 쓰고 싶었다.

독일 작가 슈테판 츠바이크는 그의 소설만큼이나 전기로도 유명하다. 특이하게 늘 선인보다 악인, 위인보다 결함 있는 인간의 전기를 썼다. ≪어느 정치적 인간의 초상≫이 대표적이다. 1979년 프랑스대혁명, 총재 정부, 로베스피에르 체제, 나폴레옹 정부, 왕정복고 시대에 걸쳐 모두 2인자로 생존한 조제프 푸셰의 전기다. 그는 정보기관의 수장으로 정보를 미끼로 권력자와 거래한 냉혈한이었다.

츠바이크는 왜 악인에 이끌렸을까. "위인이나 영웅은 다만 존재하는 것만으로써 수십 년, 수세기를 거치는 동안 사람들의 정신생활을 지배하는 것은 의심할 바 없다. 그러나 그것은 정신적인 면에서뿐이다. 실제 생활에서나 정치라는 힘의 영역에서 그것이 좌우하는 일은 드물다. 그리고 이 사실은 모든 정치적 믿음을 경고하기 위해서 강조되어야 한다. 거기서는 뛰어난 인물, 순수한 관념의 인간이 결정적으로 좌우하는 일은 드물고 오히려 가치는 떨어지지만 교활한 족속의 인간, 즉 흑막의 인간이 결정권을 쥐는 경우가 많다. (…) 나폴레옹이 이미 100년 전에 말한 바와 같이 정치라는 것이 현대의 숙명, 새로운 운명이 되어버렸다면 우리들은 자기방어를 위해서 이들 힘의 배후에 숨어 있는 사람들을 알아야 하고 그들의 위험한 힘의 비밀을 알려고 노력해야 한다."

츠바이크의 이 문장에 고개를 끄덕이는 독자나, 잔혹하면서 인간적이고 소탈하지만 권위주의적이며 영악하면서 반지성적인 늙은 장군이 자기방어의 반면교사가 될 수 있겠다고 생각하는 독자는 다음 페이지를 넘겨도 무방할 것 같다.

1부

전두환 최후의 날

노장군은 오래 산다. 자기 손으로 감옥에 가둔 김대중도 숨졌고, 자신에게 명패를 던졌던 노무현도 세상에 없다. 노장군은 2012년 12월 19일 오전에 어김없이 투표장을 찾았다. 〈뉴시스〉에 실린 사진을 보면, 서대문구 연희동 주민센터 투표소에 선 노장군은 쥐색 양복에 노란색 넥타이를 맸다. 조끼와 무테안경이 제법 온화한 느낌을 준다. 노장군은 박근혜 대통령과 문재인 의원 가운데 누구를 찍었을까?

그게 누구였든, 2013년 2월 25일 노장군은 기분 좋아 보인다. 1977년 노장군은 박정희 정부에서 경호실 작전차장보로 재직하고 있었다. 박지만이 그해 육사에 입학했다. 정승화가 교장이었다. 노장군은 그때 박근혜 대통령과 기념사진을 같이 찍었다. 그 '영양'이 대통령이 됐으니 기분 좋을 일이다. 1979년 노장군은 부마항쟁이 일어난 이유 중의 하나로 박근혜 문제를 꼽았다. 보안사령관이던 노장군은 정승화 계엄사령관에게 부마항쟁의 원인으로 "정부의 부정부패, 말단 공무원의 고압적인 대민 자세, 특히 경찰의 횡포, 박근혜 양의 문제, 김영삼 씨 제명 등"을 들었다. 정승화는 "지금 생각해도 정확한 보고였다는 생각이 들어요"라고 훗날 회상했다.[2] 그러나 이런 소소한 구원(舊怨)은 중요하지 않다. 보수는, 그런 차이를 뛰어넘는다.

노장군은 한국 현대사의 진행이 흐뭇할 게다. 노장군은 1987년 "나는 다음다음 선거에서 다른 정당이 잡는 것은 무방하다고 봐요. 그러나 1991년까지는 그대로 가야 돼요"라고 말했다.[3] 양김 분열을 통해, 과연 노장군의 말대로 되었다. 노장군을 위해 작성된 '88년 평화적 정권 교체를 위한 준비 연구'라는 문서에서는 민정당이 최소 2000년까지 집권할 것을 목표로 잡았다. 3당 합당을 통해, 과연 기득권층의 말대로 되었다.

　노장군이 이상적 정치체제로 여긴 것은 일본 자민당의 장기 집권이다. 노장군은 1987년 3월 "일본은 자민당이 31년간을 계속 집권해서 일관성 있게 밀고 가니…… (경제가 잘된다)"라고 말했다. 2013년 2월 25일 박근혜 대통령의 취임식 때 노장군의 표정은 흐뭇해 보인다. 노장군은 26년 전 자신이 한 말을 기억하고 있을까?

전두환 영구 집권 계획

전두환은 늘 자신의 업적으로 '7년 단임제'를 꼽았다. "나는 정치 보복을 각오하고 있어요. 그러나 평화적 정부 이양은 꼭 한 번은 해야 돼. 민주주의 발전을 위해서는 전통을 세워야 해요."[4] 이것은 역사를 조금이라도 아는 사람은 수긍하기 어려운 주장이다. 대통령이 3선을 하면 안 된다는 주장은 이미 1969년에 집권 여당인 공화당 쪽에서 제기됐다. 여러 공화당 의원이 제명됐다. 국민 다수는 물론, 미국조차 정상적인 민주화를 예측했던 게 1979년이다. 전두환은 역사의 강 한복판에서 물줄기를 가로막은 자다. 전두환에 가로막힌 역사의 강이 길게 돌아 제자리로 흐른 것이다. 그 물줄기의 흐름을 자신의 업적으로 주장하는 것은 민망해 보인다.

그뿐이 아니다. 자기는 대통령직에서 물러나지만 민정당 등을 통해 '수렴청정'을 하려고 꾀한 것 같다. 1988년 11월 17일자 〈한겨레〉에 특종 기사가 실렸다. '전두환 장기 집권 시나리오' 문서가 공개됐다. 〈경향신문〉 정경연구소의 기획위원 장연호가 한겨레 기자에게 양심 고백을 했다. 당시 〈경향신문〉 사장인 정구호가 1984년 "외국의 정권 교체 사례에 관한 자료들을 모아 객관적 학술 연구 차원에서 검토했으면 좋겠다"고 장연호에게 말했다는 것이다. 장씨를 포함해 4명의 전문가로 작업팀이 꾸려졌다. 버마(미얀마), 세네갈 등을 돌았다. 1984년 4월 정구호는 이 작업의 목적에 대해 "평화적 정권 교체 및 1988년 이후에도 전두환 대통령 각하가 계속 지도력을 행사할 수 있는 정치적 기반을 구축하는 데 있다"라고 말했다. '88년 평화적 정권 교체를 위한 준비 연구'라는 제목의 문서는 그렇게 완성됐다. 그해 6월 정구호가 보고서 2부를 청와대에 가지고 가

보고했다. 정구호는 장연호에게 "2시간 반에 걸쳐 전 대통령 각하를 독대하는 자리에서 보고드렸다"라고 말했다.

실제로 전두환이 퇴임 이후를 걱정한 것은 사실이다. 스스로 10·26의 가장 가까운 목격자였다. 1986년 청와대 수석비서관 회의에서 대통령은 레임덕을 걱정했다. "1979년 10·26 후에 내가 보니까 공화당 정부 당시 박 대통령의 슬하에서 우리나라에서 좋은 것 다 하고 권력 다 누리고 하던 사람들이 사태가 그렇게 되니 참사를 수습하려는 사람이 없는 것 같았어요. 전부가 발뺌하는 부끄럽기만 한 꼴을 보여서 우리나라의 인물이란 이렇게 비겁한가를 내가 절실히 느꼈습니다. 내가 정부를 이양한다고 해서 박 대통령과 같은 그런 상황과 비교할 수는 없지만 여러분이 만약 두 다리 세 다리 걸치면 여러분 밑에 있는 비서관들도 다 그렇게 돼요."[5] 자신감도 충만했다. 1987년 "공산당이 오더라도 나는 건드릴 수 없어요"라고 호언했고, "다음에는 야당이 대통령이 되더라도 내 도움이 없이는 대통령을 할 수 없다"라고 장담했다.[6]

이 비밀문서에는 당시 기득권층의 지혜가 집적되어 있다. 기본 전제는 "5공화국의 정치체제와 전 대통령 각하의 지도하에 민정당이 최소한 2000년까지 집권을 계속하도록 하며, 정권 교체에 수반되는 부작용을 방지한다"는 것이었다. 비밀문서는 후계자 육성과 조건, 전두환의 리더십 강화 방안, 민정당 강화, 선거 및 야당에 대한 대책 문제 등을 조목조목 짚고 대처법을 제안했다. 김대중 문제에 대해서는 "추종 세력에 대해서는 각 정당에의 분산 수용, 국회 진출, 취업 알선 등을 통해 김대중으로부터 격리시킨다"고 제안했다. 신문사 사주가 대통령을 위해 정당의 참모가 작성할 법한 문서를 썼다는 점이 충격적이다. 정구호는 그 뒤 1986년 2월부터 8월까지 청와대 대변인을 지냈다. 2006년 여론조사 기관인 미디어리서치의 대표이사를 지냈다.

정구호는 1988년 12월에 열린 국회의 5공 비리 청문회에서 모든 혐의를 부인했다. 청와대와 협의한 일도 없고, 보고하지도 않았다고 주장했다. "막상 유인물로 된 것을 보니 대통령에게 건의해 참고될 만한 내용이 없었다"라고 답했다. "임무를 부여받은 바 없다"고 혐의를 부인했다. 정구호를 강남에 있는 자택 부근에서 2013년 2월 26일 오전 인터뷰했다. 여전히 혐의를 부인했다. "왜 그렇게 했는지 모르겠어"라며 장연호 씨의 양심 고백도 사실이 아니라고 주장했다. 그러나 정구호는 장연호를 명예훼손으로 고소하지 않았다. 정구호는 한 가지 사실 관계에 대해 말을 바꿨다. 그는 "그거(비밀문서)를 한번 그냥 누구한테 였는지 모르겠는데 청와대 비서한테 줬어, 보라고. 전달했지"라고 사후에 전달한 사실을 시인했다. 1988년 청문회 때 문서를 전달한 적 없다고 답변한 것에 대해 "그때 청문회에 가서 만약 그렇게 말했으면, 청문회에서 어느 비서관에게 줬다 그러면 그 비서관을 부르고 복잡해지니까"라고 이유를 설명했다. 그러나 정구호는 끝내 어느 비서관에게 전달했는지는 기억나지 않는다고 말했다.

한국의 보수는 질기다. 1976년생 기자는 "민정당이 최소한 2000년까지 집권을 계속하도록" 한다는 비밀문서의 한 문장에서 가슴이 서늘해진다. 3당 합당이라는 변수가 발생했지만, 결국 현대사는 1984년에 보수주의자들이 기획한 대로 진행됐다. 김대중이 집권한 것은 1997년 말 대통령 선거였다. 그것조차 보수와의 연합으로 가능했다. 진보는 늘 보수를 비웃는다. 비웃음은 무기력하다. 진보는 토론에서 이기고(혹은 이겼다고 착각하고) 현실에서 패배한다. 나는 보수가 두렵다.

전두환의 패밀리 비즈니스

"능력보다 인정과 의리, 즉 일차적 인간관계를 중시하는 그의 가치관은 가족 이기주의, 소단위 집단행동이라는 정실주의를 기반으로 하는 부정부패를 초래하여 공공적 가치를 크게 훼손시켰다는 평가를 받고 있다." 윤여준 전 환경부 장관은 저서 ≪대통령의 자격: 스테이트크래프트≫에서 전두환에 대해 이렇게 평했다. 그는 5공화국 당시 청와대 비서관을 지냈다.

전두환은 패밀리 비즈니스에 힘썼다. 대통령직은 마치 패밀리 비즈니스의 영업 사원 업무처럼 활용됐다. 패밀리 비즈니스의 지휘자로 의심되는 인물이 따로 있다. 지금까지 언론은 전두환의 재산과 관련해 전재국과 전재용, 두 아들에 집중해왔다. 곳간 지기는 따로 있다. 전두환은 1959년 1월 24일(음력 12월 16일) 이순자와 결혼했다. 전두환은 중령으로 진급할 때까지 8년간 처가살이를 했다. 장인이 이규동이다. 가난한 시골집 아들이 부자 학교장의 딸과 결혼한 셈이다.

이규동은 육사 2기다. 1911년 11월 7일생으로 알려져 있다. 그의 젊은 시절은 알려지지 않았다. 해방 뒤 육사 2기로 박정희와 함께 훈련받았다. 전두환이 아직 육사 생도이던 1954년 육사 참모장이 됐다. 군 생활 내내 보급과 살림을 도맡았다. 육군본부 경리감을 끝으로 육군 준장으로 예편했다. 대한노인회장을 지냈다. 동생 이규승과 이규광도 둘 다 군인이다. 이규광은 훗날 박정희의 사설 정보대를 이끈다. 1979년 말 전두환에게 집권을 권유한 게 이규광이었다고 작가 천금성은 주장한다. 이순자의 동생 이창석까지, 전두환의 장인 집안이 패밀리 비즈니스를 책임졌다.

1988년 5공 비리 청문회에서 장인 집안과 연루된 비리 의혹이 많이 제기됐다. '이규광 씨 비리=양회공업협회 회장으로 고속도로 시멘트 시공 이권 개입, 이창석 씨 비리=이순자 씨의 남동생으로 권력을 등에 업고 사업 확장.'(〈한겨레〉 1988년 6월 14일) '저질탄 수입 의혹=1981년 미국 펜실베이니아산 석탄 70만 톤을 수입하는 과정에서 이규광 씨가 한일은행 본점에 압력을 넣어 수입업자인 한국계 미국인 Y씨에게 11억여 원을 대출해주었다. 이 석탄은 인체에 유해한 저질탄으로 판명돼 1982년, 1983년 당시 연탄가스 중독 사고가 예년보다 높아 물의를 빚었으며 수입 대금 중 60만 달러가 수입업자에게 전달되지 않고 행방불명됐다.'(〈한겨레〉 1988년 5월 26일)

훗날 이창석은 업무상 횡령 및 탈세로, 이규광은 사기 혐의로 형사처분을 받았다. 그러나 이규동과 이순자는 무탈했다.

전두환은 스스로 패밀리 비즈니스맨임을 고백했다. 장인을 끔찍이 챙겼다. 장인은 사위를 아꼈고, 사위는 장인을 챙겼다. 일국의 대통령은 한 비서관에게 자기가 공권력을 동원해 장인의 사사로운 복수를 한 행위를 자랑한다. 전 전 대통령은 1983년 당시 청와대 법률비서관이던 박 전 장관에게 장인을 대신해 복수한 에피소드를 말했다. "10년 전 장인어른의 땅을 어느 놈이 해먹어 팔아버렸다. 전직 국회의원인 변호사인데 세단을 타고 다니며 갑에서 을로, 을에서 병으로, 병에서 정으로 서너 단계로 넘겼다. 다행히 최종적으로 사려는 사람이 장인을 아는 사람이라서…… 땅은 200평이지만 장인에게 알려주어 깜짝 놀라 알아보니 그래도 재판을 해야 한다는 거야. 흥정을 해 들어와서 발칵 뒤집어졌다. 내가 아는 형사를 시켜 잡아넣어 해결했는데 신문에도 나고 했다."[7]

1988년 전두환은 민정당의 책임자들과 만난 자리에서 노태우 정부가 5공화국 비리를 문제 삼는 것에 분개하며 "동생(전경환 전 새마을운동중앙본부회장)을 잡아넣고 이제는 형님과 처남(이창석)까지 구속하겠다고? 우리 장인(이규동) 집안은 원래 잘살아서 나는 물론이고 노(태우) 대통령도 적지 않은 도움을 받았다"고 대노했다.

전 〈중앙일보〉 편집국장인 이장규는 저서 ≪경제는 당신이 대통령이야: 전두환 시대 경제 비사≫에서 이규동이 정치자금에 관여한 일화를 소개했다. 이규동은 1980년대에 부실기업 인수를 추진하던 한 기업의 담당자와 만나 "내가 적극적으로 나서서 기업을 찾아줄 터이니 그 대신 정치자금은 섭섭지 않게 준비하라"고 말했다.[8] 이규동이 정부가 추진하던 액화천연가스(LNG) 건설 공사를 친분이 있던 한보의 정태수 회장에게 맡기라고 박봉환 당시 동자부 장관에게 로비한 일화도 소개된다. 서울행정법원 11부(당시 재판장 김용찬)는 2008년 전두환의 둘째아들 전재용의 세무 재판에서 이규동에 대해 "특히 이규동 씨는 전 전 대통령의 부탁을 받아 전 전 대통령의 자금으로 이 사건 1채권을 취득하여 원고에게 교부하는 등 평소 전 전 대통령의 재산 관리인 역할을 맡았던 것으로 보이는 점"이라고 적시했다. 이장규는 아직 전두환의 위세가 서슬 퍼렇던 1991년에 이 책을 펴냈다. 당시 이용만 재무부 재정차관보는 전두환의 처삼촌인 이규광 당시 광업진흥공사 사장이 면담 요청한 것을 거절했다가 며칠 뒤 옷을 벗어야 했다.

1982년은 전두환에게 악몽 같은 해였다. 권력형 비리 사건인 이철희·장영자 사건이 터졌다. 비리에 연루된 의혹을 받은 이규광이 구속됐다.

전두환은 당시 비서관이던 박철언에게 "(이규광 처벌은) 억울한 정치재판이었으니 재심을 검토해보라"고 지시했다. 박철언이 반대해 실제로 재심이 이뤄지진 않았다. 전두환은 "처삼촌 어른을 희생시키는 인간미 없는 사람이라는 비난을 받아 가슴이 아프다"고 말했다. 그는 늘 국가에 대한 의리보다 가족에 대한 의리를 먼저 생각했다.

장인 이규동은 숱한 의혹에도 불구하고 형사처분을 받지 않고 잘 먹고 잘 살다가 죽었다. 그러나 형사처분을 받지 않았다는 사실이 그에게 면죄부를 주지 않는다. 그는 거침없이 대통령 사위 덕을 보려 했다. 국민대 명예교수 조동걸은 이규동을 기억하는 소수 중의 한 명이다. 그는 〈역사산책〉 1990년 12월호에서 이규동의 꼼수를 증언했다. 이규동은 전두환의 위세를 빌려 가문의 역사를 세탁하려 했다. 족보 만들기 등 조상을 기리는 숭조 사업에 이용하려 했다. 역사 세탁이다.

"숭조 사업이 극성스러웠던 또 하나의 실례를 소개한다. 1984년 여름으로 기억한다. 노인회장 하던 분이 자기 아버지가 만주에서 독립 운동을 했다고 독립 유공자 포상으로서 건국훈장을 신청하여 그것을 심사한 일이 있었다. 신청 서류에는 독립운동가 원로들이 보증을 한 서류까지 첨부되어 있었다. 신청자의 세도가 대단했을 뿐 아니라 사위가 당시 권좌에 있었기 때문에 심사 분위기는 자못 삼엄하였다."

할 수 없이 심사위원들이 투표했다. 반대자로 손을 든 사람은 조동걸 한 명이었다. 찬성자는 없었다. 나머지 위원들은 기권했다. "사회적으로 숭조 사업을 할 조상은 사회적 인물이어야 한다. 사회적 인물이 아닌데도 사회적 보증과 영향을 끼치는 숭조 사업을 하면 반사회적이요, 반국가적 행태가 된다는 점을 알아야 한다."

2012년 9월 4일 오후 조동걸 교수와 통화했다. 그때도 그는 이규동 씨의 '압력'을 생생히 기억하고 있었다. "1983년이었어요. 당시 자기 아버지가 만주에서 독립 운동을 했다며 유공자 신청을 했습니다. 그런데 그 내용이 상식에 어긋났어요. 아마 그 문서가 보훈처에 있을 겁니다. 그게 영구 보존 문서거든. 내가 보니 (앞뒤가) 맞지를 않더라고요. 그래서 심사에서 제외해버렸습니다."

전재국의 국정 개입도 새로 밝혀져야 한다. 전두환의 가족들은 아버지가 내지 않은 추징금을 왜 자기들이 내야 하냐고 항변한다. 부당한 연좌제란 얘기다. 거짓말이다. 가족들은 아비의 위세를 빌려 국정에 개입했다. 전재국이 대표적이다. 전재국은 아버지의 통치를 거들었다. 공식적 직책 없이 보좌관들을 만나고 다녔다. 6·29 선언을 짜는 자리에도 배석했다. 1987년 전두환이 6·29 선언을 했다. 민주화 요구를 받아들이겠다는 내용을 담았다. 6·29를 누가, 어떻게 수용했는지 여전히 분명치 않다. "전 대통령에 의하면 6·29의 실무 작업은 노(태우) 대표의 팀에 의해 약 2주일에 걸쳐 이루어졌다. 이 2주일간 전 대통령과 노 대표와의 비밀 회동은 6월 17일 청와대 대식당, 6월 19일 오후 5시 청와대 별관, 6월 24일 저녁 7시 청와대 별관, 6월 27일 오후 2시 청와대 별관 등에서 네 차례 있었고 서면 연락과 전화 통화가 수시로 있었다. 막바지 회동에는 전 대통령의 장남(재국)이 배석했다."[9] 아들은 제법 참모 흉내를 냈다. 그 전에 전두환은 1987년 4·13 호헌 조치를 발표했다. 국민들의 민주화 요구를 거부하고, 일체의 개헌 논의를 중단시킨 조치다. 그해 1~2월경 미국 유학 중이던 전재국이 아버지에게 편지를 보냈다. "그 편지 내용은 아버지에게 참고가 될 수 있는 아이디어를 그 나름대로 정리한 것이었는데 주요 골자는 향후 정치 일정과 관련해서 대통령 차원의 헌법 문제에 관한 입장 정리와 담화 발표가 필요하다는 점, 후계자를 선정해서 개헌 주도권을 위임하는 방법이 있을 수 있다는 점, 후계자로는 현재로서 노 대표위원이 자연스러운 선택일 것 같다는 점, 지자제를 실시해야 한다는 점 등이었다." [10] 전재국은 1987년에 불과 스물여덟 살이었다. 공보비서관 김성익은 6·29 선언을 노태우가 아닌 전두환의 이름으로 발표해야 한다고 생각했다. "대통령께 직접 건의하기 전에 나는 전 대통령의 장남 재국 씨를 만나 나의 생각을 이야기하고 대통령을 설득하거나 보고해달라고 말했다." [11] 일국의 국정 운영과 관련해 대통령의 스물여덟 살 아들이 메신저 역할을 하고 있었다. 비슷한 역할을 한 김영삼의 아들 김현철은 감옥에 갔다. 전재국은 무사하다. 이처럼 국정에 깊숙이 관여했기 때문에, 전재국이 전두환의 재산 형성에 관여했다는 추측은 지극히 합리적이다.

주한 미국대사였던 리처드 워커도 이 패밀리 비즈니스의 관찰자다. "내 생각에 전두환 정권은 1984년(그해 총선은 1985년이었다. 워커의 오기다. 지은이) 전씨의 동서인 김상구 씨를 국회의원에 당선시키려고 작심한 것 같았다. 김씨는 뉴질랜드(사실은 오스트레일리아) 주재 한국대사를 지낸 인물이다. 그런데 김씨의 지역구(경북 상주·김천)가 공교롭게도 박정수 의원과 같았다. 전씨의 하수인들은 (무소속으로 출마한) 박 의원의 지역구에 찾아가 고압적인 방법을 동원해가며 박 의원의 선거 운동원들의 뒤를 캐기 시작했다."〈동아일보〉 1985년 2월 13일자를 보면 김상구는 9만 5657표를 얻어 당선됐다. 박정수는 3만 718표를 얻어 떨어졌다.

　전두환과 그의 시대에 사익은 공익과 잘 분리되지 않았다. 중남미와 아프리카의 독재자들 사이에서 발견되는 '클렙토크라시(kleptoc-racy)' 현상이다. 국부를 사익으로 취하는 행위를 말한다. '도둑 정치'로 번역된다. 1980년대 청와대에는, 도둑님들이 살았다.

전두환과 재산

풍자도 필요 없고 자살도 필요 없다. 29만 원짜리 수표를 든 전두환 포스터를 만들어도 그는 아파하지 않는다. 그를 아프게 만드는 것은 현실에 존재하는 숨은 재산을, 현실적으로 추징하는 것뿐이다. 풍자와 자살은 저항의 스타일이다. 문제는 전두환은 더 이상 저항의 대상이 아니라는 점이다. 2013년의 한국 행정부와 사법부에게 전두환은 숨은 재산을 추징할 범죄자다. 그러므로 다시, 풍자도 필요 없고 자살도 필요 없다. 선한 권력이 제대로 작동하면 된다. 국세청과 검찰, 경찰이 움직이도록 시민들이 강제해야 한다.

전두환이 스스로 밝힌 공식 재산은 29만 원이다. 〈한겨레〉 보도를 보면, 전두환은 2003년 4월 28일 서울지방법원 서부지원에서 열린 재판에서 자신의 재산이 "29만 1000원뿐"이라고 밝혔다.[12] 추징금 환수를 위한 재산 명시 관련 재판이었다. "검찰이 그토록 많은 추징금(2205억 원)을 물린 것은 (비자금을) 정치자금으로 인정하지 않고 뇌물죄를 적용했기 때문"[13]이라는 게 당시 전두환의 논리였다. 기업한테서 뇌물을 받은 것은 잘못이지만, 그렇게 받은 돈을 민정당 관리 등 정치 활동에 다 써서 남은 게 없다는 주장이다. 정말 그런가? 전두환의 재산 의혹을 문답으로 정리했다.

전두환의 해명을 믿어주면 안 되나?

거짓말일 가능성이 높다. 근거 없는 증오가 아니다. 첫째, 전두환은 25년 전에도 재산과 관련해 거짓말을 했다. 거짓말이 2012년에 재확인됐다. 나는 2012년 11월 5일 〈한겨레21〉을 통해 5공 비리 청문회 당시 이순자의 소유임이 드러나 논란을 불렀던 토지가 이순자의 남동생 이창석을 거쳐 전두환의 딸 전효선에게 2006년 12월 증여된 사실을 특종 보도했다. 경기도 안양시 동안구 관양동 산127-2번지 임야 2만 6876제곱미터(8062평) 토지가 바로 그 은밀한 재산이다. 이 관양동 땅은 이른바 '5공 비리'로 수천억 원의 비자금을 모은 전두환 일가의 대표적인 은닉 재산으로 추정된다.

수원지방법원 안양지원의 등기부등본을 보면, 이창석은 1978년 2월 17일 관양동 산127-2번지 임야 2만 6876제곱미터(8062평)를 매매 형식으로 취득한 뒤 보유해오다 2006년 12월 26일 전효선에게 증여했다. 또 이창석은 이곳에 1984년 건평 77.39제곱미터의 단독주택을 지었고, 이후 몇 차례의 매매 거래 끝에 2012년 1월 12일 전효선이 이 단독주택을 3700만 원(등기부 기준)에 사들였다. 이순자 소유라는 의혹을 불러일으켰던 땅이 십여 년 뒤 전두환의 처남을 거쳐 전두환의 딸에게 은밀히 증여된 것이다.

관양동 땅은 1989년에도 거짓말 논란을 불렀다. 6월 항쟁 뒤인 1988년 총선에서 여소야대 국회가 됐다. 노무현이 전두환에게 명패를 던졌던 바로 그 13대 국회다. 5공 비리 청문회가 구성됐다. 전두환은 쫓기기 시작했다. 1988년 11월 23일 기자회견을 열어 대국민 사과 담화를 발표했다. 눈물도 흘렸다. "제 가족의 재산은 연희동 집 안채(대지 385평, 건평 116.9평)와 두 아들이 결혼해서 살고 있는 바깥채(대지 94평, 건평 78평), 서초동의 땅 200평, 그 밖에 용평에 콘도(34평) 하나와 골프 회원권 2건 등이며, 금융 자산은 재산 등록 제도가 처음 실시된 1983년 총무처에 등록한

19억여 원과 그 증식 이자를 포함해서 모두 23억여 원을 갖고 있습니다."[14] 담화 뒤 백담사로 떠났다. 5공 비리 청문회는 잠잠해졌다.

거짓말이 들통 났다. 1989년 2월 16일 국회 대정부 질문에서 김운환 당시 통일민주당 의원은 이순자가 시가 30억 원 상당의 관양동 산127-2번지 임야를 소유하고 있다고 등기부등본을 근거로 폭로했다. 통일민주당과 평화민주당 등 야당은 이순자가 1983년 시행되는 공직자 재산 등록을 피하려 명의 신탁을 했다고 비판했다. 이에 대해 이순자는 전면 부인한 바 있다. 당시 〈한겨레〉 보도를 보면, 전두환의 법률 자문을 맡았던 변호사 이양우는 당시 국회 기자실을 방문해 "1978년 2월에 이창석 씨의 부친 이규동 씨가 중개인을 통해 당시 시가 1600만 원에 그 임야를 이창석 씨에게 사줬다"며 "그 뒤 이창석 씨가 사업을 한다며 팔겠다고 하자 이를 막기 위해 이순자 씨 이름으로 가등기해놓은 것"이라고 주장했다. 관양동 땅의 존재가 폭로되면서 전두환 전 대통령이 재산에 대해 한 해명이 신뢰를 잃기 시작했다. 김운환 전 의원은 나와 통화하며 "그땐 지금처럼 인터넷 등기부등본이 없어서 쌀가마니 몇 개 분량의 관양동 일대 등기부등본을 전부 확인해 찾아냈다"고 말했다.

전두환 가족의 재산은 곧바로 추징 대상인가?

전두환이 명의 신탁한 사실이 드러나면 추징 대상이 된다. 서울중앙지방검찰청 집행과의 설명을 종합하면, 전두환 전 대통령은 1997년 대법원 확정 판결로 부과된 추징금 2205억여 원 가운데 1672억여 원을 미납했다. 추징 시효는 2013년 10월이다. 추징금 2628억여 원 가운데 231억여 원만 남기고 모두 낸 노태우와 대조된다. 이번에 존재가 드러난 관양동 땅은 전두환 명의의 재산이 아니기 때문에 법률상 곧바로 추징 대상이 되지는 않는다. 그러나 전두환이 명의 신탁한 사실이 드러나면 추징 대상이 된다. 실제로 2004년 둘째아들 전재용이 조세 포탈 혐의로 재판받을 당시 광범위한 차명 계좌가 전두환의 소유로 밝혀졌다. 전두환 가족들의 도의적 책임을 묻는 목소리도 다시 나올 수 있다. 이순자는 2004년 남편의 추징금 중 200억 원을 대납한 적이 있다. 검찰의 수사를 통해 명의 신탁을 밝혀낼 수 있다.

아버지의 비자금과 관련해 자식에게 책임을 묻는 건 연좌제 아닌가?

아버지가 사회주의자라고 자식에게 권리를 박탈하는 게 부당하듯, 아버지가 죄인이라고 자식들에게 책임을 묻는 건 부당한 연좌제가 맞다. 그러나 전두환의 자식들의 경우 연좌제가 아니다. 함께 책임져야 한다. 전두환의 가족들은 불법 비자금을 용돈처럼 받았기 때문이다. 전효선이 받은 '용돈'이 대표적이다. 1996년 4월 16일자 〈경향신문〉에 당시 전두환 비자금 공판 기록이 전재됐다. 검사와 전두환의 문답이 이어진다. "(검사) 피고인의 딸 전효선의 시어머니 박혜숙 씨의 진술에 따르면 그녀는 1992년 8월 피고인의 연희동 사저에서 액면 1억 원짜리 장기신용채권 23억 원을 받았다는데, 사실입니까? / (전두환) 있습니다. 딸이 하나밖에 없는데 청와대 있을 때 아무것도 못 해줘 미안한 마음에 그렇게 한 것입니다. / (검사) 23억 원이라면 100만 원짜리 월급쟁이가 전액을 저축해도 200년 동안 꼬박 모아야 할 돈입니다. 더구나 그 돈은 기업인으로부터 받은 것으로 일반 국민들은 상상도 못 할 액수인데 친·인척에게 나눠줘도 되는가요. / (전두환) 일이 그렇게 됐습니다." 전효선은 비자금을 용돈처럼 받아 썼다. 1996년 이후 지금까지 전효선이 이 불법적인 돈을 사회에 환원했다는 소식은 들리지 않는다. 박근혜 대통령은 1979년 국가 재산인 청와대의 비자금 6억 원을 전두환으로부터 불법적으로 받았다. 그 사실을 인정하고 사회 환원을 약속한 게 2013년이다. 정의는, 늘 너무 늦게 온다.

전두환의 처남이라는 이유만으로 도의적 책임을 물을 수 있나?

책임을 물어야 한다. 처남 이창석이 전두환의 권력을 이용해 불법적으로 치부했기 때문이다. 〈동아일보〉 1988년 11월 22일자 보도와 법원 판결을 참고하면, 1951년생인 이창석은 이규동의 막내아들로 광운대 공대를 졸업하고 경기도에 있는 아버지의 농장에서 2년간 일을 도왔다. 1975년 박정희의 조카가 운영하던 중소기업 '동양철관'에 취직했다. 전두환이 집권한 1980년 신분이 수직 상승했다. 일개 직장인에서 대통령의 처남이 됐다. 서른두 살이 되던 1983년, 과장에서 계열사의 부사장으로 고속 승진했다. 같은 해 납품업체 '동일'을 만들어 대표이사가 됐다. 포항제철의 독점 납품업체로 지정됐다. 매출이 급성장했다. 이창석은 1984년부터 1986년까지 (주)동일을 운영하며 회사 공금 29억여 원을 가로채고 7억여 원을 탈세한 혐의로 구속 기소됐다. 2심 재판부인 서울고등법원(재판장 유근완)은 1990년 8월 17일 "횡령한 돈을 부동산 매입 등 개인의 소비에 사용하는 등 죄질이 나쁘다"며 이창석을 법정 구속했다. 이규동도 자신이 소유하고 경영하던 경기도 화성의 평화농장과 관련해 특혜를 많이 받았다는 의혹을 샀다.

전두환의 영향력을 이용한 정황은 제주도 서귀포의 땅을 구입한 사건에서도 엿보인다. 등기부등본을 보면, 이창석은 자신이 경영하던 '창원총업'(현재 삼원코리아) 명의로 1986년 5월부터 1987년 1월까지 서귀포시 신시가지 개발 터와 인접한 서귀포시 영남동 372번지 등 영남동의 임야 3만 2427제곱미터(9826평)를 매입했다. 이창석이 이 땅을 2001년 5월 2일 경기도 수원에 사는 허 모 씨에게 모두 매각한 사실이 새로 밝혀졌다. 14년간 오른 땅값을 생각할 때, 시세 차익만 수십억 원이었을 것으로 추정된다. 서귀포시 신시가지의 조성 과정도 5공 비리의 상징이다. 신시가지의 도시 설계를 이정식이 맡았다. 그는 대통령 전두환이 의장인 평화통일정책자문회의 부의장이면서 동시에 도시계획 용역업체인 대지종합기술공사의 대표였다. 이정식은 도시계획 용역을 받고는 몰래 아들 명의로 신시가지 조성지를 사들였다.

요컨대 이창석의 재산은 크게 1) 아버지 이규동으로부터 물려받은 재산 2) '동일'을 운영하며 빼돌린 회사 돈으로 형성한 부동산 3) 보유 부동산을 처분한 수익으로 한 재투자 등으로 추정된다. 등기부등본을 보면, 아버지한테서 물려받은 경기도 화성의 '평화농장' 부지를 2010년 12월 21일 오산랜드마크 주식회사에 2275억 원(등기부등본 기준)을 받고 팔았다. 1986~1987년 창원총업 명의로 서귀포 신시가지 개발지 부근의 영남동 땅을 매매해 챙긴 시세 차익도 크다. 이 두 개만 합쳐도 3000억 원에 가까운 현금 자산이 된다. 여기에 아파트를 판 돈, 보유 부동산, 회사 지분 등을 헤아리면 3000억 원이 훌쩍 넘을 것으로 추정된다.

여전히 이창석은 전두환의 집안과 한 몸이다. 전재용은 이창석의 회사 '삼원코리아'의 사내이사다. 이규동은 죽기 전에 성강문화재단을 만들어 아들에게 물려줬다. 그런데 성강문화재단과 관련한 대부분의 토지와 건물의 소유주가 전두환의 첫째아들 전재국이다. 성강재단의 미술관 건물도 전재국이 소유한 것으로 밝혀진 경기도 파주시 탄현면 법흥리 1652-143 헤이리 아티누스 건물에 입주해 있다. 이창석은 2006년엔 경기도 안양시 만안구 안양동의 땅을 시세보다 훨씬 싸게 매각해 결과적으로 사실상 전재용에게 수백억 원의 '재산 증여'를 했다.

검찰도 이창석의 집안이 곳간 지기라는 사실을 냄새 맡았다. 5공화국의 자금을 관리했다고 알려져 별명이 '5공녀' 혹은 '공아줌마'인 홍정녀는 이창석의 부인이다. 2004년 전재용이 조세 포탈 혐의로 형사재판을 받을 때 이창석과 홍정녀 둘 다 검찰의 조사를 받았다.

전두환의 장인이라고 무턱대고 의혹의 대상이 되어야 하나?

근거가 있다. 전두환은 1959년 1월 24일 이순자와 결혼했다. 전두환은 가난한 대위였고 이화여대 의과대학 58학번인 이순자는 대학 2년생이었다. 이규동은 박정희 전 대통령과 육사 2기 동기였다. 당시 2군사령부의 관리부장이었다. 부대 운영을 책임졌다. 나중에 육군본부 경리감을 했다. 부대의 돈과 행정을 책임졌다. 재테크에 밝았다. 전두환은 8년간 처가살이를 했다. 이들의 재테크는 '정보력'의 도움을 받았다. 이규동의 동생, 즉 전두환의 처삼촌인 이규광은 유신 말기에 박정희가 이용한 사설 정보대의 책임자였다. 전두환의 롤 모델이었고, 친구였고, 보호자였다. 1979년 말 전두환에게 집권을 종용한 것도 이규동과 이규광이라고 작가 천금성은 주장한다. 1988년 5공 비리 청문회에서도 이규동과 이규광에게 숱한 의혹이 제기됐다.

이장규 전 〈중앙일보〉 편집국장도 1991년에 펴낸 ≪경제는 당신이 대통령이야≫에서 이규동의 비리를 증언했다. "부실기업 정리 과정에서 주요 기업을 거의 인수할 뻔했다가 실패했던 K 모 씨의 말이다. 실의에 빠져 있는데 평소에 알고 지내던 이규동 씨한테서 연락이 와서 만났습니다. 그의 말인즉, 억울한 사정을 들어서 잘 알고 있다면서 자기가 적극적으로 나서서 기업을 찾아줄 테니 그 대신 정치자금은 섭섭지 않게 준비하라고 하더군요."[15] 그런데도 이규동은 결국 형사처분을 피했고 잘 먹고 잘 살다 죽었다. 김종필의 공화당도 '저질탄 수입 의혹'과 관련해 이규광의 책임을 물었다.

이미 1988년 5공 비리 청문회에서 다 드러난 것 아닌가?

아니다. 1988년 역사 청산에 실패한 것이 2013년까지 이어지고 있다. 이장규 전 편집국장의 한탄으로 갈음한다. "주제넘게도 책을 써야겠다고 작정한 것은 1988년 가을쯤부터였다. 당시 세상은 민주화의 열기와 올림픽의 흥분에 온통 휩싸여 있었고 정치권에서는 5공 시대에 대한 청산 작업으로 여념이 없었다. 특히 5공 비리 청문회가 텔레비전으로 생중계되고 16년 만에 처음으로 실시되는 국정감사를 계기로 불행했던 과거를 척결하자는 단죄의 결의는 어느 때보다도 단호했다. 나는 취재 기자의 한 사람으로 현장을 지켜봤다. 경제 기자의 입장에서 특히 경제 분야에 대한 추궁이 어떻게 이뤄질지가 관심거리였다. 공포정치의 가위에 눌려 한국의 언론들이 제대로 밝혀내지 못했던 문제들을 바야흐로 민주 시대를 맞아 명실상부한 국민의 대표들이 속 시원히 가려내줄 것을 기대했었다. 그러나 실망뿐이었다. 야당은 다수였음에도 불구하고 스스로의 한계 때문에 소수의 여당을 결과적으로 도와주고 있었다. (⋯) 결국 우리 모두가 5공화국이라는 한 시대에 대해 침만 뱉고 말았지 그 시대에 빚어진 우리의 문제들이 진실로 무엇이었는지를 밝혀내는 작업은 거의 실패로 끝난 것이었다. 마치 한 편의 영화를 보면서 도무지 뭐가 뭔지도 모르는 가운데 어느새 화면에는 '끝' 자가 나온 격이었다." [16]

전두환의 재산을 숨겨준 사람들

이제 그만 잊자는 사람도 있다. 1988년 여소야대 국회, 1996년 내란 음모 재판, 1997~2007년 민주당과 열린우리당 정부를 거치며 전두환의 재산을 조사할 만큼 하지 않았느냐는 주장이다.

오해다. 일단 '원죄'가 있다. 야당의 무능, 검찰의 봐주기식 수사, 보수 정당의 장기 집권 등 세 요소가 전두환 재산 문제의 원죄다. 전두환 재산 문제가 처음 조사된 것은 1988년의 국회였다. 국회 다수당은 야당이었지만 행정 권력은 민정당이 쥐고 있었다. 5공 비리 청문회는 호기롭게 시작됐다. 5공 비리 청문회 당시 민주당과 평민당, 공화당의 야 3당이 조사하기로 합의한 권력형 비리 사건만 26건이다. '이규동 농장 특혜 비리' 등 굵직한 주제가 많았다. 노태우 행정부는 국회의 자료 요구를 거부했다. 당시 〈한겨레〉 보도를 보면, 정부는 '전두환 대통령 취임 당시와 퇴임 시 재산 목록 비교표' '전씨 일가의 해외 출장 및 국내외 재산 소유 현황' 등 꼭 필요한 핵심 자료는 대부분 제출을 거부했다.[17]

그러다 1988년 겨울 전두환이 백담사로 떠났다. 일종의 정치적 해결이었다. 결정적으로 5공 비리 청문회에 힘이 빠졌다. 검찰은 1989년 2월 5공 비리 의혹의 조사 결과를 발표하며 대부분의 의혹에 대해 '혐의가 없다'거나 '확인이 불가능하다'고 밝혔다. 야당도 집요하지 않았다. 이창석은 '동일' 횡령 사건으로 형사처분을 받았지만 대한노인회장을 지낸 장인 이규동과 이순자는 무사히 수사기관의 추적을 피했다. 1990년 민정당과 민주당, 공화당이 합쳐져 '민주자유당'이 만들어졌다. 국회 차원의 진실 규명은 더욱 어려워졌다. 사람들이 투쟁해 겨우 내란 음모 재판이 1996년 진행됐다. 내란 음모 재판 당시 비자금도 일부 조사됐다. 그러나 수사는 주로 내란죄 혐의에 집중됐다. 미진했다. 당시 비자금 재판 때 검찰이 전두환의 '압수되지 않은 재산'으로 추정한 게 1400여억 원이다. 거기까지였다.

원죄가 전두환의 재산을 덮었다면 명의 신탁은 재산을 파묻었다. '명의 신탁'이란 '재산 소유자 명의를 실소유자가 아닌 다른 사람의 이름으로 해놓는 것'을 말한다. 명의 신탁을 금지하는 금융실명제가 1993년 8월 전격 실시됐다. 전두환은 1993년 금융실명제 실시를 앞두고 소유한 채권을 대거 현금화한 것으로 알려졌다. 실명제를 실시한 후엔 다른 사람 명의로 계좌를 만들어 비자금을 관리했다. 무기명채권을 애용했다. 무기명채권은 현금화할 때 누가 채권을 제시했는지 기록이 남지 않는다. 만기 전에 사채시장에 팔 수도 있다. 1996년 전두환 비자금 재판과 2004년 전재용의 조세 포탈 재판의 기록을 검토하면, 전두환에게 명의를 빌려준 사람의 규모와 다양함에 놀라게 된다.

서울중앙지방법원에서 1996년 4월 15일 전두환 비자금 공판이 열렸다. 5공화국 때 청와대 재무관이던 손삼수가 명의를 빌려준 사실이 검찰의 신문 과정에서 드러났다. 손삼수는 전두환의 지시에 따라 금융실명제 실시 이후인 1993년 10월 장모, 형, 형수, 형의 장모, 외가 친척 등의 명의로 21억 원어치의 산업금융채권을 현금화한 뒤 그 돈을 전두환에게 건넸다. 전두환은 1995년 10월 중순 장해석 전 청와대 비서관에게 12억 원을 줘 5년 만기 장기신용채권 12매를 사오도록 했다. 전두환의 가족들이 그 채권을 다시 현금화한 뒤 썼다.

전두환은 김승환 전 동북아전략문제연구소장을 시켜 24억 원의 채권을 현금화했다. 경찰이 잡았다 풀어줘 논란이 됐던 전두환의 조카 조일천도 1996년 수사 당시 검찰의 수사를 받았다. 조일천은 전두환의 여동생 전점학의 아들이다. 조일천은 당시 검찰에서 "동서인 이 아무개, 이 아무개의 아버지, 처형 곽 아무개 등의 주민번호와 주소 등 처가 쪽의 명부를 작성해 연희동 비서실에 건네줬다"라고 진술했다. 전두환은 명의를 빌린 것은 대부분 인정했지만, 정치자금으로 다 썼고 개인적으로 치부하지 않았다고 주장했다.

당시 검찰은 자금을 추적한 끝에 전두환이 퇴임 당시 보유했던 채권 2129억 8100만 원 가운데 1992년 이후 현금으로 상환한 돈이 1084억 6900만 원, 다른 채권으로 재매입한 액수가 842억 4300만 원이라고 잠정적으로 결론을 내렸다. 전두환이 친·인척에게 준 지원금으로 37억 5000만 원을 쓴 사실도 밝혀냈다. 그러나 친·인척 지원금 등 전두환이 지출을 인정한 돈을 제외하고 1400여억 원의 현황을 입증하지 못했다. 채권 매입을 위한 자금이 전두환에게서 나왔음을 법률적으로 입증하기 어려웠다. 전두환은 법정에서 "(1400여억 원을) 검찰이 철저히 찾아도 못 찾는데 내가 어떻게 찾겠습니까. 그리고 검찰의 조사 내용은 한마디로 환상적인 것으로 이해할 수 없습니다"라고 답했다.

2004년 수사 검사들은 1996년의 '1400여억 원'에서 다시 출발했다. 서울고등법원 파기환송심 확정판결의 재판 기록을 보면, 전두환에게 명의를 빌려준 사람과 금융기관이 무수히 등장한다. 1996년 재판 때 검찰의 수사를 받았던 장해석 전 비서관은 2004년 비자금 재판 때도 수사를 받았다. 이경로 전 대한생명 부사장도 다시 수사받았다. 참고인이 아닌 피의자 신분으로 조사를 받은 점이 특이하다. '5공녀' 홍정녀도 조사받았다. 이름만 봐서는 전두환과 어떤 사이인지 전혀 알 수 없는 수십 명이 명의 수탁자로 등장한다. 전두환을 위한 차명 계좌를 만들어준 금융기관도 삼성증권 명동지점과 산업증권 명동지점 등 여럿 등장한다. 가령 1998년 삼성증권 명동지점장인 허근 씨의 부탁을 받은 국두파이낸스 사장 유병국의 지시로 차명 계좌를 만들었다는 금융사 직원들의 진술이 나온다.

장기신용은행의 한 직원은 검찰에서 "5공화국의 자금을 관리하는 것으로 알고 있는 홍정녀, 일명 5공녀, 공아줌마가 나(장기신용은행 직원)를 통하여 1991년경부터 1993년경까지 170억 원이 넘는 채권을 매입했다"라고 진술했다. 홍정녀는 검찰에서 "1992년 2월 17일 장기신용채권 1억 원권 43매를 매수한 것을 비롯해 1991년경부터 1993년경 사이에 170억 3000만 원 상당의 채권을 매입했고, 위 채권 매입 자금 중 전두환 전 대통령의 자금으로 인정되는 100만 원이 내(홍정녀) 계좌에 어떻게 들어왔는지 모르겠다"라고 진술했다. 이창석은 시종일관 해당 채권이 비자금이 아니라 이규동의 결혼 축의금이라고 진술했다. 전재용 씨는 아버지의 채권을 물려받으려고 노숙자 명의로 차명 계좌를 만들었다.

차명 계좌를 만든 사람은 아예 처벌하지 않고, 만들어준 금융기관만 처벌하는 반쪽짜리 금융실명제 덕분에 가능한 일이다. 그나마 금융기관을 처벌하는 조항도 과태료를 부과하는 수준이다. 이런 반쪽 금융실명제 때문에 검찰은 수사를 해놓고도 명의를 빌려준 사람과 금융기관 등을 처벌하지 못했다. 피의자 신분으로 조사를 받은 이경로 전 대한생명 부사장도 기소되지 않았다. 현금화할 때나 만기 전에 사채시장에 팔 때 원래 소유자를 법률적으로 입증하기 어려운 '무기명채권'의 특징도 한몫한다. 법원이 전두환 비자금으로 인정한 채권은 73억 5500만 원(액면가)뿐이다. 93억 5000만 원의 채권에 대해서는 심증은 간다면서도 '매입 자금의 출처가 불분명하다'는 이유로 비자금으로 인정하지 않았다.

그러므로 전두환 재산의 비밀은 이들 명의 수탁자가 쥐고 있다. 나는 〈한겨레21〉 취재를 위해 과거의 보도, 등기부등본, 재판 기록 등을 모두 참고해 이들의 연락처를 찾아봤다. 조금이라도 진실을 듣고자 했다. 지난 2012년 9월 7일 서울 압구정동 현대아파트에 있는 이창석의 집을 찾았다. 오래 기다린 끝에 아파트 관리자로 보이는 30대 중반의 남성을 만났으나, 그는 이창석 씨의 거주 여부 등 어떤 사실도 확인해주지 않았다. 경비원을 시켜 나와 사진기자를 내쫓았다. 경비원한테서 이창석이 오랫동안 집을 비우는 일이 잦다는 전언이 있었다.

전 청와대 재무관 손삼수는 현재 데이터베이스 보안업체인 '웨어밸리'의 대표이사다. 손삼수는 인터뷰를 거절했다. 전두환의 해외 재산 관리인으로 알려졌던 김상구 전 오스트레일리아 대사도 수소문했으나 주소나 연락처 등 아무것도 확인할 수 없었다. 전직 대사인데도 외교부에 연락처가 없었다. 전두환의 재산을 소상히 알고 있는 안무혁 전 국세청장도 인터뷰를 거절했다. 차명 계좌를 만들었다는 전 국두파이낸스 사장 유병국 씨에게 전두환과의 관계를 묻고자 지난해 9월 7일 서울 광장동 극동아파트에 있는 그의 자택을 방문했으나 살고 있는 주민은 "유병국 씨를 모른다"고만 답했다. 장해석 전 비서관은 미국에 거주하는 것으로 알려졌다.

국가권력은 전두환에게 관대하다. '의도적인 관대함'으로 보일 정도다. 잠시 〈한겨레〉 1988년 11월 10일자 1면을 보자. "정부는 전두환 씨와 그의 일가가 오스트레일리아에 재산을 도피시켰는지 여부를 조사해주도록 오스트레일리아 정부에 공식 요청했다고 외무부 당국자가 9일 밝혔다. 외무부 당국자는 이창수 오스트레일리아 주재 대사가 지난달 31일 '전두환 씨 일가의 재산이 오스트레일리아 안에 있는지에 대해 조사 협조해줄 것을 요청하는 구상서'를 오스트레일리아 외무부에 전달했으며 이는 지난달 15일 국회 5공 비리 특위의 결의와 요청에 따른 것이라고 말했다."

이 조사는 어떻게 됐을까? 조사가 제대로 됐다면 이미 전두환의 오스트레일리아 재산이 어느 정도 알려졌어야 했다. 나는 2012년 7월 23일 외교통상부를 상대로 '당시 오스트레일리아 정부가 한국 정부의 구상서에 대한 답변으로 이후 한국 정부에 제출한 답변서 및 조사 결과 전문을 공개하라'고 정보 공개를 청구했다. 8월 1일 외교통상부는 한국 정부가 오스트레일리아 정부에 보낸 구상서도 없으며, 오스트레일리아 정부에서 받은 답변서도 '존재하지 않는다'고 답했다. 보존 연한이 지난 문서의 경우엔 목록은 남아 있는데, 이 경우는 목록조차 존재하지 않는다고 답했다. 헌법기관인 국회의 요구로 작성된 구상서가 증발했다. 일국의 대사가 요청한 조사에 대해 오스트레일리아 정부는 답변을 하지 않았거나 한국 외교부가 답변서를 기록하지 않은 셈이다.

전두환과 이창석의 선의를 믿어야 한다는 반론도 있을 수 있다. 그러기엔 말과 행동에 대한 신뢰를 너무 잃었다. 전두환은 1996년 4월 비자금 재판을 받으면서 1988년 대국민 사과 담화 당시 공개한 재산 목록에 대해 "허위로 발표했습니다. 당시엔 정치 상황에 따라 허위로 발표한 것입니다"라고 법정에서 말했다. 2012년 등기부등본을 보면, 압구정동 현대아파트에 있는 이창석의 집은 재산세 체납으로 강남세무서에 의해 2011년 11월 17일 압류 처분을 받았다. 이창석은 동일 횡령 사건으로 유죄판결을 받았지만 금방 사면받았다. 사면된 뒤 남은 벌금을 안 내려고 버티다 나중에야 납부했다.

1988년 야 3당은 무능하고 비효율적이었다. 그 원죄는 오래 지속된다. 2012년 서울중앙지방검찰청의 설명을 종합하면, 전두환 전 대통령은 부과된 추징금 2205억여 원 가운데 532억여 원을 내서 집행률이 24.2퍼센트다. 1672억여 원을 미납했다. 추징 시효는 2013년 10월이다. 추징 시효가 만료되면 그것으로 그냥 끝이다. 안 내면 그만이다. 원칙은 피고인 본인 명의의 재산을 추징하는 것이지만, 명의 신탁한 재산이 발견되면 그 재산도 추징할 수 있다. 그러나 검찰은 더 이상 전두환이 명의 신탁한 채권을 조사하지 않고 있다.

지금도 전두환에게 명의를 빌려준 수십 명이 채권을 현금으로 바꿔 전두환에게 주거나, 전두환에게서 돈을 받아 채권을 매입하고 있을지 모를 일이다. 2004년에 비자금 수사를 담당한 수사 검사는 입이 무겁다. 당시 대검찰청 중수부장으로 비자금 수사를 이끈 안대희 전 대법관은 2012년 새누리당 정치인으로 변신했다. 정치쇄신특별위원장을 맡았다. 당시 대검찰청 중수1과장으로 실무 수사를 맡은 유재만 변호사는 2012년 4·11 총선 때 민주통합당의 공천을 노렸으나 공천받지 못했다. 당분간 전두

환에게 명의를 빌려준 명의 수탁자가 진실을 발언하는 기적을 기대해야
한다.

장세동도 전두환처럼

부하도 보스와 똑같이 행동한다. 장세동도 나라에 내야 할 돈을 내지 않고 있다. 1987년 한 부부가 있었다. 남편 윤태식이 홍콩에서 아내 수지 김을 살해했다. 처벌이 두려웠다. 윤태식은 월북을 기도하다 국가안전기획부(현 국가정보원)에 체포됐다. 당시 전두환 정권은 민주화를 바라는 국민의 저항에 직면해 있었다. '북풍' 거리가 절실했다. 당시 안기부장이 장세동이다. 아내를 살해한 남편은 북한의 납치 기도를 이겨낸 반공 투사로 미화됐다. 피해자 수지 김 씨 유족은 졸지에 간첩의 가족으로 몰려 정상적인 사회생활이 불가능해졌다. 물질적 궁핍과 정신적 고통에 시달렸다. 반면 윤태식은 정·관계 인맥을 빌려 성공한 벤처기업인으로 변신했다. 2001년 10월 살인과 사기 혐의로 기소됐다.

2002년 대통령 선거를 거쳐 노무현 정부가 들어섰다. 진실·화해를 위한 과거사정리위원회 등을 통해 독재 정권의 잘못된 역사를 규명하는 노력이 이어졌다. 서울중앙지방법원은 2003년 8월 수지 김 씨의 여동생 등 유족 10명이 국가와 윤태식을 상대로 낸 손해배상 청구 소송에서 대한민국과 윤태식 등이 모두 42억 원의 위자료를 지급하라며 원고 일부 승소 판결을 내렸다. 당시 강금실 법무부장관은 국가권력의 잘못을 인정하는 취지에서 항소 포기를 지시해 1심이 확정됐다. 전두환의 나라가 저지른 잘못을, 노무현의 나라가 국가의 이름으로 배상한 것이다. 유족이 받은 배상금은 세금이었다.

일단 세금으로 정의를 세웠으니 실질적 책임자가 돈을 낼 차례였다. 구상금이란 일종의 빚과 같다. 법무부는 장세동 등을 상대로 구상금 청구 소송을 제기했고, 법원은 장씨가 구상금을 내라고 판결했다. 판결은 2008

년 대법원에서 확정됐다. 장세동이 내야 할 구상금 총액은 14억 5000만 원이었다. 장세동은 2001년 "피해자 유가족이 겪은 그동안의 고통에 대해 깊이 사죄드리며, 너무도 마음 아프고 무슨 말씀으로도 위로를 드릴 수가 없다"며 "하루속히 슬픔이 치유되기를 기원드린다"라고 말한 적이 있다.

장세동이 실제로 죄책감을 느낀 것 같지는 않다. 법원의 배상 판결이 나오자마자 장씨는 움직이기 시작했다. 행정 경험을 통해 조만간 국가가 자신에게 구상금 청구 소송을 낼 것임을 예측했다. 본인 명의의 재산을 감추는 것이 급선무임을 깨달았다. 배상 판결이 나고 한 달 뒤 장세동은 2003년 당시 기준 시가 7억여 원짜리 서울 서초동 소재의 빌라를 팔아버렸다. 국가의 법 집행을 회피하려는 행동이었다. 검찰이 강제집행면탈 혐의로 수사하겠다는 제스처를 취하고 언론이 이를 보도했다. 당시 〈한겨레〉 보도를 보면, 장씨는 그제야 빌라 매각 대금이 담긴 통장 등 9억여 원 규모의 재산 목록을 국정원에 제출했다. 국정원은 이 재산을 가압류했다.

법무부를 취재한 결과, 2013년 5월까지 장세동은 손해배상금 원금과 이자 등 구상원리금 14억 5000만 원 가운데 지금까지 모두 11억 2000만 원을 납부해 3억 3000만 원을 미납한 사실이 확인됐다. 여기에 지연손해금을 합하면, 장씨가 미납한 돈은 총 6억 3000만 원에 달한다. 집행 실무를 담당하는 국가정보원은 〈한겨레〉에 "법무부와 협의를 통해 지금까지 장씨 재산에 대해서 재산 가압류 등 보전처분 및 강제집행을 실시했다"며 "향후 (구상금을 받아낼) 예정 사항은 법무부와 회의를 거쳐야 하므로 국정원이 답변할 사항이 아니다"라고 밝혔다. 법률상 국가와 관련한 소송은 법무부가 대표자이며 국정원은 구상금 집행 기관이므로 두 기관 모두 장씨의 재산을 조사할 책임을 나눠 갖고 있다.

장세동이 재산이 없는 가난한 노인이라면 구상금을 납부하지 않은 행위를 어느 정도 납득할 수 있다. 정황상 그렇지 않다. 장세동은 여전히 구상금 미납액을 훌쩍 넘는 거액의 재산을 갖고 있을 것으로 추측된다. 근거가 있다. 첫째, 장세동은 2002년 대통령 선거에 출마하면서 중앙선거관리위원회에 38억 1046만 원의 재산을 신고했다. 2000~2002년 3년간 세금을 9931만 원 냈다고 신고했다. 2002년 '38억 1046만 원'이던 재산이 갑자기 2008년 이후 '11억 2000만 원'으로 확 줄어든 것이다. 검찰과 국정원은 줄어든 재산의 실체를 더 이상 규명하지 않았다. 둘째, 장세동이 전두환한테서 받은 하사금만 30억 원이다. 1996년 1월 14일자 〈경향신문〉 1면에 실린 전두환의 비자금 수사 보도를 보면, 전두환은 일해재단 비리로 복역하고 1990년 출소한 장세동에게 18억 원을 주는 등 여러 차례에 걸쳐 비자금에서 모두 30억 원을 하사금으로 줬다. 1997년 〈한겨레〉 보도를 보면 검찰은 과세 시효가 지난 탓에 장세동이 받은 하사금을 추징하지 못했다. 딸 전효선이 비자금 23억 원을 용돈으로 받은 것을 떠올리게 한다. 하사금만 30억 원이므로 장세동이 2002년 중앙선거관리위원회에 신고한 재산도 축소했을 가능성이 있다. 아내와 1972년생, 1974년생인 두 아들이 모두 살아 있어 명의 신탁으로 재산을 감추는 것도 가능하다. 2002년 대통령 선거 때 알려진 전화번호로 2012년 12월 접촉했으나 연결되지 않았다. 거주하던 서초동 소재의 빌라는 헐리고 새로운 빌라가 들어섰다. 찾아가봤으나 장세동은 이미 오래전에 떠났다고 경비원은 귀띔했다.

　장세동은 육사 16기로 5공화국 시절에 대통령 경호실장과 안기부장 등을 지냈다. 전두환과 5공화국을 끝까지 옹호해 '영원한 경호실장' '의리의 돌쇠' 등으로 불린다. 장세동은 '5공 비리'(1989년), '신민당 창당 방해'(1993년), '12·12 내란 사건'(1996년) 등으로 여러 차례 구속됐다. 두 번째 옥살이를 끝내고 전두환을 찾아가 "휴가 잘 다녀왔습니다"라고 말한 일화가 전해진다.

　장세동은 나랏돈 6억 3000만 원을 갈취했다. 그는 정말 돈이 없을까? 장세동이 낸 육사발전기금 액수만 보면, 돈이 없는 것 같다. 장세동은 지난 2012년 6월 전두환과 함께 '육사발전기금 200억 원 달성' 기념행사에 동석했다. '장씨가 육사발전기금을 냈느냐'는 〈한겨레21〉의 질의에 육사발전기금 쪽은 "2012년 9월에 2만 원, 10월에 1만 원, 11월에 1만 원 총 4만 원의 발전기금을 출연했다"라고 2012년에 밝혔다. 육사발전기금을 4만 원밖에 내지 못한 블랙코미디에 대해 묻고 싶어도, 장세동과 연락할 길이 없다.

전두환 재산 문제, 구호로 정리하면

전두환은 종북 좌파로부터 나라를 구했다, 전두환에게 남은 재산이 없다, 전두환과 장세동에게 벌금을 계속 추징하려는 노력은 가혹하다, 이렇게 생각하는 보수주의자와 극우파라도 반박하기 어려운 슬로건이 존재한다. 전두환이 스스로 인정한 검은 돈이다. 핵심 비리가 너무 거대해서, 지금껏 거의 보도되지 않은 사실들이다. '2013년 지금 당장' 시민이 요구할 수 있는 전두환 재산 문제의 최소 강령이다.

1. 전효선 또는 전효선의 가족은 1992년 전두환 비자금 가운데 '용돈' 명목으로 받은 23억 원을[18] 사회에 환원해야 한다.

2. 장세동 또는 장세동의 가족은 전두환 퇴임 뒤 비자금 가운데 '하사금' 명목으로 받은 30억 원을[19] 사회에 환원해야 한다.

3. 안현태 또는 안현태의 가족은 전두환 퇴임 뒤 비자금 가운데 '하사금' 명목으로 받은 10억 원을[20] 사회에 환원해야 한다.

2부

전두환과 동시대인

관계는 거울과 같다. 한 사람을 이해하는 좋은 방법은, 그 사람을 다른 이와의 관계 속에서 바라보는 것이다. 전두환이 권력을 쟁취한 1979년 겨울부터 1980년 봄까지 동시대의 정치인을 보면, 한국을 7년간 지배한 리더의 그릇을 어느 정도 가늠할 수 있다.

제임스 얼 카터 주니어, 즉 지미 카터가 1979년 당시 미국 대통령이었다. 민주당 소속 정치인이다. 1924년 10월 1일 조지아주 와이즈 요양원에서 태어났다. 1931년생인 전두환보다 일곱 살 위다. 어린 시절 가난한 공영주택에서 살았다는 사실이 전두환과 공통점이다. 교집합이 또 있다. 군인 출신이다. 1943년 해군사관학교에 입학했다. 820명의 생도 가운데 59등으로 졸업했으니 성적은 전두환과 반대다. 1953년 제대해 땅콩 농장을 경영하기 시작했다. 지역 병원, 학교, 도서관의 위원회 등에서 활동한 경력을 바탕으로 1961년 주의원에 당선됐다. 1971년 주지사를 거쳐 1976년 대통령에 당선됐다. 선거 운동 당시 사형제 폐지를 주장했고 당선 뒤에는 인권 외교를 펼친 진보주의자였다. 이 때문에 박정희 대통령과 사이가 좋지 않았다. 인권 문제로 박정희를 압박했다. 주한 미군 철수 정책은 불에 기름을 끼얹었다. 1980년 11월 4일 대통령 선거에서 공화당의 후보 로널드 레이건에게 패했다.

오히라 마사요시(大平正芳)는 1978년 11월부터 1980년 5월까지 일본 총리를 지냈다. 1910년생으로 도쿄대 출신의 엘리트 관료다. 1962년 외무장관을 지냈다. 당시 한일 국교 정상화 회담을 진행하며 김종필과 주고받은 '김·오히라 메모'의 주인공이다. 전형적인 관료형 정치인이다.

중국의 덩샤오핑은 1977년 복권된 뒤 1981년 권력을 굳혔다. 1904년 태생의 이 불굴의 사회주의자는 1918년 파리 유학 시절에 혁명가가 됐다. 모스크바 유학을 거쳐 1927년부터 사회주의 혁명운동에 투신했다. 경제성장을 이끈 실용주의자다.

전두환이 권좌에 오르던 당시, 소비에트연방공화국 공산당 서기장은 레오니드 브레즈네프였다. 1906년 태생의 브레즈네프는 1964년부터 1982년까지 집권했다. 북의 김일성은 1912년생이니 박정희보다 더 형이다.

전두환은 1931년 1월 18일 경상남도 합천군 율곡면의 시골 마을 내천리 264번지에서 태어났다. 어머니 김점문은 1898년 합천군 가야면 가천리에서 태어났다. 자식 기르기가 여자의 가장 중요한 임무라는, 평범한 서민 가정 출신이다. 아버지 전상우도 가난한 농가 출신의 동갑내기였다. 1914년 10월 15일 전상우와 김점문은 중매 결혼했다.

전상우는 1916년 첫딸 열학을 낳았다. 1918년 아들 열환을 낳았으나 사고로 일곱 살에 죽었다. 1921년 아들 규곤을 낳았다. 사고로 다섯 살에 죽었다. 그 뒤 선학과 명렬 등 잇달아 딸을 낳았다. 1929년 아들 기환이 태어났다. 1931년 두환 밑으로 딸 둘과 아들 한 명을 더 낳았으나 딸 한 명은 일찍 숨졌다. 점학과 경환은 살아남았다. 10 남매 중 전두환까지 7 남매가 살아남았다. 요컨대 전두환은 가난한 식민지의 가난한 농민 계급 출신이다.

조선은 일본의 식민지였다. 엎친 데 덮쳤다. 1929년 미국에서 시작한 대공황으로 일본 경제도 나빠졌다. 식민지의 삶은 더 혹독했다. 1998년 아이엠에프 시기보다 훨씬 가혹했던 것 같다. 1931년 1월 1일자 〈동아일보)의 1면 머리기사 제목이 '금년(今年)의 중심 문제 이(二), 물가와 조선'이었다. "조선이 받은 타격이 세계의 어느 공황국보다도 더 심했던 것을 알 수 있을 줄로 안다"고 우려했다.

미국과 일본, 중국, 소련, 북한의 동시대 지도자들에 비해 전두환은 일단 생물학적으로 젊었다. 권력을 쟁취한 1979년 말 그는 한국 나이로 마흔아홉 살이었다. 덩샤오핑에 비해 스물일곱 살이나 젊고 김일성보다 열아홉 살 어렸다. 동시대인에 비해 전두환은 평면적이다. 그의 정체성은 압도적으로 군인이다. "그는 1961년의 박정희보다 덜 준비된 상태에서 권력을 잡았다"[21]는 미국의 관찰은 틀린 게 아니다. 서른 살의 나이에 국가재건최고회의 의장실의 민원담당비서관으로 근무하는 등 청와대에서 공무원 생활을 맛봤다지만 부분적 경험에 불과하다. 군인 출신이지만 경영인, 지방자치단체장 경험을 가진 지미 카터나 혁명가이자 군인, 정당인, 고위 관료 등 다채로운 역할을 맡아 역사의 격류를 헤쳐나간 덩샤오핑에 비교하기 민망하다.

1931년생 동세대 정치인 대부분은 전두환보다 뒤늦게 권좌에 올랐다. 1931년생 라울 카스트로가 형인 피델 카스트로로부터 쿠바의 권력을 승계한 것은 2008년이었고, 종속이론의 대가였던 페르난도 엔리케 카르도소(Fernando Henrique Cardoso)는 1995년에야 브라질 대통령이 됐다.

1931년생 정치인 가운데 가장 유명한 인물은 미하일 고르바초프 전 소련 공산당 서기장과 보리스 옐친 전 러시아 대통령일 것이다. 위키피디아를 보면, 고르바초프의 아버지는 농작물 수확 기계 운전자였고 어머니는 집단농장의 노동자였다. 1985년 공산당 서기장이 됐다. 건설 노동자의 아들로 태어난 보리스 옐친은 기술대학을 나와 건설 기술자로 오래 일했다. 1991년부터 1999년까지 소련이 몰락한 뒤 생긴 신생 러시아연방공화국 대통령으로 일했다. 가난한 집안 출신이라는 점을 빼면 전두환과 이들 동갑내기 러시아 정치인들의 교집합은 잘 그려지지 않는다.

복싱 팬이라면 모를 수 없는 1931년생 권투 해설가 래리 머천트(Larry Merchant)와 전두환의 공통점은 권투를 했다는 것이다. 기자이자 작가인 톰 울프(Tom Wolfe)와 전두환의 공통점을 찾느니, 제인 폰다와 이순자의 공통점을 찾는 게 빠를 것 같다. 소설 작법을 기사 쓰기에 도입하자는 내러티브 저널리즘의 1세대인 톰 울프가 전두환 전기를 썼다면, 지독한 경멸과 뒤틀린 반어법으로 가득한 책이 됐을 것이다. 같은 1931년생 저널리스트이지만 보수주의 이념과 독재자 성향을 가진 점에서 루퍼트 머독이 전두환과 더 가깝다.

한국 쿠데타의 선배 나세르

쿠데타는 어렵고 복잡한 매스게임처럼 보인다. 독재의 역사를 공부할수록 쿠데타는 선거만큼 어려울 수 있겠다는 생각이 들었다. 조직된 사람들이, 계획에 따라, 각자의 임무를, 효율적으로, 아주 짧은 시간에, 실천해야 한다. 누가, 언제, 어디서, 어떤 행동을 하는지 대본이 철저해야 한다. 그렇게 잡은 권력을 유지하는 일은 쿠데타와 또 다른 고차 함수의 세계다. 민주주의든 독재든, '권력 장악−유지−재창출'이 정치의 본질이다.

민주 국가의 선거에서 다른 선거 승리 사례를 공부하는 일은 덕목이다. 국회의원, 대통령 선거 때마다 캠프는 미국 민주당과 공화당의 선거 전문가로 차고 넘친다. 선거의 테크닉은 진보와 보수의 진영을 넘어 활용된다. 출마 지역의 교회 수는 몇 개이며 교인은 몇 명인가? 중앙당의 슬로건 중에 어느 것을 강조할까? 상대 후보의 결점을 어떤 방식으로, 어느 시기에 폭로할까? 후보의 동선은 어떻게 짜야 하나? 학원 연합회, 의사 협회 등 지역의 직능 단체 가운데 후보가 특히 신경 써야 할 단체는 어디인가? 언론 인터뷰는 언제, 어떤 주제로, 어느 시점에 해야 하나? 한 보좌관이 저술한 국회의원 선거의 캠페인 매뉴얼에는 이런 질문에 대한 그 나름의 답이 빼곡했다. 그 책을 덮으며, 정치라는 게 존재한다면 이념과 권력의 기술 사이 어딘가에 존재할 거라 생각했다.

군사 쿠데타에도 테크닉이 있다. 권력의 기술이라는 점에서 민주주의 선거와 비슷한 점이 있는 것 같다. 군대 안에서 누가 동지이며 적인가? 국민 앞에 내걸 쿠데타의 명분은 무엇인가? 현 집권자가 군사적으로 가장 취약한 지점은 어디인가? 정확히 어떤 부대와 지휘관을, 정확히 몇 월 며

칠 몇 시에, 정확히 어느 국가기관에 진주시킬 것인가? 방송사와 언론사
는 몇 시에 장악할 것인가? 예상되는 저항과 병력 손실은 최대 몇 명인가?
누구를 포상하고 누구를 벌줄 것인가? 잡은 권력을 어떤 조직을 통해—민
주주의 정부가 아니므로—유지할 것인가?

쿠데타의 후배들은 이 질문에 답하기 위해 선배들을 공부했다. 박정희
가 전두환의 멘토라는 점은 잘 알려져 있다. 1979년 전두환이 권력을 탈
취한 과정을 지켜본 냉혹한 두 관찰자가 있다. 당시 주한 미국대사 윌리
엄 글라이스틴과 당시 유엔군 사령관이자 한미연합사령관 존 위컴 주니
어다. 글라이스틴은 박정희를 두고 전두환과 육사 11기의 '멘토(men-
tor)'라고 썼다.[22] 위컴은 전두환과 박정희의 관계를 묘사하며 '프로테제
(protégé)'란 단어를 썼다.[23] '제자'란 뜻이다. 5·16 쿠데타 직후 당시
대위 전두환은 교장의 반대를 무시한 채 육사 후배들을 설득해나가 지지
데모를 이끌었다. 1961년엔 서른이라는 나이에 박정희 국가재건최고회
의 의장의 민원담당비서관으로 일했다. 지금으로 치면 대통령 민정수석
비서관이다. 박정희의 권력의 기술은 전두환의 정치 교과서였을 것이다.

박정희에게도 쿠데타 선배가 있었다. "나세르의 혁명 배경—근세 혁
명사에서 우리의 주목을 끄는 대표적인 혁명의 하나로서 등장한 이 혁명
은, 여러 가지 의미에서 분석 검토의 대상이 된다. (…) 수천년래의 봉건
아성을 무너뜨리고 생기충일하는 현대 이집트를 건설하려는 나세르의
자세와 투지!"(≪국가와 혁명과 나≫) 1952년 이집트의 나세르 쿠데타다.
터키의 케말 파샤도 사상의 은사로 언급했다. 둘 다 군사 지도자였고 근
대화를 추진했다. "케말 파샤! 그는 터키의 국부다. 우리는 터키를 머리

에 그릴 때, 이 혁명의 영웅을 잊을 수가 없을 것이다."(≪국가와 혁명과
나≫)

박정희 말고도 쿠데타 시나리오의 저작권을 주장하는 인물이 있다.
'한국의 조제프 푸셰' 김종필이다. 푸셰는 1789년 프랑스대혁명 당시 신
부였다. 혁명이 일어나자 자코뱅 당원이 됐다. 이념을 달리하는 정권에
서 계속 살아남았다. 정보기관의 수장으로 혁명 정부, 나폴레옹 정부, 반
혁명 뒤 복권된 왕정에서 계속 2인자의 지위를 누렸다. 실제로 5·16 쿠
데타 당시 혁명 공약을 쓰고 대국민 담화를 작성한 것은 김종필이다. 육
사 8기 동기이자 전 중앙정보부장인 김형욱은 서울시 지도를 펼쳐두고
군부대 이동 계획을 자신이 짰다고 주장했지만[24] 쿠데타의 두뇌는 단연
김종필이었다. 그의 전망은 권력 장악의 테크닉을 넘어서는 곳에 닿아 있
었다. 그는 민주주의자는 아니었으나 권력의 냉혹한 작동 방식을 이해한
지략가였다.

인터넷도 없고 도서관도 변변찮던 시절이었다. 김종필은 어디서 쿠데
타 정보를 얻었을까? 푸셰처럼, 김종필도 정보맨이었다. 김종필은 국가
정보원의 전신인 중앙정보부의 초대 책임자였다. 1926년생으로 6·25에
참전했고 군 생활의 대부분을 정보국에서 일했다. 일어와 영어를 잘했
다. 여러 개의 쿠데타 필드 매뉴얼 가운데 김종필이 참고한 것은 압도적
으로 나세르 쿠데타였다.

"내가 정보국에 있었던 관계로 비교적 쉽게 세계 여러 나라의 군사혁
명에 관한 자료를 구할 수 있었습니다. 터키 혁명, 이집트 혁명, 태국과
남미에서 있었던 것들, 이런 걸 검토했습니다. 군사혁명을 어떤 사람이

주동이 돼서 어떤 요령으로 일으켰다, 그 후 영향은 어땠다, 이런 자료를 조사했지요. 최고회의 같은 혁명 후의 조직도 대부분 내가 생각한 것입니다. 처음엔 혁명위원회로 했다가, 이것은 군정 기간 동안 국가 최고 통치 기관이 될 텐데, 위원회가 조금 약하다 해서 최고회의로 생각한 거죠."[25] 당시 〈동아일보〉는 1952년 7월 25일자 신문에 '애굽(이집트)에 혁명—나기브 중장이 지휘'라는 제목으로 나세르의 쿠데타를 전했다. 제목은 '혁명'인데 기사 본문에 '쿠데타'란 단어가 쓰인 점이 흥미롭다.

나세르의 쿠데타와 박정희의 쿠데타는 다르면서 같고, 같고도 다르다. 권력의 동학(動學)이라는 측면에서 두 쿠데타는 놀랍게 닮았다. 가말 압델 나세르는 1918년 1월 15일 알렉산드리아에서 우체국장의 아들로 태어났다. 당시 이집트는 영국의 사실상 식민지였다. 민족주의 독립운동가와 사회주의 운동가들이 늘 거리를 메웠다. 중등학교에 다니던 나세르도 시대의 공기를 마셨다. 이슬람 쪽 독립 운동 단체인 '무슬림형제단'과 파시즘의 영향을 받아 만들어진 이집트 민족주의 그룹 '젊은 이집트(Young Egypt)' 사람들과 두루 어울렸다. 나세르는 1937년 사관학교에 입학했다. 청년 장교 시절엔 공산주의자와 만났다.

1917년생 박정희는 사범학교를 나와 교사로 일하다 뒤늦게 1940년 일제가 만든 만주군관학교에 입학했다. 1942년부터 1944년까지 일본의 육사를 다녔다. 김종필은 1926년 태어나 서울대학교 사범대학을 다니다 1948년에 육군사관학교 8기생으로 입학해 22주 동안 교육을 받았다. 당대의 사회주의 분위기와 처참한 좌우 내전 6·25가 두 사람의 정신에 모순된 낙인을 찍은 것 같다.

　이집트는 허약했다. 제2차 세계대전이 끝난 1948년 5월 영국이 팔레스타인에서 철수했다. 유대 시온주의자들이 영국의 힘을 업고 이스라엘을 건국하려고 모여들었다. 시온주의는 극단적 민족주의다. 대대로 기독교인과 공존하던 팔레스타인 사람들이 쫓겨나기 시작했다. 무슬림 국가들이 연대해 군대를 보냈다. 이집트군은 패배했다. 왕과 행정부, 군부의 고위층은 부패하고 무능했다. 나세르는 독립 등 국가의 미래를 걱정했다. 1949년경 4명의 친구들과 비공개 단체인 '자유장교단'을 만들었다. 부정부패 같은 사회적 문제의 심각성을 알리는 홍보 책자를 만들어 뿌렸다. 이때부터 나세르는 군인에서 정치인으로 거듭났다.

　격변기였다. 전쟁은 끝났지만 영국군은 여전히 수에즈운하에 주둔했다. 민중들의 저항이 벌어졌다. 1952년 1월 26일 토요일은 이집트에서 '검은 토요일'로 불린다. 전날 영국군이 46명의 이집트 경찰을 죽였다. 격렬한 시위가 1월 26일 벌어졌다. 수도 카이로에서도 시민들이 시위에 나섰다. 민중들은 파루크 국왕에게 즉시 영국에 맞서라고 요구했다. 외국인들이 머물던 셰퍼드호텔을 불태우고, 바클레이 은행에 불을 질렀다. 권력의 진공상태가 생기기 시작했다. 왕과 행정부는 저항을 억압했다. 나세르가 이끌던 자유장교단 소속의 장교들도 체포되기 시작했다. 진공상태가 물건을 빨아들이듯, 권력의 진공상태도 여러 집단을 좁은 공간에 빨아들였다. 부패한 왕권과 민족주의 장교들이 블랙홀에서 만났다. 두 집단이 격렬하게 맞부딪쳤다. 나세르와 자유장교단이 이겼다. 1952년 1월 22일 저녁부터 23일 새벽 사이에 나세르의 부대가 군 최고 사령관을 체포하고 수도 카이로의 주요 지점을 점령했다. 1월 23일 아침 6시 자유장교단 소속의 공군기가 카이로의 상공도 접수했다. 특이한 점이 있다. 그날 아침 라디오 방송에 청년 장교의 목소리가 흘러나왔다. 나세르가 아니었다. 동료 안와르 사다트가 포고문을 읽었다. 혁명을 선언한 공식적인 주체도 나세르가 아니었다. 후배들의 신망을 받고 대중에게 인기 있던 군사 지도자 무하마드 나기브의 이름으로 혁명이 선언됐다.

5·16 쿠데타 직전에도 권력의 진공상태가 있었다. 1960년 4·19 혁명이 있었다. 이승만 행정부가 사라진 자리를, 허정 과도정부와 장면 총리의 민주당 정부가 채웠다. 선한 정부였지만, 권력의 진공상태를 완전히 틀어막을 만큼 강하지 않았다. 무엇보다 권력의 중요한 기반인 물리력을 가진 군부에 둔감했다. 그 점이 치명적이었다. 이승만은 방첩대를 통해 군을 정치적으로 이용했다. 국민 다수가 농민인 전근대 국가에서 당시 군부는 가장 근대적이고 거대한 조직이었다. 선한 권력을 꿈꾸는 자라면, 당연히 군을 주시했어야 했다.

박정희와 김종필은 그 권력의 여백을 그냥 내버려두지 않았다. 1961년 5월 16일 자정부터 쿠데타군이 움직였다. 탱크와 병사들이 국회 등 주요 국가기관 앞에 진주했다. '혁명의 설계자'[26] 김종필이 5월 16일 새벽 남산에 있는 중앙방송국에 갔다. 아나운서 박종세에게 혁명 공약을 읽으라고 다그쳤다. 새벽 5시 15분 라디오 방송이 시작됐다. "친애하는 애국 동포 여러분! 은인자중하던 군부는 드디어 금조 미명을 기해서 일제히 행동을 개시하여 국가의 행정, 입법, 사법의 삼권을 완전히 장악하고 이어 군사혁명위원회를 조직하였습니다." 그 시각 쿠데타군이 지휘하는 세스

나 L−19 연락기 5대가 서울의 하늘에서 혁명 공약을 인쇄한 삐라 10만
장을 뿌렸다. 박정희도 나세르처럼, 쿠데타 초기에 전면에 나서지 않았
다. 혁명 공약의 마지막 구절은 '군사혁명위원회 의장 계엄사령관 육군
중장 장도영'이었다.

"권력은 독재자 혼자 행사하지 않는다"고 정치학자 브루스 부에노 데
메스키타는 《독재자의 핸드북》에서 주장했다. 유력 집단과 핵심 집단
의 지지 없이 독재자는 권력을 행사하지 못한다. 내가 총으로 권력을 잡
았다면, 총을 가진 다른 누군가가 다시 나를 밀어내지 말라는 법이 있나.
윈스턴 처칠 전기, 알렉산더 대왕 전기, 독일의 비스마르크와 이탈리아
의 가리발디의 전기를 탐독한 나세르는 현실의 권력이 어떻게 작동하는
지 이해했던 것 같다. 민주주의에서 정당이 필요한 것처럼, 쿠데타에도
모종의 조직된 힘, 힘의 조직이 필요하다. 국회는 정지된 상태였다. 나세
르는 '자유장교단'을 주축으로 '혁명지휘평의회(Revolution Command
Council)'를 만들었다. 나세르는 공공연히 자유장교단의 목표가 '제한된
기간의 (국가의) 수호자'라고 선언했다. 박정희는 나세르의 동선을 충실
히 밟았다. 박정희와 김종필은 '국가재건최고회의'를 만들었다. 박정희
는 1963년 2월 18일 민정 불참 선언을 했다.

불행해지는 과정도 비슷하다. 쿠데타의 권력 바퀴는, 바퀴를 굴리는
자까지도 깔아뭉갰다. 두 쿠데타 모두 그랬다. 친구와 가족 관계도 권력
의 자장 속에서 일그러졌다. 먼저 집단의 분열. 나세르는 나기브와 투쟁
했다. 자유장교단의 역할과 리더십 스타일, 나이까지 모두 충돌의 이유
로 작용했다. 나기브는 1952년 쿠데타 직후 총리가 되었다가 이듬해 이

집트 공화국의 대통령이 됐다. 나세르와의 권력투쟁에서 패배한 뒤 오랫동안 가택 연금됐다. 1984년에 죽었다.

압델 하킴 아메르는 나세르의 30년 지기이자 쿠데타의 동지였다. 결혼으로 맺어진 사이였고, 우정을 기리기 위해 나세르는 아들의 이름을 '압델 하킴'으로 지었다. 1949년경 '자유장교단'이 처음 만들어질 때부터 나세르와 함께했다. 군대 안에서 신망도 높았다. 그 점이 불행의 싹을 틔웠다. 집권 기간이 늘어나면서 나세르의 군부 장악이 어려워졌다. 나세르가 사회주의 정책에 쏠린 점도 이유가 됐다. 1960년대 초부터 나세르와 아메르의 관계가 멀어졌다. 나세르는 1968년 6월 11일 아메르 등 50명의 장교를 파면했다. 젊은 장교들이 대노했다. 아메르의 복권을 요구했다. 당시 나세르는 베개 밑에 권총을 두고 잠을 잤다. 아메르는 쿠데타를 모의한 혐의로 체포됐다. 기소를 앞두고 아메르는 주검으로 발견됐다. 자살로 추측됐다.

권력의 저거노트에 뭉개진 우정이 또 있다. 독재자 나세르는 점점 지지자를 잃기 시작했다. 1968년 오래된 친구를 다시 불렀다. 압델 라티프 알 버그다디는 자유장교단 동지였다. 1962년 나세르가 소련 친화적인 정책을 펼치자 행정부에서 물러났다. 나세르가 다시 자신을 도와달라고 하자 버그다디는 답했다. "나세르의 총리가 되는 것보다 나세르의 친구로 남는 게 더 나을 것 같다. 경험상 그 둘 다를 할 수 없다는 사실을 배웠다네."

1952년 쿠데타 전부터 사귀었던 언론인 이산 압델 쿠두스는 풍자 잡지의 소유주였다. 취재원과 기자 사이를 넘어 가까워졌다. 쿠두스는 나세르를 '지미'라는 별명으로 불렀다. 쿠두스는 1954년 나세르가 군대에 거리를 두고 정상적인 정당을 조직하라는 칼럼을 썼다. 체포돼 석 달간 교도소에 갇혔다. 석 달 뒤 집에 오자 쿠두스는 나세르의 전화를 받았다. "뭔가 배운 게 있나, 이산?"

박정희도 똑같이 권력에 탐닉하면서 인간다움을 잃어갔다. 국가재건최고회의 의장 장도영은 5·16 뒤 승승장구했다. 국가재건최고회의 의장, 내각 수반, 국방장관, 육군참모총장, 계엄사령관 등 직함이 5개였다. 쿠데타를 주도한 김종필과 육사 8기생들이 불만을 품기 시작했다. 1961년 6월 김종필의 주도로 '국가재건 비상조치법'이 통과됐다. 이 법은 장도영에게서 국방장관직과 육군참모총장직을 빼앗았다. 7월 3일 장도영은 국가재건최고회의 의장직에서 사임했다. 7월 9일 최고회의는 장도영 등 44명의 군인과 민간인이 정부를 전복하려 했다는 '반혁명 음모 사건'을 발표했다. 이른바 '혁명 주체'인 쿠데타 동지 가운데 육사 5기생 여러 명이 함께 연루됐다. 장도영은 1962년 미국으로 쫓겨나 교수가 됐다.

김종필은 권력의 테크닉을 공부했지만, 자기 자신이 권력의 무한궤도에 깔리는 일을 피하진 못했다. 박정희와 김종필은 '조카사위와 처삼촌'사이다. 박정희의 형은 유명한 사회주의자 박상희다. 박정희는 형이 죽자 조카인 박영옥을 거둬 길렀다. 박영옥은 김종필과 결혼했다. 김종필은 혁명의 설계자였다. 어쩌면 그게 문제였을 것이다. 박정희는 1969년 3선 개헌을 전후로 김종필을 권력의 견제자로 대했다. 추상어는 고약하다. 사진의 '블러(blur)' 처리처럼, 흐릿한 선만 남기고 사실과 감정을 덮는다. '견제'란 단어에는 김종필이 처삼촌으로부터 어떤 일을 당했는지 설명하지 못한다. "김종필 (공화당) 의장에게 설상가상으로 혹심한 갖가지 탄압 지시가 떨어졌고 감정적인 조치들이 연거푸 취해졌다. 그의 집에 가설되어 있던 공용 전화가 모조리 철거되고 문전에는 기관원이 배치되어 계속 감시를 했다."(《그 어두움의 증인이 되어》 예춘호) 박정희는 김재규를 시켜 1978년 1월 김종필을 가택수색했다.

박정희는 권력을 위해 우정도 버렸다. 이한림은 1921년 함경도에서 태어났다. 1940년 2월 박정희와 함께 만주군관학교에 동기로 입학했다. 둘 다 성적이 우수하여 예과 2년을 마친 뒤 나란히 일본 육사 본과에 진학했다. 식민지 청년들은 의기투합했다. 1944년 4월 20일 일본 육사의 졸업식 날 이한림과 박정희 등 조선인 졸업생 6명은 학교의 방공호에서 손잡고 함께 폭격을 견뎠다.[27] 5·16 쿠데타 때 이한림은 1군사령관이었다. 이한림은 민주주의자였다. 쿠데타를 진압하려다 실패했다. 5월 18일 아침 체포돼 마포교도소에 수감됐다. 8월 15일 풀려나 미국으로 쫓겨났다. '혁명 주체' 김형욱은 1970년대 말 박정희를 떠났다. 박정희의 위세를 빌려 권력을 휘둘렀지만, 경쟁자에게 밀렸다. 미국 국회에서 보스의 비리를 공개했다. 훗날 암살됐다. 그러므로 육사 2기 동기인 김재규의 손에 박정희가 숨진 건, 비극이지만 한편 제어 장치 없는 권력 엔진의 정당한 작동 방식이라는 생각도 든다.

전두환의 쿠데타는 앞선 두 쿠데타와 무엇이 같고 무엇이 다를까. '하나회'라는 조직된 힘이 있었다는 점은 같다. 전두환은 박정희를 흉내 내 쿠데타 뒤 '국가보위입법회의'를 만들었다. 쿠데타 동지였던 허삼수과 허화평은 5공화국의 초기에 축출됐다.

나세르와 박정희, 전두환 모두 독재자였다. 독재 체제 권력의 작동 방식은 비슷했다. 그러나 '무엇을 위한 권력인가'라는 점에서 나세르는 결정적으로 달랐다. 조갑제는 "박정희는 우리 민족사의 1급 지식인이자 사상가였고 그 사상을 실천에 옮겨 민족이 처한 상황을 타파해간 혁명가"라고 썼다. '근대화 혁명가'라는 조갑제의 상찬은 차라리 나세르에게 돌려져야 한다.

나세르는 독재 권력을 가지고 외세와 맞서 싸웠다. 수에즈운하를 국유화하고 영국군과 싸웠다. 영국 제국주의에 기생하던 국왕에 맞섰다. 왕을 폐위하고 공화국을 만들었다. 1952년 9월 토지개혁을 했다. 유상 몰수 유상 분배 형식으로 대지주의 땅을 농민에게 돌려줬다. 농지개혁법의 초안을 작성할 때 사회주의자를 참여시켰다. 영국과 미국 같은 강대국에 맞서 아랍 세계의 단결을 도모했다. 아랍 사회주의를 부르짖었다. 아스완 하이댐을 쌓는 등 근대적 산업화를 추구했다.

케말 파샤는 더 위대한 인물이다. 국가가 통째로 영국과 프랑스에 넘어갈 위기에서 나라를 구했다. 독재자였지만 아랍 문자 대신 알파벳을 도입하고 과학과 교육에 투자했으며 여성의 인권을 신장시킨 '계몽 군주'였다.

박정희가 자신의 권력을 활용해 싸운 대상은 외세가 아니었다. 합법 선거로 집권한 내각책임제하의 정부와 맞서 싸웠다. 토지개혁은 이미 이승만 정부에서 이뤄졌다. 다만 자본주의적 근대화에 대한 열정만은 뚜렷했다.

전두환과 신군부는 그 무엇과도 투쟁하지 않았다. 당시 역사책과 회고록을 아무리 찾아봐도, 사익 외에 '신군부가 왜 군부 권력을 접수했는지'에 대한 설명을 찾기 어렵다. 전두환은 자신의 권력 행사를 가로막는 모든 것과 투쟁했을 뿐이다.

'나세르–박정희–전두환'으로 이어지는 쿠데타의 반복 과정에서, 진보적 성격은 점점 희미해지고 날것으로서 권력의 기술만 남는 모습을 본다. 그러므로 김종필이 감히 나세르와 케말 파샤를 언급한 것은, 이집트와 터키의 국민에 대한 모욕이다.

전두환과 김대중

전두환이 왜 그토록 김대중을 증오했는지는 명확지 않다. 김대중은 1926년생으로 김종필과 나이가 같다. 전두환보다 다섯 살 형이고 고향도 떨어져 있다. 전두환과 김대중이 1979년 전에 만난 적이 있는지도 분명치 않다.

김대중의 라이벌은 인물의 그릇으로 보나 경력으로 보나, 전두환이 아니라 박정희였다. 박정희와 김대중이 일찍부터 서로의 존재를 알고 있었음은 전 중앙정보부장 김형욱이 잘 기록했다. 김대중은 비상계엄이 선포된 1961년 5월 16일에 업무가 정지된 국회에 나가 당당히 국회의원 등록을 했다.[28] 박정희는 쿠데타 뒤 오랫동안 구정치인들의 정치 활동을 금지시켰다. '정치활동정화법'을 만들어 규제했다. 이 법은 '다음 각 호의 1에 해당하는 자로서 정치적 행동을 하고자 할 때는 본인 또는 그 대리인이 제2항의 공고가 있은 날로부터 15일 이내에 정치정화위원회에 그 적격심판을 청구할 수 있다'고 정해놓았다. '다음 각 호의 1'은 사실상 당시 정치인 전부를 포괄했다. '민주당의 대표최고위원, 최고위원, 총재, 중앙위원회의장, 부의장, 중앙당부간사장······' 등 길고 구체적으로 '다음 각 호의 1에 해당하는 자'를 정해놓았다. 요컨대 법의 요체는 '구정치인은 국가재건최고회의의 허락을 받기 전에 정치를 할 수 없다'는 것이었다.

1963년 1월 1일 정치 활동 금지 조치가 해제됐다. 정치인들과 박정희의 면담이 추진됐다. 이 자리에 전 민주당 대변인의 자격으로 김대중이 참석했다. 열혈 초선 의원은 박정희를 조목조목 비판했다.[29] 그리고 1971년 대통령 선거는 박정희에게 재앙이었다. 사실상 김대중에게 패배했다.

박정희가 김대중을 증오한 것은 어느 정도 이해된다.

전두환의 증오는 어디서 온 것일까? 1979년 이전에 전두환이 김대중을 조우했을 가능성은 낮다. 김대중이 전두환의 개인 경력에 해를 끼친 일도 없었을 것이다. 전두환에게 김대중은 '멘토 박정희가 증오한 정치인'이었다는 사실만 남는다. 김대중은 민주당 대변인을 지냈다. 언론에는 1953년쯤부터 해운업체 사장으로 소개된다. 본격적으로 1960년부터 민주당 측 정치인으로 신문에 소개된다. 쿠데타 지지 데모를 이끌 만큼 정치에 관심이 많은 정치군인은 아마 1961년 신문에 실린 '김대중'이라는 이름 석 자를 기억하고 있었을 것이다.

관심이 왜 증오로 자랐을까? '전두환은 유신의 아들(Chun Doo Hwan was a 'son of Yushin')'[30]이라는 주한 미국대사 글라이스틴의 분석이 합리적으로 보인다. "(12·12 쿠데타) 핵심 멤버들은 박정희의 유신 멘탈리티를 공유했다"[31]라고 이 미국인 관찰자는 기록한다. 유신 멘탈리티는 '대통령 긴급조치 9호(1975년 5월 13일 제정)'에 잘 드러난다. '다음 각호의 행위를 금한다. (…) 대한민국 헌법을 부정·반대·왜곡 또는 비방하거나 그 개정 또는 폐지를 주장·청원·선동 또는 선전하는 행위…….' 헌법 개정을 논하는 것 자체가 불법이라는 게 유신 멘탈리티다.

'경제의 안정과 성장에 관한 긴급명령(시행 1972년 8월 3일)'에도 잘 구현되어 있다. '정부는 기업의 경영을 안정하게 하고 금융 질서의 정상화에 기여하기 위하여 사채의 조정에 관한 조치를 한다. (…) 모든 사채에 관하여는 이 영의 시행일로부터 이 영에 규정하는 바에 따르지 아니하고는 이를 변제하거나 변제받거나 그 밖에 이를 소멸하게 하는 행위(면제를 제외한다)를 하지 못한다.' 차관을 빌려다가 부동산과 돈놀이에 쓰다 부도난 재벌의 사채 빚을 국가권력이 해결해줄 수 있다는 게 유신 멘탈리티였다. 사회주의 관련 서적을 들고만 다녀도 빨갱이라며 잡아넣지만, 대통령은 주저 없이 이런 반자본주의적인 조치를 해도 된다는 게 유신 멘탈리티였다. 그리고 김대중은 유신의 가장 거대한 적이었다.

'유신의 아들' 전두환에게도 자연스레 김대중이 무찔러야 할 악이 되었을 것이다. 전두환의 태도는 군부에 떠도는 공기를 마시고 더 강화된 것 같다. "신민당 정부가 들어설 가능성에 대해, 군부 안에서 깊은 우려부터 신민당 집권을 막겠다는 결심까지 다양하게 존재했다"[32]고 미국은 1980년 기록했다. 군의 정치 개입에 반대했던 정승화조차 공공연히 김대중을 비난하는 '정치 개입'을 저질렀다. 민주주의란 자신의 집권을 선거로 포장하는 게 아니다. 국민의 지지를 더 얻었다면, 적의 집권도 받아들이는 게 민주주의다. 1978년 12월 총선에서 '적' 신민당(32.8퍼센트)은 공화당(31.7퍼센트)보다 더 많은 득표를 했다.

그런 의미에서 전두환을 지지하든 증오하든, 1979년의 한국 군부에는 사실상 민주주의자가 거의 없었다는 생각이 든다. 관료와 경제계의 침묵도 전두환의 무모한 증오를 키웠다. 과도정부를 이끌던 신현확 같은 관료도 마찬가지였다. 신현확은 글라이스틴과 만난 자리에서 속내를 내비쳤다. "정부의 전략은 해결책이 나오기 전에 최대한 효과적으로 정치적 교착 상태를 만들어내는 것이라고 총리(신현확)는 말했다. 총리가 선호하던 해법은 대선에 초당파적 후보를 내는 것이었다. 이 전략은 신민당과 공화당에 제3 후보가 나와서 분열되면 더욱 용이할 것이었다. 정부는 김대중이 한편에 서고, 관료와 재계, 군부가 다른 편에 묶이기를 희망할 수 있을 것이다." 사실은 유신 체제에 반대하는 국민이 한편에 섰고, 관료와 재계, 군부가 반대편에 서 있었다. "한국인 누구도 이 딜레마가 어떻게 처리될 것인지 모른다" 라고 미국인 관찰자는 기록했다. [33] 전두환은 관료와 재계, 군부가 함께 만든 괴물이었다.

전두환의 저열한 역사 인식도 증오에 한몫했다. 그의 보수주의는 얕고 편협하다. 케말 파샤처럼 다면적이지 않고, 나세르처럼 민족주의적이지도 않다. 지극히 고루한 반공주의를 넘어서지 못했다. 1987년 8월에도 그랬다. "대통령 선거를 해서 김대중이가 되든 김영삼이 되든 그것은 좋다고 하더라도 좌경 세력이 지원을 하는 게 문제야. 그 뒤에는 민민투, 자민투가 있어. 근로자, 종교계와 연계되어 있어요." [34]

전두환은 공식적으로 김대중에 대한 선고는 사법부의 독자적 판결이었다고 주장한다. 거짓말이다. 1980년 9월 글라이스틴은 어느 때보다 바쁜 날을 보냈다. 김대중 때문이었다. 브레진스키 백악관 안보보좌관은 카터 대통령에게 다음과 같이 보고했다. "글라이스틴 대사가 오늘 전두환을 만났고 이 건(김대중 재판)에 대한 미국 대통령의 우려를 다시 전달했습니다. 전두환은 신중하고 경청하는 자세를 보였다고 합니다. 전두환은 미국의 우려를 잘 알고 있으며 1심 재판에 관여할 순 없지만 항소심에 이르면 미국의 시각을 고려하겠다고 말했다고 합니다." [35]

냉전과 북한의 위협을 들어 전두환의 저열함을 변명하면 안 된다. 김종필도 보수주의자였지만, 정구영이나 예춘호 같은 양심적인 보수주의

자부터 리영희 같은 진보주의자까지 포섭하려 했다. 김종필은 6·25 전쟁에 직접 참전했고 냉전도 1960년대에 더 심했다. 김종필은 통 큰 포섭이 정의롭기 때문이 아니라 그것이 공화당에 더 유리했으므로 그렇게 행동했다. 냉정한 현실주의자였다. 전두환에게는 그런 안목과 비전이 없었다.

그러므로 다시, 전두환—관료—재계—군부에게 김대중은 '딜레마'였다. 세 집단 중 누구도 대놓고 민주주의가 대세임을 부정하지 못했다. 민주주의란 민의를 따르는 정치체제다. 그런데 민의는 신민당을 향해 있었다. 세 집단은 신민당 정부를 받아들일 수 없었다. 관료—재계—군부는 민주주의를 부정할 수도 없었고 민주주의를 따를 수도 없었다. 딜레마에 시달렸다.

뒤틀린 마키아벨리주의자 전두환은 주저 없이 딜레마를 지워버리려 했다. 꼬인 매듭을 현명하게 풀기보다, 다모클레스의 검을 휘두르기를 택했다. 알렉산더의 검은 매듭을 잘랐지만, 전두환의 검은 살아 있는 김대중의 목을 향했다. 내란음모죄로는 법률상 사형을 선고할 수 없었다. 해외에서 '한국민주통일연합(한민통)'을 결성했다는 국가보안법 혐의를 추가했다. 그 과정에서 김대중 납치 사건 당시 한일 양국 사이에 맺은 협약도 깨버렸다. 1973년 김대중 납치 사건이 일본에서 벌어졌다. 자국 영토에서 이웃 나라의 정보 요원이 버젓이 불법 행위를 저지른 것은, 해당 국가의 입장에서는 치욕스러운 일이다. "일본은 이 사건을 수습하면서 일본은 주권 침해를 양해하는 대신 한국은 해외에서 김씨가 한 언동을 일절 불문에 붙이기로 했다." [36] 그런데 뒤늦게 신군부가 한민통 사건을 들쑤신 것이다. 엘리트주의로 똘똘 뭉친 육사 11기와 17기는, 외교 관계의 ABC도 몰랐다. 일본에서 당장 난리가 났다. 1980년 11월 15일 무라오카 주한 일본대사대리는 글라이스틴에게 "김대중이 사형당할 경우 총리 또는 외무장관이 사임하는 방안이 고려되고 있다"고 호소했다.[37] 졸지에 일본 정치인들도 곤란한 처지에 빠졌다.

전두환은 김대중에 사형 선고를 내렸다. 아니, 주어를 '전두환'에서 다음과 같이 고쳐 써야 한다. 1980년 9월 17일 김대중에 사형 선고를 내린 것은 전두환만이 아니었다. 전두환이라는 거대한 주어 뒤에 숨은 '전두환 미니미(mini-me)'들이 있었다. 군사법원의 재판관들이다. '심판관 소장 문응식, 준장 박명철, 준장 이재홍, 준장 여운건, 중령 양신기.' 박명철은 훗날 육군참모차장까지 승진했다. 나와서 병무청장도 했다. 대략 출세했다. 나머지 군인들의 삶은 잘 확인되지 않는다. 이들이 공동으로 김대중에 사형을 선고했다. 미국은 김대중의 감형과 전두환의 방미를 맞바꿨다. 1981년 김대중은 사형을 겨우 면했다.

그러나 우리는 이 딜레마가 해결된 게 아님을 잘 안다. 딜레마는 7년 뒤 청춘들이 피를 더 흘린 뒤에야 해결되었음을 잘 안다.

전두환과 육사, 하극상의 역사

쿠데타는 육사와 군을 망가뜨렸다. 쿠데타는 하극상의 역사였다. 육사 후배가 육사 선배와 동기에게 총을 들이댔다. 서열상의 하급자가 지휘관을 체포하고 감옥에 보내는 행위가 반복됐다. 정보 라인 군인이 야전형 군인보다 출세했다.

태릉의 육군사관학교에 교훈을 새긴 기념물이 서 있다. 지(智), 인(仁), 용(勇). '지'는 사리를 판단하고 분별하는 능력으로 군인의 사명을 인식하고 무력 관리라는 부여된 기능을 올바르게 이해하는 덕목. '용'은 굳센 행동으로 어떤 위험에서도 옳은 일을 실천함으로써 책임을 다하는 덕목. 전두환은 이 세 덕목 가운데 몇 개를 가졌을까.

전두환은 지난 2012년 6월 8일 육군사관학교 연병장에 섰다. 다른 육사 졸업생도 있었지만 그가 유독 눈에 띄었다. 생도들이 최고의 경의인 '우로봐' 경례를 했다. 다른 참석자들이 박수 칠 때 전두환은 자신의 특별석 자리에서 일어나 거수경례를 했다. 육사는 전두환에게 특별석을 마련해 준 것에 대해 '고령자 예우'로 문제없다고 해명했다. 〈한겨레〉 보도를 보면, 전두환은 2006년에도 육사 생도 행사에 참석했다. 비판이 격렬했다. 반란 수괴가 미래의 군 장교를 사열하면 안 된다는 주장이었다. 보수주의자들은 별것 아니라고 반박한다. 내심 쿠데타에 대한 호감도 감추지 않는다. 〈한겨레〉 2012년 6월 12일자를 보면, 당시 한기호 새누리당 의원은 민주당의 전두환 비판 성명에 대해 "한마디로 오버하고 있는 것"이라고 라디오 방송에서 말했다. 1952년생의 이 사내는 강원도 출신으로 육사 31기다. 그가 2학년이던 1972년부터 육사 정식 커리큘럼에 유신 정신교육이 포함됐다. 한기호 의원은 육사 동기인 김인선 앞에서도 같은 말을 할 수 있었을까. 김인선은 12·12 당시 정승화 육군참모총장의 경호장교였다. 전두환 쿠데타군의 체포에 맞서 참모총장을 경호하다 총상을 입었다. 한기호 의원이 육사에서 배운 커리큘럼에 '육사 9기 정병주'와 '육사 25기 김오랑'의 이름은 누락돼 있었을 것이다. 1931년생 전두환은 육사 11기로 1951년 육사에 입학해 1955년에 졸업했다.

12·12 쿠데타의 주역은 육사 11기와 17기였다. 전두환과 노태우가 11기다. 허화평과 허삼수가 육사 17기다. 17기는 1957년 7월에 입학했다. 11기 때의 교장은 안중근 의사의 조카로 황포군관학교를 나온 안춘생이었다. 17기 때의 교장은 훗날 5·16 쿠데타에 반대해 체포된 박정희의 친구 이한림이었다. 그러나 제자들은 교장의 가치관을 배신했다.

정병주는 12·12 쿠데타에 맞섰다. 그는 1927년생으로 육사 9기다. 1967년 공수여단장을 지냈다. 한국전쟁에 참전해 부상을 입었다. "야전군인의 상징이며 특전사의 전설"로 불린다.[38] ≪역사의 하늘에 뜬 별 김오랑≫을 보면, 5·16 쿠데타 당시 9기 동기들 3명과 모의에 참가했다가 쿠데타 3일 전에 이탈했다. 경회루 기둥에 묶이고 3개월간 영창에 갇힌 뒤 한직으로 쫓겨났다. 정병주의 안동농림학교 선배인 김재규 전 중앙정보부장이 그를 참모장으로 불러들여 군 경력을 살려줬다. 1974년부터 1979년까지 특전사령관으로 근무했다. 전두환은 1974년부터 1976년까지 정병주 아래서 공수특전여단장을 지냈다. 노태우와 박희도, 최세창, 장기오 등 쿠데타의 주역들이 다 정병주를 모셨다. 그리고 배신했다.

1979년 12월 13일 새벽 1시, 정병주는 송파구 거여동 특전사령부 사령관실에 있었다. 육사 13기 후배이자 부대 하급자인 3공수여단장 최세창

이 부하 박종규를 보내 정병주를 체포하라고 시켰다. 누가 먼저 발포했는지, 어떤 표정이 오고갔는지는 당사자마다 묘사가 다르다. 정 전 사령관이 사무실 문을 걸어 잠그고 38구경 리볼버 두 발을 쏜 것은 확실하다. 비서실장 김오랑은 콜트45 권총에서 실탄 여덟 발을 발사해 쿠데타에 맞서 상관을 지켰다. 화장 보고서에 따르면, 김오랑은 M-16 소총에 의해 "우측 경부 기저부 관통 총상을 입고 현장에서 사살" 되었다. 정병주는 왼쪽 팔에 소총 총상을 입은 상태에서 체포됐다.

김오랑은 1944년 4월 5일 경남 김해시에서 태어났다. 1965년 육사 25기로 입학했다. 임동원 전 통일부장관이 교수 중에 한 명이었다. 맹호부대원으로 월남전에 참전했고 특전사에서 근무했다. 산과 정글, 골짜기에서 주로 근무한 야전형 군인이었다. 전두환과 노태우 같은 정보 라인 군인들이 야전 군인을 죽였다. 후배가 선배를 죽였다.

수술 뒤 목숨을 건진 정 전 사령관은 쿠데타를 저지른 후배들의 공직 제안을 마다했다. 야당의 정치 입문 제안도 거절했다. 그는 천생 군인이었다. 대신 술과 벗했다. 1989년 3월 행방불명된 지 130여 일 만에 주검으로 발견됐다. "하루 세 끼 밥 먹고 하늘을 쳐다보다가 땅이 있으니 걷고 그리고는 잠자고…… 제가 걷기를 무척 좋아해요. 울화가 치밀 때는 술병을 들고 구파발 서오릉 주변을 온종일 혼자서 터벅터벅 걷다가 아무데서나 쓰러져 자곤 했어요. 그러다가 서울 북쪽의 검문소 앞을 지날 때는 '노태우 씨가 저곳을 어떻게 통과했을까' 하는 생각이 나고……."[39] 김오랑의 아내 백영옥은 남편이 죽자 술에 빠졌다. 민주화가 된 뒤 1990년 전두환과 노태우를 상대로 손해배상 청구 소송을 내려 했다가 포기하는 이해할 수 없는 행동을 했다. 같은 해 추락사했다.

김오랑 부부에게 정의는 너무 뒤늦게 찾아왔다. '고 김오랑 중령 무공훈장 추서 및 추모비 건립 촉구 결의안' 수정안이 2013년 4월 29일 국회 본회의를 통과했다. 민주통합당 민홍철 의원이 대표 발의했지만, 새누리당 송영근 의원의 노력이 컸다.

전두환에 의해 연행된 당시 육군참모총장 정승화는 1929년생으로 육사 5기였다. 정승화는 신군부 쪽 군사법원에서 박정희 전 대통령 시해 사건을 방조한 혐의로 구속 기소돼 군사법원에서 징역 10년을 선고받았다. 정승화는 1997년 서울중앙지방법원에서 열린 재심을 통해 무죄판결을 받았다. 정승화는 2002년 6월 숨졌다. 안종훈 당시 육군군수참모부장은 정승화 참모총장 연행을 반란이라고 비판했다. 안종훈도 육사 9기로 전두환의 육사 선배였다. 그는 쿠데타에 반대하는 발언을 한 뒤 경남 진해에 있는 육군대학의 총장으로 좌천됐다.

어떤 마음가짐이 이런 하극상을 가능하게 했을까. 육사 11기와 17기의 회고록을 읽고 그들을 인터뷰할수록 한 가지가 뚜렷이 보였다. 엘리트주의다. 그것은 진보나 보수 같은 이념 지향과 무관했다. 육사 11기는 최초의 4년제 정규 육사라는 엘리트 의식으로 충만했다. 17기의 엘리트 의식은 더 심했다. 이동희 전 육사 교수부장은 인터뷰에서 "그때 서울대학교가 형편없었다"라는 말을 반복했다. 실제로 육사 11기 중에는 서울대를 다니다 온 생도도 있었다. 법조인과 고위 관료, 경제인, 언론인, 4년제 대학 졸업생 등의 수를 다 털어도 한줌인 사회에서, 그들은 엘리트 집단 중에 하나였을 것이다. 그들은 엘리트가 국가를 경영하는 '철인정치'를 꿈

꾸었던 걸까.

육사 8기는 1948년 입교해 22주의 단기 교육을 받고 임관했다. 6·25 전쟁에 초급장교로 참전했다가 숱하게 죽었다. 육사 11기들은 전쟁이 한 창일 때 전선에 나가는 대신 교육을 받은 세대다. 육사 11기가 '우리는 엘리트다'라고 외친다면 육사 8기는 '우리가 피 흘려 남한을 지켰다'라고 받아칠 만하다. 그러나 김종필 같은 육사 8기생도 전두환과 노태우에겐 '단기 육사 졸업생'에 불과했다.

전두환은 끝까지 그랬다. 대통령이 된 뒤인 1986년 박희도 육군참모총장이 "정병주도 한번 봐주시지요"라고 말했다. 물질적 보상을 제안한 것이다. 전두환은 "정병주는 당뇨병도 있을뿐더러 나쁜 사람이다. 책 한 줄 안 읽는다. 봐줄 필요 없다. 걸레다"라고 말했다.[40]

전두환의 하극상은 선배는 물론 스승에게도 향했다. 전두환은 1961년 5·16 쿠데타 당시 교관을 하던 대위였다. 육사 생도들을 이끌고 쿠데타 지지 시위를 주도한 것으로 알려졌다. 강영훈 전 국무총리가 당시 육사 교장이었다. 강영훈은 1922년생으로 중국에서 대학을 나와 1958년 미국 육군참모대학을 수료했다. 그는 군의 정치 개입에 반대했다. 육사 생도들의 쿠데타 지지 시위를 반대했으나 결국 막지 못했다. 강영훈은 쿠데타 뒤 박정희에 의해 마포형무소에 수감됐다. 1962년 2월 미국 뉴멕시코로 쫓겨났다.

사실 육사 11기의 하극상은 선배들을 따라한 것이다. 김종필은 1926년 생으로 육사 8기다. 1961년 쿠데타를 일으켰을 때 서른다섯 살이었다.

5·16 쿠데타의 주역인 육사 5기와 육사 8기도 육사와 육군의 선배들을 숙청하고 수감했다. 그러나 권력의 저거노트는 바퀴 밑을 살피지 않는다. 바퀴를 굴리는 사람마저 깔린다. 1980년엔 자신이 육사 후배에게 당했다. 김종필은 1980년 5월 17일 밤 신군부에 의해 보안사 서빙고 분실에 연행됐다. 7월 3일 밤에 겨우 풀려났다. 216억 원의 재산도 빼앗겼다. 김종필은 훗날 신군부를 '살모사(殺母蛇)'라고 불렀다.

민망하게도, 5·16 쿠데타의 주역들 자신이 살모사였다. 전 1군사령관 이한림은 1921년생으로 만주군관학교와 일본 육사를 나와 해방 뒤 육사의 전신인 육군영어학교의 1기생으로 졸업했다. 한국전쟁 때 9사단장이었다. 1960년 3·15 부정선거 때는 자유당의 지시를 거스르고 군의 부정투표를 막다가 좌천당했다. 1961년 5·16 쿠데타 당시 강원도 원주에 주둔한 1군의 사령관이었다. 쿠데타를 진압하려 했다. 그러나 5월 16일 새벽부터 18일까지 결정적인 30시간 동안 대통령과 국무총리로부터 진압 지시가 내려오지 않았다. 한국의 민주주의 리더십이 얼마나 허약한지 드러나는 순간이었다. 장면은 쿠데타가 벌어지자마자 도망쳐 숨었다. 윤보선은 이한림에게 공문을 보내 "국군끼리 충돌과 출혈을 하지 말라"고 했다. 사실상 진압하지 말라는 지시였다. 그것이 1961년의 한국의 민주주의 리더십의 수준이었다. 이한림은 5월 17일 오후 늦게 박정희와 통화했다. "네 쿠데타에 나는 묵인한다"라고 이한림이 말했다. 박정희는 "고맙다"라고 짧게 말했다.[41]

그는 1940년 2월 만주군관학교에서 박정희와 처음 만났다. 조선인 학생은 많지 않았다. 금방 술친구가 됐다. 둘 다 공부를 잘해 함께 일본 육사에 진학했다. 그러나 이한림은 의회민주주의자였다. 진압을 포기한 뒤인 1961년 5월 18일, 20여 년 지기인 박정희의 지시로 연행된 뒤 마포교도소에 갇혔다. 이한림은 1961년 8월 15일 풀려나 미국의 소도시 샌타바버라로 쫓겨나 유학생 노릇을 했다. 쿠데타에 반대했던 육사 교장 강영훈도 똑같이 미국에 쫓겨 왔다. 박정희는 지적이었다. 권력의 작동 방식을 이해하고 있었다. 그리고 자신이 이해한 것을 그대로 실행할 만큼 냉혹했다. 쿠데타에 반대했던 장성들을 살려두되 미국의 소도시로 보냈다. 워싱턴행은 금지했다. 쫓겨난 장성들끼리 만나는 것도 금지했다.

1961년 11월 쿠데타 뒤 처음으로 이한림은 박정희를 만났다. 박정희가 만나자는 전갈을 당시 주미 대사 정일권이 전달했다. 1961년 11월 20일 오후 5시 마크홉킨스호텔의 객실에서 이한림은 친구 박정희와 재회했다. 박정희는 선글라스를 끼고 있었다. 박정희는 악수를 청했다. 이한림은 "야, 이 새끼야. 나를 이 꼴로 만들어놓고 속이 시원하지?"라고 소리쳤다. 1962년에야 귀국했다. 감시원이 늘 이한림의 가족을 감시했다. 박정희는 1963년 어느 날 신당동에 있는 요정으로 이한림을 불렀다. 이한림은 감시원이 있어 생활이 불편하다고 말했다. 박정희는 "이놈들이 못살게 한 모양이구만"이라고 답했다. 짐짓 자신과 무관한 것처럼 말했다. 이한림은 "이 새끼야, 너 혼자 실컷 해쳐먹어라, 나쁜 자식"이라고 말했다. 다음 날 박정희는 감시원을 철수시켰다. 박정희는 냉혹했지만, 아직까지 괴물은 아니었다. 그리고 냉혹하리만치 영악했다. 거절하는 이한림에게 계속 공직을 제안했다. 2013년의 어떤 언론은 이를 두고 '발탁'이라고 묘사했다. 박정희가 통이 크다는 취지다.

그러나 이한림이 쓴 회고록의 행간에서 내가 느낀 것은 체념이었다. "이제 박정희는 쿠데타에 성공했으므로 나에게는 별 방도가 없었다. 나는 항장처럼 그의 수하 사람이 된 것이었다"라고 이한림은 썼다. 수산개발공사 사장과 진해화학주식회사 사장, 터키와 오스트레일리아 주재 대사 등을 거쳤다. 악몽은 거기서 끝나지 않았다. 그는 1980년 자신이 교장 시절 가르친 육사 17기가 쿠데타를 일으킨 것을 지켜봐야 했다.

"나는 1979년 10월 26일 박정희 장군의 피살로 막을 내린 박정희 시대의 종막을 맞아 내가 키우고 사랑하던 육사 4년제 출신 전두환 일파에 의한 군사정권 연장을 관망하며 모든 공직의 포기를 결심하였다. 나는 그들의 집권을 보고 크게 실망하고 또한 죄책감에 사로잡혔다. 내 육사 교육이 잘못되었다는 생각에서였다. 나는 그간 박정희와는 오랜 친구 사이여서 내가 원하지 않았던 직책에 있었어도 어느 정도 명분이 섰지만, 내 제자들이 집권한 쿠데타 정부에는 단 하루도 일할 수 없다는 결론을 내린 것이다. 나는 정말 전두환이 집권하리라는 예상을 못 했었다."[42]

전두환은 1987년 10월 28일 자신과 동석한 이한림의 이런 속마음을 짐작할 수 있었을까? 그날 전두환은 민정당 지지를 호소하려고 예비역 장성 32명을 초대해 청와대에서 만찬을 열었다. 5·16 쿠데타에 반대했던 이한림과 강영훈, 이형근이 다 그 자리에 나왔다. 이한림은 그날 술자리에서 침묵했다.[43]

이한림은 지난 2012년 4월 29일 숨졌다. 진보와 보수 쪽 신문 모두 부음 단신으로 조용히 그의 죽음을 전했다. 민족주의 성향의 진보에게 이한림은 만주군관학교를 나와 친일인명사전 예정자 명단(민족문제연구소)

에 이름이 올라간 인물이다. 극보수에게는 5·16 혁명에 반대했던 인물로 기억될 터다. 그는 복잡한 보수주의자다. 에드먼드 버크를 인용하는 보수주의자였고 김일성의 스탈린주의에 반대한 반공주의자이면서, 동시에 영국의 의회민주주의를 지지한 민주주의자였고 군이 정치에 개입해서는 안 된다고 믿은 원칙주의자였다. 진영 논리에 갇혀 얇고 얕아진 2012년의 한국 저널리즘에 이한림을 길게 기록할 공간은 없었다. 〈국방일보〉 어디에도 그의 죽음은 기록되지 않았다.

쿠데타의 기억은 여전히 육사 주위를 검은 안개처럼 떠돈다. 전두환에게 '우로봐' 하는 생도들이 김오랑 기념비를 보고 '우로봐' 할 기회가 여전히 없다. 육사에는 아직, 검은 안개가 있다.

전두환과 김종필

전두환은 아비를 죽인 아들이다. 1980년 5월 18일자 〈경향신문〉은 장엄한 조사처럼 읽힌다. '김종필·김대중 씨 연행─계엄사 발표 부정 축재·소요 조종 혐의… 26명 조사─지도급 정치인 사회불안 선동, 최규하 대통령 특별 성명 학생 근로자 소요로 중대 위기, 정치 발전 변함없다.'

신문은 권력형 부정 축재자의 이름을 싣는다. 김종필 공화당 총재, 이후락 국회의원, 박종규 국회의원, 김치열 전 내무장관, 김진만 국회의원, 오원철 전 청와대 경제2수석비서관, 김종락 코리아타고마 사장, 장동운 전 원호처장, 이세호 전 육군참모총장. 소요 배후 조종 혐의자로, 김대중 재야 정치인, 예춘호 국회의원, 문익환 목사, 김동길 연세대 부총장, 인명진 목사, 고은 시인, 리영희 한양대 교수의 이름을 게재했다.

전두환이 권력형 부정 축재자로 지명한 이들 대부분은 5·16 쿠데타와 3공화국의 핵심 인물이었다. 김종필이 훗날 신군부를 '살모사'로 명명한 것은 실로 적절한 표현이었다. 김종필은 5월 17일 밤 보안사 서빙고 분실로 연행됐다. 현역 여당 총재이며, 일국의 국무총리를 지냈고, 중앙정보부 초대 부장으로 정보 정치의 발명자였으며, 5·16 쿠데타의 설계자였던 육사 8기 출신 정치인이, 육사 11기 후배에게 연행당한 것이다. 전 국무총리가 이렇게 당했으니 다른 사람은 짐작할 만하다. 현역 국회의원이 고문과 구타를 당하며 의원직 사퇴서를 억지로 썼다. 공화당 사무총장을 지냈다가 3선 개헌에 반대해 재야로 돌아섰던 예춘호는 얼굴에 발길질을 당해 까무러쳤다. 김종필은 7월 3일 저녁에 풀려났다.

전두환은 법을 신경 쓰지 않았다. 계엄사령부의 행위는 당시 계엄법상 불법이다. 당시 〈경향신문〉의 기사를 아무리 되풀이 읽어도, 계엄사령부가 계엄법의 어떤 조항을 근거로 이들을 체포했는지 서술되어 있지 않다. 2013년에 이렇게 기사를 썼다간 사회부장에게 치도곤을 당할 일이다. '계엄 선포 중 국회의원은 현행범을 제외한 외에는 체포 또는 구금되지 아니 한다'(17조)는 조항도 지켜지지 않았다.

전두환은 아주 고약한 의미의 마키아벨리주의자 같다. "싸움에는 두 가지 방도가 있다는 점을 알 필요가 있다. 그 하나는 법률에 의거한 것이고 다른 하나는 힘에 의거한 것이다. 첫 번째 방도는 인간에게 합당한 것이고, 두 번째 방도는 짐승에게 합당한 것이다. 그러나 전자로는 종종 불충분하기 때문에 후자를 사용할 줄 알아야 한다." 전두환은 마키아벨리를 체험을 통해 학습한 것 같다. 아킬레스가 반인반수의 카이론에게 맡겨졌듯, 전두환은 박정희에게 길러졌다. 1961년 5월 18일 아침 대위 전두환은 생도 800여 명을 이끌고 시청 광장을 향해 쿠데타 지지 데모를 이끌었다. 국가재건최고회의 의장실의 민원담당비서관 자리에 올랐다. 대령이 가야 할 보직을 대위가 차지한 것이다. 그 뒤 중앙정보부 인사과장이 됐다. 전두환을 이끈 것은 박정희였다. 글라이스틴의 표현 그대로, 전두환은 박정희의 제자이고 아들이었다. 그럼에도 전두환을 마키아벨리주의자로 부르는 것은, 마키아벨리에 대한 모독이다. 마키아벨리가 그토록 냉혹한 현실감각을 통해 지키려 했던 것이 역설적으로 민주 공화정이었다는 사실을, 전두환은 알지 못했을 것이다.

전두환은 "정치란 힘 가진 사람이 하고 싶은 대로 하는 게 원리"라고 말했다.[44] 그 말 그대로 행동했다. 그는 권력의 원천을 잘 알고 있었다. 권력은 돈과 사람으로부터 나온다. 불행히도 민주주의 같은 신념은 그 자체로는 힘이 되지 않는다. 전두환은 정치인 김종필에게서 권력의 원천을 빼앗았다. 1980년 5월 전두환에게 패배한 것은 민주주의자들만이 아니다. 김대중과 김영삼뿐 아니라 김종필도 전두환에게 졌다. 김종필은 제주 감귤 농장 등 216억 원에 달하는 재산을 몰수당했다. 국가통계포털(KOSIS)을 보면 1980년의 소비자물가 총 지수는 24.269(2010년＝100 기준)이므로, 현재 가치로 환산해보면 약 900억 원 규모의 자산이다.

1979년의 정치적 상황은 김종필에게 유리해 보였다. 절대 권력이 사라지자 절대적인 진공상태가 왔다. 관찰자들도 그렇게 봤다. "군부의 권력 장악. 한국 국민들은 이를 바라지 않는다. 유신 체제를 맹목적으로 따르는 것 또한 한국 민중들이 피하고자 하는 바"라고 글라이스틴은 1980년에 기록했다.[45] 김종필은 당시 집권 여당인 공화당의 총재였다. 1979년 3월 개원한 10대 국회는 국회의원 중에 3분의 1인 77명을 통일주체국민회의에서 선출했다. 이들에게 유신정우회란 이름이 주어졌다. 요컨대 대통령 박정희가 국회의원의 3분의 1을 선정한 셈이다. 나머지 154석은 공화당이 68석, 신민당이 61석을 가져갔다. 김종필은 1971년부터 1975년까지 국무총리를 지냈다. 겉으로 보기에, 2인자였다.

정치인 김종필은 전두환보다 지적이었으며, 인간 김종필은 전두환보다 다면적이었다. 김종필은 단점을 가진 인간이었다. 탐욕스럽게 권력을 추구했고, 이맹희가 증언하듯 삼성 이병철에게 돈을 요구했다.[46] 부패도 저질렀다. 그러나 김종필은 해박한 세계사 지식을 토대로 권력의 작동 방식을 이해한 지적인 인물이기도 했다. 권력을 휘두르는 자기 자신을 또 다른 자아로 자기 객관화할 줄 알았다. 브루노 부에노 데 메스키타가 《독재자의 핸드북》에서 갈파한 다음과 같은 주장을 이해하고 있었다. "권좌에 오르기를 갈망하던 사람이 마침내 승리를 거두었다. 세습, 쿠데타, 선거, 반란, 살인, 폭력, 어떤 방법에 의존했든 권력을 장악했다. 그리고 이제 그는 새로운 도전에 직면했다. 바로 권력을 유지하는 일이다."

전두환은 지적이지 않다. 그에 관한 숱한 자료를 읽었지만, 그가 지적으로 누구에게서 영향 받았는지는 찾기 어려웠다. 그가 언급한 단 한 권의 책은 도쿠가와 이에야스에 관한 책이다.[47]

쿠데타의 설계자 김종필이 권력 유지를 위해 택한 수단은 아이러니컬하게도 의회주의와 정당이었다. 쿠데타의 성공을 의회주의와 정당정치로 지속하려 한 것이다. 20세기에 중남미와 아프리카, 아시아에서 숱하게 군사 쿠데타가 벌어졌지만, 작동하는 근대 정당을 창당한 독재자는 흔치 않다. 역사학자 서중석은 공화당이 "유효한 정치 도구라는 의미 이상을 뛰어넘지 못했다"[48]라고 비판했지만, 김종필은 반골 변호사인 정구영 등 인재를 두루 구하려 노력했다. 비례대표제를 도입하고 정당 사무국을 창설하는 등 근대 정당의 면모를 갖추려 노력했다. 그때 박정희는 정치 전략을 잡지 못하고 갈팡질팡하고 있었다. 경제개발과 화폐개혁이 실패하고 쿠데타에 대한 비판 여론이 높아지자 1963년 2월 18일에 민정 불참을 선언했다. 민주주의자의 입장에서는 환영할 일이지만, 쿠데타 주체의 시각에 섰을 때 자기 확신이 없는 투정에 불과한 행위였다. 그것은 쿠데타군이 쿠데타의 명분으로 내건 경제개발과 부패 해소를 스스로 할 능력이 없다는 자가당착적 고백이었다. 초기 박정희는 정치적 감이 없다는 생각이 들 정도다.

그때 김종필은 더욱 공화당 창당의 고삐를 당겼다. 왜 그랬을까? "군사혁명이라는 과격한 수단에 의해 정권을 잡았다가도 민간 정부로 정권을 이양할 때가 제일 어려운 고비더라고요. 내가 이걸 걱정한 겁니다. 그 고비를 넘기려면 비교적 혁명 정신을 계승하면서 일단 스무드하게 국민의 지지를 얻어서 민간인 정부로 넘어가야 한다, 이런 생각에서 사전 조직을 한 겁니다. 아무 계획 없이 정권을 이양하다가 혼란에 빠지면 혁명을 안 한 거나 마찬가지 아닙니까?"[49] 김종필은 1987년 당시 공화당에 대한 구상을 이렇게 설명했다.

전두환은 5·16 쿠데타의 선배들을 흉내 내 민정당을 만들었다. 그러나 민정당은 여러 면에서 초기 공화당과 비교하기 민망한 아류다. 김종필은 진보적인 인물까지 포함해 널리 숨은 인재를 포섭했다. 이승만의 독재에 반대했지만 사회주의자는 아니었고, 부패에 반대했지만 경제성장은 필요하다고 생각했던 숨은 엘리트들에게 다가갔다. 정구영과 예춘호가 대표적이다. 변호사 정구영은 1960년 당시 대한변호사협회장이었다. 반공주의자였고 민주주의자였다. 3·15 부정선거를 이유로 이승만 하야 성명을 발표한 인물이었다. 공화당의 초대 총재였다. 훗날 3선 개헌에 반대하다 재야로 돌아섰다. 부산의 진보적 엘리트인 예춘호도 김종필이 포섭한 인재다. 그 역시 3선 개헌에 반대한 뒤부터 민주화 운동에 몸담았고, 1980년 김대중을 지지한 이유로 전두환의 신군부에게 고문을 당한 원칙주의자였다. 당시 공화당은 훗날 〈한겨레신문〉 창간을 주도하는 리영희에게도 참여를 제안할 정도로 인재를 가리지 않고 포섭하려 했다.[50]

국가재건최고회의 안에서 논란이 많았지만, 결과는 김종필의 구상대로 됐다. 1963년 10월 15일 5대 대선에서 박정희가 470만 2640표를 얻어 454만 6614표를 얻은 윤보선을 15만 6026표 차이로 누르고 승리했다. 물론 반칙은 있었다. 옛 야당 정치인들의 정치 활동을 금지하다가 1963년 1월 1일에야 풀어줬다. 그럼에도 불구하고 5대 대선은 전반적으로 공정한 선거로 기록된다. 주한 미국대사관의 관찰자들도 "민주적 선거가 질서 있게 치러졌다. 우리가 염려했던 명백한 억압과 투·개표 부정은 벌어지지 않았다"라고 평가했다.[51] 그리고 그해 11월 26일에 치러진 국회의원 선거에서 공화당은 다수당이 됐다.

인물 됨됨이도 김종필이 나아 보인다. 그는 명민한 쿠데타의 설계자였다. 미국도 그 사실을 인정했다. CIA 한국지부장이던 피어 드 실바가 5·16 쿠데타 뒤 처음 만난 사람도 김종필이었다. 밤새 정보를 찾아 헤매던 피어 드 실바에게 통역을 담당하던 박종규는 "주요한 쿠데타의 계획자(chief planner of coup)"인 사람을 우선 만나라고 조언했다. 실바는 1961년 5월 17일 오전 김종필과의 첫 만남을 기록한다. "우리는 국회(현재 서울시의회) 앞에 내렸다. 박종규는 컴컴한 복도를 지나 4층으로 안내했다. 몇 개의 탁자와 의자, 그리고 다 합쳐 수백 마일은 되어 보이는 야전 전화선으로 가득한 방에서 책상 뒤에 김종필이 앉아 있었다."[52] 미국인 관찰자들은 김종필을 종종 약어 'KCP'로 불렀고 나중엔 그저 'CP'라고 불렀다. 'JP'라는 별명은 여기서 기원한 것으로 보인다.

"1961년 5월 군사정권이 시작된 이래, 김종필은 핵심 인물이었다"라고 CIA 한국지부는 1963년 기록한다.[53] 김형욱은 군부대의 이동 경로를 자신이 작성했다고 주장하지만, 혁명 공약은 김종필이 작성했다. "포고령은 11호까지 내가 써가지고 주머니에 넣고 다니다가 박 대통령께 드리면 좋다고 발표하고 그랬습니다. 그리고 무엇보다 먼저 경제적인 재건을 하기 위해서 경제기획위원회를 만들었는데 이게 오늘날 경제기획원이 됐지요."[54] 물론 이 대목은 김종필 특유의 허세로 부풀려져 있으므로 조금 접고 들어야 한다. 5·16 당시 국가 주도형 개발주의 경제정책을 입안한 이는 일제시대의 무정부주의자인 유림의 아들로 쿠데타에 참여한 유원식이다. 그는 쿠데타 직후 국민의 돈을 산업에 투자할 자본으로 쓰기 위해 화폐개혁을 단행했으나 실패했다. '경제기획처'나 '경제개발부' 같은 부처 명칭은 이미 장면 자유당 정부 때부터 논의된 이름이었다.

김종필은 쿠데타에 필요한 자금도 마련했다. 타워호텔의 소유주인 남상옥과 이학수 등에게서 돈을 받았다고 1987년의 인터뷰에서 밝혔다.[55] "돈(쿠데타 자금)도 뭐 그렇게 많이 필요하지 않았습니다. 지금 작고했지만 타워호텔을 하던 남상옥 씨가 많이 댔고 이학수 씨도 대고 그랬죠. 전체적으로 지금(1987년) 돈으로 한 1000~2000 될까?" 통계청의 물가지수로 환산하면 2013년 현재 화폐가치로 1억 원이 채 안 된다. 그대로 믿기에 너무 적다.

이방인 관찰자들은 국가재건최고회의의 권력 지형을 그들 나름대로 파악하고 있었다. "박정희의 권위는 쿠데타군 내부의 파벌 때문에 제약받고 있다는 명백한 증거가 있다. 국가재건최고회의 32명의 최근 투표

패턴은 김종필의 리더십을 따르는 젊은 장교들을 포함해 세 개의 그룹이 존재함을 보여준다. (…) 국가재건최고회의 안에서 박정희 지지자는 15명, 김종필 지지자는 10명, 그리고 장도영은 5명의 지지를 받고 있다는 게 밝혀졌다. 김종필은 쿠데타 초기부터 박정희와 연합해온 것으로 알려져 있지만, 최근의 정보는 김종필의 박정희에 대한 충성에 의문을 제기한다."[56]

국가재건최고회의 안의 두 파벌은 김종필을 중심으로 한 육사 8기 청년 장교들과 김종필을 싫어하는 육사 5기 등 나머지 인물들이었다. 쿠데타 과정에서 8기는 계획을 세웠고 5기는 병력을 동원했다. 이들의 대립은 이념과 지향의 차이보다 힘과 힘의 충돌에서 온 것이었다. 남과 북의 인맥이 충돌했고, 영관급(8기)과 장성급(5기)이 충돌했다.

더 우월한 개인이었던 김종필은 1980년에 전두환에게 졌다. 지는 것보다 이기는 게 자연스러워 보이는 싸움에서 졌다. 일단 당시 상황은 겉보기와 실체가 달랐다. 정치가 온전히 법의 영역에 속하는 것이었다면 김종필이 이겼을 것이다. 당시 정치는 철저히 짐승의 영역에 속했다.

김종필은 짐승의 힘이 거세된 상태였다. 권력의 원천인 돈과 조직을 모두 빼앗겼다. 당시는 금융기관이 철저히 청와대의 지휘 감독을 받던 '완전한 관치 금융'의 시대였다. 은행 지분은 국가의 소유였다. 여당인 공화당의 재정위원장을 포함해 돈의 창구 역할을 몇몇 핵심 인물이 도맡았다. 돈의 창구에 앉은 자 가운데 김종필계는 없었다. 박정희는 '국민복지회사건' 등을 이유로 김종필계 정치인을 숙청하고, 김종필이 머문 별장까지 감시했다. 1971년 김종필은 총리직을 맡았지만 허수아비 총리였다.

1972년 이후락의 평양 방문을 일국의 총리가 며칠 전에야 통보받았다. 1969년 3선 개헌을 끝까지 반대했던 김종필계 의원인 예춘호와 양순직, 김성태 등은 공화당에서 제명됐다.

3선 개헌에 반대한 1969년부터 1979년까지 그는 권력의 핵심에서 계속 멀어졌다. 박정희는 최소한의 정당정치도 거부했다. 정당정치가 사라진 자리를 정보 정치가 대체했다. 2인자들을 정보 보고 경쟁에 빠뜨렸다. 누군가를 비난하는 정보 보고가 올라오면, 그 보고서를 비난받은 대상에게 건네줬다. 보고를 올린 2인자와 비난당한 2인자가 경쟁했다. 1975년에 차지철 경호실장과 신직수 중앙정보부장이 있었지만, 사설 정보대에 돈을 주고 정보 보고를 받았다. 전두환의 처삼촌인 이규광이 이끄는 사설 정보대를 이용했다. 이런 상황은 김종필에게 일부 책임이 있다. 3선 개헌에 반대하다 의지가 꺾였다. 그 뒤 스스로 이용당하는 것을 받아들였다. 민주주의에서 정치인이 최후에 기댈 권력의 원천은 민중의 지지, 곧 시위를 이끌어내는 것이었다. 보수주의자 김종필이 택할 수 없는 선택이었다. 김종필은 박정희가 죽고 난 11월 12일 공화당의 총재로 뽑혔으나 여전히 당을 장악하진 못했다.

권력의 또 다른 원천인 군부에서도 너무 오래 떨어져 있었다. 외려 신군부는 김종필을 경멸했다. 구원이 있었다. 1963년 노태우는 당시 김종필과 대립하고 있던 육사 5기 출신인 중앙정보부장 김재춘을 찾아갔다. 4대 의혹 관련자들을 제거하겠다고 말했다. 김종필과 김종필계를 처단하겠다는 뜻이다. 4대 의혹 사건이란 '새나라자동차 사건, 워커힐 사건, 파친고 사건, 증권 파동'을 말한다. 김종필이 수장으로 있던 중앙정보부가 이들 사업을 도맡아 하면서 불법과 비리로 비자금을 만들었다는 게 핵심 의혹이다.

한 술 더 떠 노태우와 전두환은 1963년 7월 6일을 디데이로 공화당의 사전 조직 핵심을 제거하는 모종의 쿠데타까지 계획했다.[57] 당시 방첩부대장 정승화가 이를 수사해 박정희에게 보고했다. 박정희는 당시 중앙정보부장 김재춘과 논의한 끝에 형사 처벌하지 않기로 결정했다. 박정희는 육사 11기를 자신의 권력 체스 게임의 말 하나로 사용하기 시작했다. 당시 방첩부대장 정승화와 김종필은 16년 뒤 육사 11기 후배들에게 잡혀 들어가리란 것을 상상할 수 있었을까.

겉보기와 다른 상황의 실체를 미국인 관찰자들은 1980년 봄 파악하고 있었다. "김종필은 현재 본인이 대선에서 승리 전망이 불투명하다는 점을 알고 있지만, 시간 여유가 있다면 승산이 있다고 기대한다. (…) 그럼에도 불구하고 아직까지 김종필을 돕고 있지 않은 기득권층이 미래에 그를 돕지 않으면 그는 가망이 없을 것이다. 그는 부패 문제를 갖고 있고 유신 체제에 너무 가깝고, 공화당 내에 강력한 반대파가 존재한다. 많은 장교들은 김종필을 그저 신민당의 김영삼과 김대중보다 나은 사람으로만 바라볼 뿐 그 이상은 아니다."[58] 훗날 전두환은 "그때 김종필 씨의 공화당과 유정회가 최규하 씨를 중심으로 똘똘 뭉쳐 밀었더라면 과연 누가 딴생각을 할 수 있었겠는가"라고 말했다.[59] 그러나 박정희에게 날개를 잘라 바친 상태에서 김종필은 박정희의 정치적 아들과 대결장에 서게 된다. 그리고 우리는 그 싸움의 결과를 잘 안다.

전두환이 12·12 쿠데타를 일으킨 뒤 한미연합사령관 위컴은 1980년 2

월 말 그를 용산에 있는 한미연합사령부에서 만났다. 전두환은 양국 사이의 계약을 위반한 인물이었다. 노태우의 육군 9사단은 한미연합사령관(Combined Forces Command)의 지휘 체계에 속했다. 전방을 방위하는 핵심 병력이었다. 그런데 노태우는 12월 12일 밤 한미연합사령관에게 보고하지 않고 전방 부대를 수도로 불러들였다. 안보를 망치는 행위를 한 것이다. 게다가 국가 간 계약 위반이며 법률 위반이었다.

대국의 노장군은 제삼세계의 야심 많은 군인에 대해 공부해야 했다. 전두환과의 대화를 준비하기 위해 부관이 위컴에게 메모를 건넸다. 1961년 5·16 쿠데타 뒤 당시 주한 미군사령관 매그루더와 김종필의 대화를 기록한 메모였다. "대화 기록을 읽고 있자니 데자뷔가 느껴졌다. 1961년에 쿠데타의 명분으로 제기된 이유들 모두, 전두환과 그의 무리들이 자신들의 행동에 대해 말한 것과 같았다." 메모에서 김종필은 매그루더에게 자신들은 정치적 목적이 전혀 없다고 밝혔다. 부패한 정부 관리를 제거하고 난 뒤 군대로 복귀하겠다고 말했다. 김종필이 매그루더에게 "날 믿으시오(Trust me)"라고 말했다고 메모는 기록하고 있었다. 메모를 읽던 위컴은 데자뷔에 전율했다. "매그루더의 대화 기록에서 일시만 오늘 날짜로 바꾸면 오늘 내가 전두환과 나눌 대화의 기록으로 사용해도 되리라는 생각이 스쳤다."[60]

데자뷔를 느낀 건 위컴만이 아니었을 것이다. 전두환은 살부한 아들이다. 김종필은 자신이 했던 것과 같은 방식으로 당했다. 1980년 5월 17일 밤 김종필도 위컴처럼 데자뷔를 느꼈을 것이다. 자신이 중앙정보부장으로 권력을 휘두르던 1962년, 국가재건최고회의 의장 박정희를 보좌하던,

눈이 가늘고 집념에 찬 청년 장교의 얼굴을 다시 떠올렸을 것이다. 산 김
종필은 죽은 박정희를 넘어서지 못했다.

전두환과 박정희

"12·12가 왜 아버지 탓입니까." 박근혜 대통령의 목소리가 높아졌다. 2012년 대통령 선거 후보 토론회에서 박정희 논쟁이 벌어졌다. 야권 후보가 쿠데타가 쿠데타를 낳았다고 지적했다. 박근혜 대통령은 강하게 부인했다. 5·16 쿠데타와 12·12는 무관하다는 것이었다.

그날 토론회에 참석했다면 할 말이 많았을 사람이 있다. 존 위컴 주니어. 1979년 12·12 쿠데타 당시 한미연합사령관이었다. 한반도의 안보를 지키는 총책임자였다. 1979년 12월 12일 자정 9사단장 노태우가 연대장 이필섭에게 연대 병력을 일산에서 서울 광화문에 있는 중앙청으로 이동할 것을 지시했다. 9사단은 위컴의 지휘 체계 아래 있었다. 한미연합사령부는 1977년 제10차 한미연례안보회의의 결정으로 설치된 조직이다. 전두환과 노태우의 행위는 군 지휘 체계를 무너뜨린 불법 행위였다. 위컴이 토론회장에 있었다면 박근혜 대통령에게 자신이 1999년에 쓴 회고록을 건넸을지 모른다. 1928년 뉴욕 태생인 이 노장군은 전두환을 묘사하며 주저 없이 박정희의 '프로테제'라고 표현했다. 멘토의 가르침을 받는 제자라는 뜻이다. 그가 왜 이런 단어를 썼는지를 이해하려면 먼저 '사회인 전두환'의 이력을 살펴봐야 한다.

1955년 10월 4일 4년제 정규 육사 졸업식이 열렸다. 전두환의 성적은 156명 졸업생 가운데 바닥이었다. 2012년 2월에 만난 전두환의 육사 11기 동기인 이동희 전 육사 교수부장은 "(전두환이) 공부 못했다"고 잘라 말했다. 1951년 합격자는 모두 229명이었다. 엄격한 학사 관리 탓에 수십 명이 퇴교당하던 시절이었다. 당시 육사는 낙오자 발생을 우려해 커트라인 밑에 있는 20여 명을 추가로 합격시켰다. 전두환은 그중 한 명이었다.

5·16 쿠데타가 전두환의 사회생활도 바꿔놓았다. 졸업 뒤 소위 전두환은 21사단 66연대 1중대 소대장으로 복무했다. 중위 시절엔 보병학교의 교육장교, 중대장 등으로 근무했다. 1958년 12월 대위 전두환은 우리나라 최초의 공수부대인 김포 제1공수특전대 공수 교육장교로 복무했다. 1959년 6월부터 5개월간 미국 노스캐롤라이나주 포트 블랙의 미국특수전학교에서 심리전 과정을 공부했다. 1960년 4·19 혁명이 벌어졌을 때 전두환은 공수특전장교였다. 1960년에 6개월 동안 미국의 포트 베닝에서 레인저 교육을 받았다. 말하자면 5·16 이전의 전두환은 야전 군인으로 커리어 관리를 했다.

특이한 점은 1960년 말에 귀국해 육군본부에서 일했던 전두환의 다음 근무처다. 그는 1961년 4월에 즈음해 4·19 혁명을 막 경험한 서울대 문리대에서 ROTC 교관 요원으로 근무했다. 서울대 교정에서 4·19 세대의 문학 평론가 김현이 베레모를 쓰고 가슴에 호랑이 마크를 단 군복 차림의 전두환과 마주쳤을지 모를 일이다.

군인 전두환은 이때부터 정치군인으로 다시 태어난다. 1960년 말부터 전두환은 곧 '군사혁명'이 일어나리라는 말을 들었다. 육사 동창회의 서울지부장을 맡고 있던 11기 동기가 귀띔했다. 쿠데타의 주역인 소령 박종규가 정규 육사 졸업생들과 이미 접촉하고 있었다. 그때 전두환은 유부남이었다. 1959년 1월 이순자와 결혼했다. 장인 이규동은 육사 2기생으로 박정희의 동기였다. 장인으로부터 박정희에 대한 말을 듣고 있었다. 1981년 출판된 전두환의 전기 ≪황강에서 북악까지≫는 "그 사실(군사혁명)을 안 전두환 대위는 곧 박정희 소장을 만나볼 결심을 했다"라고 기록한다. 말하자면 일개 대위가 차기 대선 후보를 만나볼 생각을 한 셈이다. 전두환의 구술을 바탕으로 소설가가 쓴 이 전기는 그러나, 가난한 청년 장교의 욕망의 뿌리에 대해서는 설명하지 않는다. 2013년엔 상상할 수 없는 사회생활이 그땐 가능했다고 추측할 뿐이다. 1961년의 대한민국은 근대국가가 아니었다. 예산의 절반 이상을 대국으로부터 교부받는 가난한 땅이었다. 인적 관계가 법령을 대신하고 상식을 대체했다.

전두환이 1961년 5·16 쿠데타 지지 데모를 이끈 사실은 잘 알려져 있다. 5월 18일 오전 후배 생도 800여 명을 이끌고 동대문에서 광화문, 시청, 남대문을 거쳐 다시 시청에 집결했다. 훗날 1979년 쿠데타를 주도하는 18기 이학봉이 4학년생이었다. 그도 쿠데타 지지 데모의 대열 한가운데 있었으리라. 이 야심 많은 청년 생도는 박정희와 전두환, 쿠데타에 반대하다 감옥에 간 육사 교장 강영훈을 동시에 보면서 무엇을 생각했을까?

정재문 연대장 생도가 선언문을 낭독했다. "이 찬란한 조국의 새벽에 우리들 육군사관학교 장교단과 생도들은 영광스런 혁명의 파도 속에 영육을 혼연히 투척했다." 그들은 4·19를 지킨다는 명분과 철저한 반공주의를 동시에 내걸었다. "이승만과 그의 도당들은 우리들에게 속한 모든 것을 송두리째 빼앗아 가고 말았다. (…) 철두철미한 반공과 완전한 민주주의 실현이 본 혁명 목적의 알파요, 오메가라는 것을 재차 확인한다."

비장한 형용사와 달리 이들의 시위는 목숨을 건 행위가 아니었다. 1군 사령관 이한림이 쿠데타 진압을 포기하고 박정희와 통화한 시각이 이미

5월 17일 늦은 오후였다. 전두환은 이런 안전한 상황에서 교장 강영훈의 반대를 무시하고 생도들을 이끌고 나갔다. 강영훈은 5월 16일 생도들에게 쿠데타에 신경 쓰지 말라는 훈시를 했다. 전두환의 행위는 오늘날의 선거 캠페인과 같은 것이었다. 다만 불법적인 선거 운동이었다. 전두환은 박정희의 부관이던 육사 11기 동기를 통해 5월 16일부터 17일까지 쿠데타의 진행 정보를 얻으려 애썼다.

거기서 멈추지 않았다. 전두환은 5월 19일 서울대 문리대 교정에서 고대, 연대, 성대, 동국대, 이화여대, 숙명여대 등 여러 대학의 대표자들을 만났다고 ≪황강에서 북악까지≫는 기술한다. 전두환은 학생들에게 "혁명 지지 데모를 해주도록 설득했다"고 한다. 1961년 전두환은 박정희 국가재건최고회의 2대 의장의 민원담당비서관이 됐다. 1963년 박정희는 전두환에게 국회의원직을 권유했다.

1963년 육사 5기 김재춘이 중앙정보부장이 됐다. 전두환은 남산에 있던 중앙정보부의 인사과장이 됐다. 그 후로 꼴찌 전두환은 선두주자가 됐다. 동기 중에서 누구보다 먼저 별을 달았다. 입학과 졸업 때 수석을 한 동기 김성진을 제치고 1970년에 육사 동창회장이 됐다. 1973년엔 대통령 경호실의 차장보가 됐다. 당시 경호실장은 1930년생의 박종규였다. 경호실장과 차장보가 불과 한 살 차이였다. 그런 시대였다. 대통령 박정희와 경호실에 근무하던 전두환은 불과 열네 살 차이다. 그리고 1979년 박정희는 예언자라도 된 것처럼, 죽기 전에 전두환을 보안사령관에 임명한다. 전혀 "일반적인 임명이 아니었다"라고[61] 미국인 관찰자들도 기록한다.

가난한 나라의 야심에 찬 정치군인이 자기와 나이는 차이가 없는데 고

위직에 앉은 쿠데타의 선배들을 보며 가진 감정은 무엇이었을까? 전두환은 이미 1979년 보안사령관이 되기 전에 준비된 정치인이었다.

정치학자 브루스 부에노 데 메스키타는 《독재자의 핸드북》에서 권력에 관한 일곱 가지 과제를 제시한다. 어떻게 권력을 얻을 것인가, 어떻게 권력을 유지할 것인가, 어떻게 필요한 자원을 거둘 것인가, 어떻게 자원을 배분해야 하는가, 지지자들에게 어떻게 보상해야 하는가, 외부 세력을 어떻게 활용할 것인가, 어떻게 저항을 잠재울 것인가.

전두환은 이 질문의 답 대부분을 박정희에게서 배운 것 같다. 1979년의 한국은 덩치가 커졌다. 그럼에도 안보만큼은 미국에 기대고 있었다. 미국을 다룰 줄 알아야 했다. 모교인 웨스트포인트에서 사회과학 조교 생활을 했던 위컴은 이 점을 제대로 짚었다. "청와대에서 근무했던 시간은 전두환에게 유용했다. 그는 정치권력에 대한 몇 가지 교훈, 관료와 군을 다루는 법 등을 배웠다." [62] "박 대통령의 제자로서 그의 유용한 경험을 통해 전두환은 형성되는 권력 속에서 움직이는 법과 그만큼 중요한 미국을 다루는 법을 배웠다." 전두환은 한반도의 안보를 사실상 책임진 미국인들을 어르고 달랬다. 한국이 미국을 절실히 바라는 것만큼, 미국도 한국을 절실히 원한다는 점을 간파하고 있었다. 전두환은 위컴을 만나서 당돌하게 책상을 두드리며 쿠데타의 정당성을 주장했다. [63] 12·12 쿠데타 뒤 신군부와 만난 주한 미국대사 글라이스틴은 "나는 그 도당들이 민주적 의도를 갖고 있다는 말을 별로 믿지 않는다. 왜냐하면 (12·12 쿠데타의) 핵심 멤버들이 박정희의 유신 멘탈리티를 공유하고 있기 때문이다"라고 썼다. 글라이스틴이 2002년에 죽지 않고 살아 지난 대선의 결과를 지켜봤다면 뭐라고 기록했을까?

권력을 장악하는 것과 지키는 것은 별개라는 점을 전두환은 이해하고 있었다. 권력을 지키기 위한 장치가 필요하다는 아이디어를 5·16에서 베껴왔다. 전두환은 1980년 5월 17일에 계엄령을 확대하면서 사실상 권력을 쥐었다. 경쟁자 김종필과 김대중을 체포했다. 김영삼은 가택 연금했다. 미약하지만, 입법부인 국회가 남아 있었다. 국회를 무력화하고 자신의 권력을 조직할 필요가 있었다. 1980년 5월 '국가보위비상대책위원회(국보위)'를 만들었다. '대통령을 보좌하고 국가를 보위하기 위한 국책 사항을 심의'하는 것을 명분으로 삼았다. 전두환이 권력을 행사하는 장치가 되었다. 당시 대통령은 아직 최규하였다.

그러므로 다시, 12·12 쿠데타는 허다한 쿠데타 가운데 개성적이다. 그것은 '위장한 쿠데타'이자 "이름만 쿠데타가 아니고 나머지는 전부 다 쿠데타(coup in all but name)"[64]였으며, 1979년 12월 12일부터 1980년 5월 17일까지 진행된, 세계에서 가장 오래 걸린 쿠데타였다. 전두환 전기를 썼던 작가 천금성도 2013년 나와의 인터뷰에서 국보위는 허문도가 처음 주장해서 전두환이 승인했다고 말했다. "국보위도 허문도의 아이디어라고. 국보위가 뭐냐면, 박정희가 5·16을 성공하자 설치한 게 국가재건최고회의야. 그거하고 같은 거예요. 벤치마킹한 거예요."

'프로테제' 전두환에게 풀리지 않는 의문이 있다. 대통령 전두환은 그의 멘토를 인간적으로 멀리했다. 1981년 8월 새로 부임한 주한 미국대사 리처드 워커가 전두환을 만났다. "(내가) '박정희 전 대통령은 향후

50년 안에 역사책에서 한국의 가장 위대한 지도자 중 한 명으로 칭송받을 것이라고 생각한다'고 말했을 때 적잖은 긴장이 흘렀다. 전씨는 이에 대해 '그럴 수도 있겠지요'라고 퉁명스럽게 말했다." 퉁명스러움의 밑바닥에 깔린 감정은 무엇이었을까?

라이벌 의식이라는 견해가 있다. "전 대통령은 '박정희 대통령은 비서실장 얘기를 듣고 통치했으나 나는 국내외 인사들을 많이 만나는 것이 국익에 도움이 될 것 같아 그러다 보니 바쁘다'고 했다. 나는 전 대통령을 보좌하면서 전 대통령이 박정희 대통령을 상당히 의식하고 있다는 느낌을 여러 번 받았다. (…) 전 대통령은 내심 박 대통령을 무척이나 존경하면서도 또 나는 더 잘해야지 하는 최고 권력자로서의 라이벌 의식도 있는 것 같았다." 5공화국 당시 청와대 정무비서관이던 박철언의 기억이다.[65] 1987년 대통령 전두환은 민정당 의원들 앞에서 에둘러 박정희를 비난했다. "지난 정권 때 수출업체를 녹색업체로 지정해서 국세청의 감사를 안 받게 하고 거기서 정치자금을 모았어요. 지금은 그런 게 없이 대기업도 수시로 2년에 한 번 정도 세무 조사를 받아요."

단순히 라이벌 의식이었다고 보기엔 전두환의 행동이 심상치 않다. 과거 신문을 뒤져봐도 전두환은 박정희 추도식에 참석하지 않았다. "이영근 민족중흥동지회 부회장은 5공하에서 정부의 압력을 무릅쓰고 6, 7주기 추도식을 가졌다"(1989년 10월 27일 〈조선일보〉)는 보도를 보면, 오히려 박정희 추도식을 싫어했던 것 같다. 전두환의 불편함은 다른 곳에서도 확인된다. 1980년 9월 노신영 외무부장관이 임명장을 받았다. 3공화국 때부터 외교부에서 잔뼈가 굵었다. 임명장을 받은 뒤 당시 신당동에 살던 박근혜 대통령을 찾아갔다. "박 대통령 영전에 분향한 후 근혜 양과 이야기를 나누었다. 자리에서 일어서려 할 때 근혜 양은 '수행원 한 명을 데리고 일본에 다녀오려고 하는데 아직 여권이 발급되지 않고 있다'고 하였다."[66] 역으로 말하면, 당시 박근혜가 여권을 발급받지 못할 정도로 어려움을 겪는 상황이란 말이다. 1979년 당시 보안사령관이던 전두환은 부마항쟁의 원인에 대해 정승화 계엄사령관에게 보고하면서 "경찰의 횡포, 박근혜 양의 문제, 김영삼 씨 제명" 등을 제시했다. 전두환은 냉철했다.

권력을 장악하고 유지하기 위해 전두환은 냉혹하게 멘토를 밟고 올라서려 했다. 역설적이지만 그래서, 전두환은 가장 훌륭한 박정희의 프로테제였다.

쿠데타는 왜 진압되지 않았나

12·12에 대한 질문은 재작성되어야 한다. 2012년 대선 뒤 이 생각이 더 분명해졌다. 12·12 쿠데타는 악마적 사건이라는 주장은, 정의롭지만 진부하다. 그 문장은 악인을 단죄하지만, 악행을 설명하지 못한다. 진보주의자들이 지적하는 대로 만약 전두환이 1979년의 대한민국에 전혀 어울리지 않는 리더였다면, 전혀 어울리지 않는 일은 왜, 어떻게 벌어진 건가.

12·12 쿠데타로 유죄 판결을 받은 사람은 15명이다. 2005년 〈신동아〉의 보도를 보면, 육사 11기에서 18기까지 하나회에 속한 멤버는 모두 85명이다. 관점을 비틀면, '조직된 85명'이 당시 3740만여 명 인구의 대한민국을 접수해버린 셈이다. 이들 다수가 5공화국에서 행정 관료나 민정당 국회의원이 됐다. 남은 자들은 군부 내 요직을 차지했다. 진보주의자들의 생각대로 전두환이 악마라면, 1979년의 대한민국 사회는 어쩌다 '조직된 85명'에게 권력을 빼앗겼을까.

그 비밀을 알려면 먼저 12·12 쿠데타의 과정을 재구성해야 한다. 1979년 10월 26일 박정희 대통령이 김재규 중앙정보부장에게 권총으로 살해됐다. 입법부와 행정부의 권력을 1972년부터 박정희가 독차지하고 있었다. 정당정치는 작동하지 않았다. 정보 정치에 기초한 일인 통치가 정당정치를 대신했다. 권력이 거대했던 만큼, 공백도 거대했다. 그 공백을 민주주의에 대한 기대가 채웠다. 보수적인 외무 관료조차 그러했다. 당시 박동진 외무장관은 미국 국무부 비서관과 1979년 11월 3일 만나 한국 민중의 정치 분위기를 이렇게 설명했다.[67] "그들(한국 국민)이 피해야 할 세 가지 악으로 여기는 게 있다. 첫 번째, 유신 체제에 복무했던 사람들에 대한 정치적 보복. 두 번째, 군부의 재집권. 세 번째, 유신 체제가 맹목적으로 유지되는 것." 이런 분위기 속에서 최규하 국무총리가 대통령 권한대행이 됐다. 유신헌법을 개정한 헌법을 조속히 만들어, 새 헌법에 따라 대통령 선거를 실시할 방안을 찾겠다고 밝혔다. 제주도를 뺀 전국에 계엄령이 선포됐다.

불길한 일이 생겼다. 보안사령관 전두환이 시해 사건을 조사할 합동수사본부장에 임명됐다. 계엄사령관 정승화는 10월 27일 계엄공고 5호를 발표했다. 계엄사령부 내에 합동수사본부를 설치하도록 했다. 합동수사본부장이 '모든 정보 수사기관(검찰, 군 검찰, 중앙정보부, 경찰, 헌병, 보안사)의 업무를 조정 감독' 하도록 규정했다. 하나회가 장악한 보안사는 그야말로 '조직된 힘'이었다. 육사 17기인 허화평과 허삼수가 각각 당시 보안사 비서실장과 인사처장이었다. 18기 이학봉은 대공처장이었다. 이학봉이 직접 정보를 다뤘다. 이학봉이 합동수사본부 수사국장이 됐다.

한 달 뒤인 1979년 12월 12일 전두환은 직속상관인 정승화 계엄사령관을 무력으로 체포했다. 한미연합사령관의 지휘를 받아야 할 노태우가 보고 없이 9사단 병력을 이끌고 서울을 점령했다. 육사 선후배와 사병 등 여럿이 목숨을 잃었다. 쿠데타 직후인 12월 13일 국방장관과 육군참모총장, 수도경비사령관 등 요직에 대해 인사 교체가 벌어졌다. 노태우 등 쿠데타 세력이 자리를 차지했다. 마치 대기업의 이사회를 소수파가 일거에 장악한 것처럼, 전두환이 군부를 접수했다. 그러나 그건 아직 군부 내 권력이었다. 대통령 선거가 정상적으로 치러지면 공화당의 김종필과 신민당의 김영삼, 김대중 셋 중 한 명이 당선될 것이 분명했다. 국민 대부분은 전두환과 노태우를 몰랐다. 전두환은 1980년 4월 중순 중앙정보부장 서리에 임명됐다. 정보 권력을 더 얻었다. 지금으로 치면 전두환은 '기무사령관+검찰총장+경찰청장+국정원장'을 한 몸에 구현한 셈이다.

1980년 5월 17일 계엄령이 제주도로 확대됐다. 계엄사령부는 김종필과 김대중을 연행하고 김영삼을 가택 연금했다. 광주 시민들만 저항했다. 많이 죽었다. 최규하 대통령은 8월 16일 사임했다. 전두환은 유신헌법에 의해 통일주체국민회의 선거를 통해 9월 1일 11대 대통령에 취임했다.

이처럼 굵직한 역사적 사실은 대부분 드러났다. 완결판은 1996년 전두환의 내란죄 판결문이다. 죄인을 처벌하는 형사재판 판결문답게 '전두환이 무엇을 했는가'에 초점이 맞춰져 있다. 그러나 기록을 읽을수록 새로운 질문이 떠올랐다. '전두환이 무엇을 했는가'만큼 '전두환에 맞서야 할 자들이 무엇을 했는가'가 궁금했다. '쿠데타군이 악이라면, 진압군은 왜 성공하지 못했나'를 자문했다. '조직된 85명의 군인에 맞서 행정부와 입법부는 무엇을 했는가'가 궁금했다.

내가 찾은 답은 '선한 세력의 부작위'다. 1979년부터 1980년 사이 한국 정치를 좌우할 주연배우가 5명이라고 당시 미국 국무부 전문은 기록한다.[68] 1) 군부 2) 신민당 등 정치적 반대파의 힘 3) 대학생과 지식인 4) 임시 대통령과 그 휘하의 행정부 5) 미국의 영향. 신민당과 대학생은 투쟁했으나 무력했다. 돈과 공무원을 부릴 힘이 없었다. 그들이 가진 물리력이란 가두를 점령해 교통을 마비시키는 것이었다. 10대 국회의 국회의원 총 231석 가운데 신민당 소속 국회의원은 61석에 불과했다. 공화당이 68석이고, 독재자가 지명하는 유신정우회 소속 국회의원이 77석, 기타 25

석이었다.

　최규하 대통령과 행정부가 키를 쥐고 있었다. 최규하는 '적극적 부작위(不作爲)'로 쿠데타를 도왔다. 지금까지 역사 서술은 최규하 대통령을 우유부단한 피해자로 묘사해왔다. 내가 읽은 자료 속의 최규하는 전두환의 적극적 협조자였다. 형법 18조는 '부작위범'을 다음과 같이 정의한다. '위험의 발생을 방지할 의무가 있거나 자기의 행위로 인하여 위험 발생의 원인을 야기한 자가 그 위험 발생을 방지하지 아니한 때에는 그 발생된 결과에 의하여 처벌한다.' 최규하는 피해자가 아니라 부작위범이다. 해야 할 일을 하지 않은 자.

　최규하의 큰 죄는 두 개다. 그는 1979년 12월 12일 정승화 계엄사령관의 체포를 승인했다. 전두환 쪽이 총리 공관의 경비대를 감금하고 쿠데타군으로 경비 병력을 교체하는 등 협박당한 정황이 있다 해도 이해되지 않는다. 최규하가 끝까지 재가하지 않았다면, 전두환이 할 수 있는 행동은 무엇이었을까? 어떤 상황에서도 대통령을 사살하거나 체포할 수는 없었을 것이다. 그래서 계엄사령관 정승화는 훗날 대통령 최규하와 국방장관 노재현이 12·12의 최대 책임자라고 비판했다. "최 대통령이 적극적으로 연행의 불법성을 다른 군 장성들에게 알리고 하루 이틀 더 버티었다면 합수본부 측은 제압당했을 겁니다. 5·16 때는 군 전체가 박정희 소장을 지지하고 있었는데도 윤보선 대통령이나 장면 총리가 진압을 명령했었더라면 토벌당했을 분위기였습니다. 12·12 주동 세력은 군의 지지를 5·16 때처럼 받지 못하고 있었어요."[69] 글라이스틴도 최규하의 리더십을 납득하지 못했다. "그(최규하)는 위세가들에 의해 강요당하는 것에

124

대단한 아량을 가진 것처럼 보였다. 그 세력가들이 적법한 절차와 방식만 따른다면." [70]

체포를 추인한 노재현 국방장관의 책임도 못지않게 크다. 주한 미군사령관 위컴이 쿠데타가 일어날 가능성을 경고했지만 노재현 장관은 이를 무시했다. 1979년 정승화가 월권이 심한 전두환을 한직으로 인사 발령 내자고 건의한 것도 반대했다.

전두환을 1980년 4월 중앙정보부장 서리에 임명한 것은 더 큰 죄다. 전두환은 그전에도 중앙정보부를 감독했지만, 직접 민간의 정보를 다루지는 못했다. 실로 결정적 국면이었다. 군인 전두환은 중앙정보부를 통해, 민간 정치와 경제 관련 정보까지 다루게 됐다. 정보 정치의 시대였다. 최규하는 한국의 정치, 경제, 사회를 한눈에 감시할 시시티브이 네트워크를 통째로 전두환에게 선물한 것이었다. 그러므로 1980년 4월 18일 글라이스틴이 최규하를 만나 우려를 표한 건 당연했다. 최규하는 변명했다. "과격한 학생운동과 노동 불안이 극우 세력의 반동을 이끌어내 모든 정치적 진전을 파괴할 것"이라며 "전두환이 경찰에 골간을 부여함으로써 (정부의) 통제력을 유지하는 것을 도울 것"이라고 합리화했다. [71] 최규하 대통령과 노재현 국방장관의 행동을 글라이스틴은 의아해했다. "아마도 훗날 노재현 장관과 최규하 대통령은 그 운명적 아침에 왜 전두환에게 항복했는지 명확히 밝힐 것이다"라고 그는 기대했다.

여러 회고록에 파편처럼 흩어진 기록을 짜 맞추면 최규하의 정신세계가 엿보인다. 무엇보다 그는 전두환만큼 엄격한 보수주의자였다. 그에게 민주주의란 평생 겪어보지 않은 낯선 외래어였다. 그는 1919년에 태어나 1937년 경성제1고등보통학교를 졸업했다. 1941년 일본 도쿄고등사범학교 영문과를 졸업하고 만주로 가서 만주국립대대동학원을 나왔다. 일본어로 공부하고, 군국주의 교육을 받은 뒤 만주국의 행정 관료로 사회생활을 시작했다. 그는 이중 언어 생활자였고 늙어서도 일본어 신문을 매일 읽었다. 1951년부터 1976년 국무총리가 될 때까지 줄곧 외무 관료로 일했다. 그가 평생에 경험한 민주주의는 1960년의 짧은 4·19뿐이었다.

'유교적 보수주의자.' 최규하를 여러 차례 만난 글라이스틴은 최규하를 이렇게 묘사했다.[72] 글라이스틴과 위컴의 묘사를 종합하면, 뿔테 안경을 끼고 입꼬리가 무겁게 내려간 이 식민지 엘리트는 무표정 뒤에 완고한 보수주의를 숨기고 있었다. 최규하는 "서양 스타일 민주주의에 의구심"을 갖고 있었고 "타고난 보수주의"의 소유자였다. 정치인을 불신했고 "저항하는 시민들의 입맛을 북돋워주지 않을까 공포심"에 시달렸다.[73] "매우 보수적인 인물로 민주주의적 본능으로 움직이기보다 시민들이 정치적 완화를 갈망하고 있음을 이성적으로 인지한 데서 행동"할 뿐인 정치인이었다. "정부의 사북 탄광 쟁의 처리 방식을 자랑스러워한"[74] 극도로 보수적인 관료였다.

그래서 그는 결단하지 않는 리더였다. 위험성을 알면서 전두환을 중앙정보부장 서리에 겸직토록 한 행위에서 알 수 있듯, 최규하는 "자기가 어쩔 수 없이 선택한 것을 자꾸 합리화하려고 노력하는 (강한 자에게) 포위된 리더"였다.[75] 광주항쟁을 앞두고 정치가 불안한 와중에 5월 초에 중동 순방을 떠나버렸다. 주한 미국대사를 놀래주기에 충분했다. 어느 때보다 정치와 민주 시민의 결합이 중요한 순간이었다. 최규하는 "보수주의자이므로 전두환에 대해서 대중적 저항에 호소하려는 생각은 안 했을"[76] 정치인이었다. 인민에 기대지 않는 민주주의라는 표현은, 형용모순이다.

리더가 부작위범이 될 때 민주주의는 무기력과 동의어가 된다. 쿠데타라는 악이 발생하면, 진압하는 것이 선이다. 전두환에 맞서던 수도경비사령관 장태완은 12월 12일 밤 9시 반쯤 손길남 기계화사단장에게 병력 출동을 요청했다. 손길남은 육군종합학교 출신으로 하나회가 아니었다. 전두환의 보안사령부에서도 손길남을 설득했다. 손길남도 자신의 리더처럼, 적극적 부작위를 택했다. 결국 이날 밤 진압군은 움직이지 않았다.[77] 손길남은 전두환으로부터 반대급부를 받아 챙기지도 않고 조용히 소장으로 예편했다.

독재자가 사라졌지만 민주주의 리더십은 형성되지 않았다. 전두환에 반대했던 군인과 관료들도 민주주의의 기본 원칙을 이해할 줄 몰랐다. 다수의 지지를 얻은 정치인이라면 그가 누구든 국가를 경영할 기회를 얻는 게 민주주의다. 1978년 10대 국회의원 선거에서 신민당은 32.8퍼센트를 득표해 31.7퍼센트를 얻은 여당 공화당을 이겼다. 그게 민심이었다. 전두환에 반대하는 한국 군부의 자가당착을, 사회학을 공부한 위컴은 예리하게 지적했다. "한국군의 많은 리더들이 내게 정치적 변화는 절대적으로 필요하며 진보를 성취하기 위해 자신들은 약간의 불화에 대해 관용을 택할 것이라고 확언했다. 그러나 동시에 야당이 국가를 이끌 수 있다는 생각에 대해 강하게 반대했다. 내 귀에 그들의 말은 비논리적으로 들렸다."[78]

12·12의 피해자인 정승화도 마찬가지다. 1979년 12월 초 전두환이 보안사에 있는 김대중의 용공 혐의 자료를 각 지구 보안사 파견대에 보내 각급 주요 지휘관에게 알리도록 조치하겠다고 건의했다. 정승화는 이를 허락했다. 스스로 정치에 개입하지 않겠다고 해놓고, 기자 간담회에서 "김대중 씨가 과거 공산주의자였고 그 후에도 전향한 뚜렷한 증거가 없다"라고 말해 정치에 개입했다.[79]

정승화는 광주항쟁의 의미도 이해하지 못했다. 그는 12·12 쿠데타로 수감된 상태에서 군사재판을 받았다. 감옥에서 광주항쟁 소식을 전해들은 정승화가 가장 먼저 떠올린 것은 '북괴'였다. "5월 어느 날 나는 광주에서 시민들의 무장봉기가 일어났다는 것과 그 규모가 대단하다는 것 등을 알게 되었다. 나는 지금까지도 학생들의 데모 등 사회불안에 관해 단편적으로 들어왔지만 별로 걱정하지 않았었는데 광주 시민의 무장봉기를 듣는 순간 깜짝 놀랐다. (…) 이 사태가 만일 신속히 진압되지 않고 확산된다면 이 기회를 김일성이 보고만 있지 않을 것이라는 생각이 들어 몸을 가누기 어려웠다."[80]

전두환에 반대하는 것이 곧 민주주의는 아니었다. 1979년 말의 민주주의는 거리에서만 존재하는 불완전하고 무력한 것이었다. 거리의 민주주의는 여당과 군부 등 통치 집단과 이어지지 못했다. 거리의 민주주의는 광화문에 닿지 않았고, 투쟁하는 민주주의는 통치하는 민주주의로 진화하지 못했다. 그러므로 글라이스틴이 1980년 3월 전두환은 악마가 아니라고 정의한 문장은 여전히 옳다. "우리 미국은—특히 나를 포함해서—전두환을 모든 악의 사악한 근원으로 여김으로써 한국 정치를 지나치게 단순화해서는 안 된다. 개인적 결정이 국가에 운명적일 수 있는 인물 가운데 한 명의 반열에 전두환이 오른 것은, 우연이다."[81] 신민당도 우연이 필연이 되는 데 한몫했다. 무능했다. 김영삼과 김대중이 연대해 저항했어도 군부를 막을 힘이 없었을 것이다. 그런데도 두 사람은 신민당의 주도권을 두고 전두환 앞에서 싸웠다.[82] 군 내부에 대한 정보망이 없어 파도만 보고 해류를 보지 못했다. 글라이스틴이 '그릇된 낙관주의'라고 부른 것에서 빠져나오지 못했다.

전두환이 악이라면 1979년에 왜 선은 악을 이기지 못했을까. 이 질문의 답은 1987년에 아직 열정적인 민주주의자였던 청년 기자 조갑제의 문장으로 갈음하는 것이 적절하다. 그는 1980년대 말 정승화를 인터뷰한 뒤 소회를 말했다. "그의 증언을 정리하면서 느낀 나의 주관적 소견을 덧붙인다면, 정승화 씨는 선한 사람이다. 선하기에 이런 증언을 할 수 있는 집념과 용기가 우러난 것이다. 그러나 그는 강하지 못했다. 우리 역사가 그에게 '강해야 할 때'라고 요구할 때 그는 역사의 부름에 화답하지 못했다. 우리가 12·12 사건과 정승화 씨로부터 끌어내어야 할 과제는 '선하면서도 강력한 권력'을 이 나라에 세울 수 있느냐 하는 것이다."[83]

10·26에 대한 열네 개의 기억

절대 권력이 사라지자, 절대적으로 진공상태가 생겼다. 정의롭지 못한 권력이 사라졌다는 점은 1960년 4·19와 1979년 10·26의 공통점이다. 그것 말고, 공통점이 없었다. 최규하 대통령 권한 대행의 한 참모가 적절히 짚었다. "4·19 뒤보다도 상황이 더욱 모호하다고 생각했습니다. 4·19 때는 자유당 정권이 붕괴되었지만 민주당이란 대체 세력이 있었고 따라서 허정 과도 내각의 임무는 민주당으로서의 정권 중계라는 분명하고 제한된 성격을 갖게 됐습니다. 10·26 뒤는 어정쩡한 상황이었습니다. 박 대통령은 시해 사건으로 퇴장한 것이지 민중 봉기로 몰락한 것도 아니었고 공화당, 유정회, 행정부, 군 등 정권의 하부구조는 그대로였습니다."[84]

10·26은 전두환에겐 권력투쟁의 출발점이다. 모두에게 그랬던 건 아니다. 누군가에겐 정당한 징벌이었고, 다른 누군가에겐 그저 사익의 종말이었다. 국민 대다수에겐 뒤늦게 온 민주화의 태동기였다. 권력의 중심인물에서부터 재야인사까지 10·26에 대해 시선이 다 달랐다. 이너 서클 안에서도 미묘하게 느낌이 달랐다. 증오, 경멸, 안도, 허망함, 슬픔 등 서로 다른 감정의 필터로 바라본 10·26은, 다층적 사건이었다.

김종필. 당시 유정회 의원. 전 국무총리

(10월 26일) 저녁 8시에서 9시 사이에 (이태원) 음식점으로 보고가 들어왔는데 궁정동 어디서 총소리가 나고 청와대 으서리가 아주 부산하다는 겁니다. 그래 이거 무슨 사건이 생긴 모양이라면서 다들 술도 제대로 마시지 않고 집에 일찍 들어갔습니다. 밤 11시쯤 청와대에서 전화가 왔어

요. 가슴이 덜컹하더만. 전활 받았더니 박승규 비서관이 울먹이면서 "곧 들어오셔야겠습니다" 그래요. "왜 그러느냐" 하니까 "들어오시면 아시니까 빨리 들어오라"는 겁니다. 그래 가니까 청와대 정문이고 어디고 다 허술해서 검문하는 사람도 없고 서 있는 사람도 멍하니 서 있어요. 청와대에 들어가 보니 오른쪽 접견실에 탁자를 길게 해놓고 경호원들이 그 위에 흰 시트를 깔고 있어요. "이게 뭐냐" 니간 경호원들이 대답을 않고 엉엉 울어요. 그때 2층에서 박 비서관이 내려오더니 날 붙들고 또 엉엉 우는 겁니다. "각하가 돌아가셨습니다." "뭐이, 각하가 돌아가시다니!" "조금 전에 병원에서 운명하셨습니다. 처리를 하느라고 늦어지고 있는데 여기로 오시는 중입니다." 조금 후에 시신이 오셨습니다. 보니까 오른쪽 관자놀이에 총을 맞아 피가 흘렀구 가슴에 구멍이 뚫려 있어요. 얼굴은 깨끗했는데 아하, 벌써 몸이 **뻣뻣해지셨는데.** (…) 이게 현실인가 꿈인가 이런 생각도 나고 너무도 엄청나서 눈물도 안 나오고! 원래 조그만 분이지만 탁자 위에 눕혀 놓으니까 애기 같아요. 이분이 이렇게 사셨구나! 천하를 마음대로 주름잡던 분이 숨을 거두니까 이런 데 누우시는구나! 아주 별별 생각이 다 들었습니다.

− 《삼김과 노태우: 오효진이 추적한 정치 현장》 254쪽

박동진. 당시 외무장관

10월 26일 나는 KBS와 '한국 외교의 당면 과제'라는 대담 프로를 녹화하였는데 9시 30분부터 방영된다고 하기에 기다리고 있었다. 그날은 박 대통령께서도 충청남도 삽교천의 대방파제 준공식에 참석하시게 돼 있

132

었고 저녁 8시부터는 그 광경이 TV로 방영될 예정이었다. (…) 저녁 8시 25분경 청와대 비서실로부터 급한 전화가 걸려왔다. 김계원 비서실장 비서의 전화였다. 급한 용무가 있으니 정장으로 갈아입을 필요 없이 곧 청와대로 급행해달라는 실장의 요청을 나에게 전했다. 화급한 사건이 발생할 상황이 아니었기 때문에 긴급 전화를 받은 나는 혹시 북한 공산군의 무력 도발이 있어 긴급 대책이 필요하게 된 것이 아닐까, 하고 추측했다. 대기 중인 차편으로 나는 청와대로 급행했다. 약 30분이 소요되었다. 차 안에서 나는 여러 가지 추측들을 하지 않을 수 없었다. 그 시간이 유난히 길게 느껴졌다. 본관에 도착했다. 평소와 별다른 변화는 보이지 않았고 매우 평온했다. 현관을 지키는 경호원의 표정도 전과 다름없었다. 그들은 내게 2층 비서실장실로 올라가십시오라는 신호만 할 뿐이었다. 2층에서 만난 김 비서실장 비서들의 표정에도 특별히 위급하다는 인상은 나타나 있지 않았다. 나는 비서실장실 문을 열고 들어갔다. 그리고 깜짝 놀랐다. 자기 책상 앞에 앉아 있는 김 비서실장은 고개를 푹 숙인 채 눈을 감고 있었고 급히 오라는 연락을 받고 청와대에 도착한 사람에게 한마디 인사도 없었다. 옆자리의 긴 의자에는 국무총리였던 최규하 씨, 그리고 법무장관이었던 김치열 씨 두 분이 나란히 앉아 있었는데, 이분들도 고개를 수그리고 침통한 표정을 짓고 있었다. 세 분이 모두 눈을 감고 유구무언이었다. 나는 밖으로 나왔다. 비서실장실의 광경을 본 나는 대통령에게 큰 사고가 발생한 것을 직감적으로 느꼈다. (…) 2층 복도에서 구자춘 내무장관을 만났다. 나는 무슨 중대 사건이 발생하였기에 이토록 침울하며 왜 비상소집까지 필요하게 되었는지 아느냐고 물었다. 구 장관은 답답한 표정으로 담뱃불을 붙이면서 응답하기를 "나도 잘 모르겠어. 대통령께서 돌아가셨대" 라고만 말했다. 내가 관저를 떠나 청와대로 오면서 차 속에서 상상했던 돌발 사태, 즉 북한 공산군의 무력 도발 같은 사건과는 전혀 다른 사건이었다. (…) 구 내무장관의 설명을 듣고 나는 큰 충격을 받지 않을 수 없었다. 그 순간 나는 우리나라가 앞으로 적지 않은 내부 혼란과 갈등을 겪게 되리라는 불안을 느꼈다.

－《길은 멀어도 뜻은 하나》 129쪽

김용태. 1979년 10월 26일 당시 공화당 의원 및 제1무임소 장관

1979년 10월 26일 밤 10시경에 긴급 국무회의가 국방부 청사에서 소집되었다. 나는 연락을 받고 국방부로 가면서 여러 가지 생각들이 머릿속에 떠올랐다. '혹시 부마사태에 고무되어 북괴가 오판한 나머지 또 다시 남침을 시작한 것은 아닌지? 그렇지 않고서야 이 밤중에 국방부 청사에서 국무회의를 소집할 이유가 없지 않은가. 어떻든 국가에 비상사태가 생긴 것인지 모른다'는 생각을 떨쳐버리지 못했다. 착잡한 심정으로 국방부 회의실에 도착해보니 국무위원들은 몹시 침통한 표정을 짓고 있었다. 대통령께 사고가 났다는 것이다. 10시에 소집된 회의는 좀처럼 열리지 않고 걱정스러운 이야기로 한숨들만 쉬고 있었다. 이때 국방부장관실에는 김계원 청와대 비서실장, 김재규 중앙정보부장, 김정섭 중앙정보부 보안차장, 정승화 육군참모총장이 와 있었다. 국무회의에 앞서 최규하 총리, 신현확 부총리, 노재현 국방, 구자춘 내무, 김치열 법무장관이 사고 현장을 확인하고 왔다. 최 총리가 무거운 목소리로 "대통령 각하께서 서

거하셨습니다"라고 거두절미하고 말했을 때 국무위원들은 사연을 알아
보려고도 하지 않고 너무 갑작스럽고 엄청난 일을 당한 나머지 망연자실
할 수밖에 없었다. (…) 나는 이튿날 새벽 4시에 집에 돌아와 대성통곡을
했다. 하늘이 원망스럽고 '세상에 이런 일이 있단 말인가! 국운이 이것
밖에 되지 않는가!' 하며 울고 울었다. 나는 정신을 가다듬고 청와대로
들어갔다. 박 대통령의 시신은 아직 입관도 하지 못한 채 소접견실에 모
셔져 있었다.

— 《김용태 자서록》 413쪽

노신영. 당시 제네바대표부 대사. 전두환 정권 국무총리

제네바에 근무하는 동안 참석한 많은 국제회의 중 특히 기억에 남는 것
은 1979년에 있었던 세계무선통신 주관회의(WARC)이다. 국제전기통신
연합(ITU) 주관하에 개최된 이 회의는 '무선통신규칙'의 전면 개정을 위
하여 1959년 이후 20년 만에 개최되었으며 154개 회원국 중 142개국과
17개 관계 기관이 참석한 대규모 회의였다. (…) (북한과) 표 대결의 어려
운 결심을 하여야 할 무렵, 박 대통령 시해 사건이 발생하였다. 큰 충격을
받은 나는 한참 동안 망연자실하였고 슬픔을 가누지 못하였다. 새마을운
동을 일으켜 가난을 추방하고 조국 근대화에 심혈을 기울였던 박 대통령
의 서거를 애통해하면서 나는 7년 전 뉴델리 총영사관으로 쇠고기 통조
림을 보내주었던 박 대통령의 특별한 배려가 생각나 눈물을 흘렸다.

— 《노신영 회고록》 213쪽

정승화. 당시 육군참모총장

　순간 나는 이상한 생각이 나서 그(김재규)에게 또 다그쳤다. "도대체 무슨 일입니까?" 나의 짜증스러운 듯한 질문에 그는 다시 내 오른손을 꽉 힘주어 쥐며 자기 오른손 엄지손가락을 치켜들고 밑으로 몇 번 돌린 뒤 "이분이 돌아가셨습니다"라고 말했다. 이 말을 듣는 순간 나는 뒤통수를 한 대 얻어맞은 것 같은 둔중한 충격을 느꼈다. 다시 확인하듯 물었다. "정말입니까?" "네, 이분이 돌아가셨습니다." 그는 계속 엄지손가락을 밑으로 눌러댔다. (…) 나는 (10월) 27일 저녁에 총장 공관으로 돌아왔다. 나는 고 박 대통령의 제단을 마련해놓지 않았다고 공관의 관리장교를 호되게 꾸짖었다. 그 후 나는 출퇴근 때 꼭 분향을 했다. 그때마다 눈물이 쏟아졌다.

－《12·12 사건 정승화는 말한다》 43쪽

허삼수. 당시 보안사령부 인사처장

　1979년 10월 26일 저녁 8시. 막 저녁상을 물리고 나서 신문을 뒤적이고 있는데 전화가 걸려왔습니다. 비상소집이라는 것이었습니다. "또 비상소집이란다." 저는 주섬주섬 옷을 챙겨 입기 시작했습니다. "그럼 오늘 또 밤을 새우시겠네요?" "아무래도 이 시간에 비상이 걸렸으니 그렇게 안 되겠나." "전화나 하세요." "알았소." 저는 당시 보안사령부에서 인사처장으로 일하고 있었습니다. 계급은 대령. 군인에게 있어 비상소집이란 습관이 되기에 충분할 만큼 자주 있는 일인지라 엄청난 사건이 일어났으리라고는 조금도 상상할 수 없었습니다. 그러나 막상 부대에 도착해

보니 사태는 제법 심상치 않은 듯했고 무슨 일이 벌어지긴 벌어진 듯한데 대체 그 일이 무슨 일인지를 도무지 알 수 없었습니다. 청와대 쪽에서 무슨 일이 일어났다는 것은 감지할 수 있었는데 그것이 구체적으로 무슨 일인지는 알 수 없는 오리무중의 상태였습니다. 쿠데타가 일어난 듯도 했고 군끼리 모종의 총격전이 있었던 듯도 했습니다. 저는 가만히 앉아서는 아무것도 알 수 없겠다는 생각이 들었습니다. 사령관께서도 같은 생각이신 듯했습니다. 아무튼 우리 보안사령부의 핵심 요원들은 사령관(전두환)을 모시고 급히 육군본부로 향했습니다. 육군본부에 도착한 얼마 뒤 박정희 대통령께서 돌아가셨다는 사실을 알게 되었고 곧이어 계엄령이 선포되었습니다. (…) 불투명한 상황 속에서 뒤숭숭하고 답답했지만 시간은 흘러 이미 10월 27일 0시를 훨씬 지나고 있었습니다. 지금 기억으로는 새벽 무렵이었다고 생각되는데, 당시 계엄사령관이었던 정승화 육군참모총장의 전화가 전두환 합수본부장에게 걸려왔습니다. "네 알겠습니다." 수화기를 내려놓으면서 합수본부장(전두환)께서는 저에게 이렇게 명령을 내렸습니다. "김재규 중앙정보부장을 잘 모셔 와서 시청 옆 안전가옥으로 모셔라." "네?" 저는 순간적으로 중앙정보부장을 왜 우리가 모시나 하는 의문이 떠올랐습니다. "참모총장님(정승화) 지시다."

—《나의 진실》 43쪽

황진하. 당시 보안사령부 수석부관. 현 국회의원

10월 26일 저녁 오래간만에 일찍 퇴근한 나는 가족들과 저녁 먹을 준비를 하고 있었다. 그런데 큰 사건이 일어났다는 연락을 받고는 답십리

집에서 부대로 급하게 복귀하였다. 부대에서는 정확한 사건 파악이 되고 있지 않았다. 얼마 후 전속 부관인 손삼수 중위(현 웨어밸리 대표이사)한테서 전화가 왔다. "사령관(전두환)께서 연희동 자택에서 과천 형님 댁으로 가는 도중에 청와대 쪽에서 사고가 발생했다는 급한 연락을 받고 국방부로 가고 있습니다." 부대에는 온갖 내용의 정보들이 수시로 쏟아져 들어왔고 보안사 비서실장과 참모장 등 여러 처장이 사무실로 속속 돌아오고 있었다. 참모장 우국일 준장, 보안처장 정도영 준장, 정보처장 권정달 대령, 대공처장 남웅중 장군, 기획처장 최예섭 장군, 인사처장 허삼수 대령 등이었다. "어떤 사람이 누군가를 업고 수도통합병원으로 이송해 왔는데 대통령인 것 같다." 무슨 일이 벌어졌는지 종합적으로 파악하고 있는 사이 박 대통령이 입원했다는 연락을 받게 되었다. 생사에 대한 이야기는 없지만 위중한 상황임은 알 수 있었다. 끊이지 않는 전화벨 소리로 사령관실은 소란스럽기까지 했다. 허화평 비서실장이 박 대통령의 유고가 발생하였으니 동요하지 말고 차분하게 업무를 수행하라는 말을 할 때서야 대통령의 서거 사실을 알게 되었다. (…) 이렇게 나는 10·26 사태를 보안사에서 맞았고 일련의 과정을 목도하였다.

－《황진하 회고록》 154쪽

존 위컴 주니어. 당시 한미연합사령관

전화기의 목소리는 "암살자가 박정희 대통령을 죽였습니다. 북한이 서울의 간첩 요원을 이용해 혼란을 활용하거나 휴전선에서 공격을 할지 우려됩니다"라고 말했다. 해롤드 브라운 국방장관이었다. 평소처럼 덤

덤했고 동요하지 않았지만, 목소리에서 불안이 느껴졌다. 그날은 1979년 10월 26일이었고 나는 군 관련 업무로 한국을 떠나 막 워싱턴에 도착한 상태였다. 아내 앤과 함께 있었고, 전화가 울린 순간 우리 여행 가방은 여전히 버지니아주 마이어 요새의 방문객 구역 웨인라이트 홀 바닥에 놓여 있었다. (…) 그 뉴스는 브라운 장관만큼 나를 놀라게 했다. 우리 둘 다 업무적으로 또 개인적으로 20여 년 전 군사 쿠데타로 집권한 박 대통령과 면식이 두터웠다. 그때부터 박 대통령은 한국을 아는 그 누구에게든 영원불멸한 고정 인물이 되었다. 그는 작고 야위었지만 동시에 권위적이었고 매우 카리스마가 있었다.

– 《Korea on the Brink》 4쪽

윌리엄 글라이스틴, 당시 주한 미국대사

1979년 10월 26일 금요일 한국은 조용했지만 긴장감이 감돌았다. 민주화에 대한 연대의 표시로 나는 김영삼과 정치보좌관 클라크와 함께 대사관저에서 점심식사를 했다. 길고 우울한 대화는 중간중간 박 대통령이 지방 방문을 마치고 돌아오는 박 대통령 전용 헬기의 소음에 묻혔으며 김영삼은 한국 민중이 봉기해 박정희 체제를 무너뜨릴 것이라고 분노에 찬 예언을 했다. 나는 그의 분노를 이해했고, 비록 회의적이었지만 그의 예측을 완전히 일축할 수 없었다. 한국은 실제로 심각한 혼란을 겪고 있었지만, 나는 박정희 체제에 치명적 위협이 다가오고 있음을 전혀 감지하지 못했다. 그날 늦게, 거의 자정 무렵, 주한 미군사령관 대행 로젠크랜 중장이 전화로 '비정상적 움직임(unusual activity)'이 있다고 경고했다.

조금 뒤 CIA 지부장 밥 브루스터가 한국군이 계엄령을 준비하는 것으로 보인다고 말했다. 내가 핵심 직원들을 대사관에 불러 모으는 동안 한미 연합사령관 대행인 유병현 장군이 로젠크랜과 함께 대사 관저로 와서 박 대통령이 살해됐다는 충격적인 뉴스를 전해줬다. 유병현은 예방 조치로 당국이 계엄령 선포를 계획 중이며 미국이 북한을 상대로 상황을 이용 말라고 경고해줄 것을 요청했다.

－≪Massive Entanglement, Marginal Influence≫ 53쪽

이형근. 당시 반공연맹 이사장. 전 육군참모총장

10월 26일 급기야 궁정동 안가에서 박 대통령이 김재규 중앙정보부장의 손에 저격당하는 사건이 발생했다. 신문의 최초 보도는 우발적인 사고라 했지만 나는 그 보도를 접하는 순간 그 사건이 김재규 정보부장과 차지철 경호실장의 권력 암투가 빚어낸 참사라는 것을 직감했다. 평소 두 사람은 박 대통령의 신임을 둘러싸고 치열한 경쟁을 벌이고 있었기 때문이다. 나는 그전부터 왕왕 대통령과 최고의 권력자들이 모인 자리에 여가수와 여대생들이 참석했다는 사실이 여러 사람들 입에 오르내릴 때마다 당시 박 정권의 몰락 냄새를 맡을 수 있었다. 그건 말도 안 되는 이야기였다. 부인 육 여사가 돌아간 후 정말 극심한 외로움에 고통을 겪어온 박 대통령의 심정을 이해 못 했던 것은 아니나 일국의 대통령이자 국민의 최고 지도자로서 막상 임종의 자리에까지 술과 여자들을 등장시켰다는 것은 실망스러운 일이었다.

－≪군번 1번의 외길인생≫ 247쪽

이만섭. 당시 공화당 의원

결국 나는 10월 27일 새벽 전화로 박준규 당의장으로부터 대통령의 유고 소식을 듣고야 말았다. 순간 문득 떠오른 게 있었다. 지난번 김재규 부장이 나에게 "차지철 때문에 나라가 걱정"이라고 한 말이었다. 대통령의 유고가 차지철 경호실장의 횡포와 강경 정치 때문이라는 생각이 문득 머리를 스쳤다. 한때는 비상사태가 벌어질지도 모른다는 생각에 대책까지 생각해본 나였건만 막상 현실로 눈앞에 닥쳐오니 걱정만 앞섰다.

－≪5·16과 10·26: 박정희 김재규 그리고 나≫ 235쪽

예춘호. 당시 재야인사. 전 공화당 사무총장, 국회 상공위원장

10·26 사태 전야의 사회상은 한마디로 일촉즉발의 위기 상황이었다. 폭정을 무너뜨리느냐, 민주 세력들이 싹쓸이되느냐 하는 무거운 분위기였다. 우리에겐 날이 저물면 오늘은 무사했구나 하고 마음을 놓는가 하면 날이 새면 오늘은 또 무슨 일이 터질까 안절부절못하던 나날이었다. 밤새 일이 벌어졌다. 10·26 사태가 발생했다. 쫓는 자나 쫓기는 자나 다함께 놀랐고 '설마' 할 만큼 뜻밖의 일이 벌어진 것이다. 유고라던 발표는 삽시간에 시해로 바뀌었다. 온 거리가 침묵 속에 묻혀버렸다. 모든 이목은 숨을 죽이고 보도에만 집중되었다. 국민연합의 상임위원들은 박종태 의원 댁에 모여들었다. 워낙 뜻밖의 일이라 누구 하나 사태의 진상을 알지 못했다.

－≪서울의 봄 그 많은 사연: 예춘호 재야 활동 회고록≫ 52쪽

양순직. 당시 재야인사. 전 공화당 국회의원, 국회 재경위원장

항거를 계획하면서도 나는 점점 깊은 불안감에 휩싸이고 있었다. 내가 보기에 부마사태 이후의 시국은 4·19 때보다 더 심각한 상황이라고 판단하였기 때문이다. 갈 데까지 간 국민들의 감정, 시위 진압을 위해 특전사까지 동원되고 있는 상황, 이승만 대통령보다 더 권력에 집착하고 완고하게 변한 박정희 대통령 등 많은 요소들이 4·19보다 더 큰 불행을 가져올 가능성을 안고 있었다. 그래서 당시 나는 날이 새면 대체 오늘은 어떻게 사태가 전개될지 하루하루가 불안하였다. 부패한 권력은 언젠가는 비극적인 최후를 맞는다는 역사적인 필연은, 예상치도 못한 사건으로 그 필연성이 처절하게 확인되고 말았다. 10·26이 일어났고 유신 정권은 한순간에 종말을 고하였다.

－≪대의는 권력을 이긴다≫ 223쪽

이한림. 당시 오스트레일리아 주재 대사. 5·16 쿠데타 진압을 주장했던 전 1군사령관

"죽는 날까지 우리는 헤어질 수 없다. 마음은 항상 같이한다는 뜻이다. 그리고 조국의 독립을 위해 우리는 각각 최선을 다하자. 비록 일본 군복을 입었을지라도 우리는 자랑스러운 조선인이라는 것을 항상 기억하자." 여섯 조선인 일본 육사 졸업생은 이렇게 굳은 맹세를 했던 것이다. 박정희 생도와 나는 이렇게 맺어진 사이였다. 그가 삐딱하게 나갈 때, 또 좌익 사상을 노골적으로 권유할 때, 그리고 남로당 군사책으로 극형을 받았을 때도 나는 사상 이전에 조국을 사랑하던 그때의 우정으로 그를 감

142

샀다. 그가 불타는 듯한 탐욕을 버리지 못하고 경무대(청와대) 포격 운운할 때도, 그가 장성이 된 후에 노골적으로 쿠데타를 나에게 제의해왔을 때도 나는 그를 사직 당국에 고발할 수 없었다. 지금 나는 이 글을 쓰는 동안 그간에 입은 고통과 굴욕을 모두 잊고 싶을 뿐이다. 다만 방공호에서 그의 손을 꽉 잡고 조국의 독립을 염원하던 때의 박정희를 기억하련다. 탐욕으로 말미암아 저승으로 간 박정희여! 나는 그대의 명복을 빈다. (…) 호주 주재 대사로 3년이나 되었다. 그러고 보니 청와대에서 미안한지 외무부 계통의 전문을 통해 이번 국회의원 선거에서 국회에 진출케 못해 미안하다는 내용의 전문이 온 일이 있었다. 나는 그 전문을 받고 내가 원했던 것도 아닌데 무슨 애들 장난 같기도 하여 웃어버리고 말았다. 그러고 나서 얼마 안 되어 대통령 유고라는 전문을 받았다. 비로소 나 이한림과 박정희와의 얽혔던 사연이 끝나게 된 것이다. 나는 박정희 유고 전문을 받고 즉시 사표를 준비하고 대기했다. 그리고 1980년 3월 초 나와 가족은 캔버라를 떠났다.

— ≪세기의 격랑: 이한림 회상록≫ 404, 454쪽

3부

전두환의 최상의 순간

피도, 언젠가는 지워진다. 전두환은 그렇게 믿고 싶었을 것이다. 광주에서 사람들이 많이 죽었다. 훗날 정부가 인정한 공식 피해자만 사망자 154명, 행방불명자 70명, 부상자 3028명이다. 외롭게 죽었다. 1979년에 저항했던 부산, 마산, 서울 사람들은 그때 싸우지 않았다. 전두환은 핏자국을 지우고 싶어 했을 것이다. 군인이 아니라 대통령으로 인정받고 싶었을 게다. 1981년 9월 30일은 그래서 상징적이다.

이날 서울시가 1988년 하계 올림픽 개최지로 뽑혔다. 〈동아일보〉를 보면, 국제올림픽위원회의 사마란치 위원장은 서울이 유효 투표 79표 중 52표를 얻어 올림픽 개최지로 뽑혔다고 밝혔다. 일본 나고야시는 27표를 얻었다. 제삼세계의 무명 독재자에게 큰 선물이었다. 전두환은 1979년까지 그저 정보장교에 불과했다. 한반도와 관련 있는 주요 미국인들 중 누구도 그를 몰랐다.[85] 국민도 몰랐다. 네이버 뉴스 라이브러리에서 '전두환'으로 검색해서 나오는 최초의 기사는 1961년의 〈경향신문〉 단신이다. '민원 뇌물에 단 최고회의 전 대위에 수표 내논 노씨 구속(7월 31일자).' 그 이후 훌쩍 뛰어 1979년에야 단신이 나온다. 그 기사에서도 전두환은 정치인이 아니었다. 1980년 5월 17일에도 그는 그저 '합동수사본부장'이었다. 물론 그때 이미 전두환은 "유니폼을 입은 정치인"이었다.[86] 그러나 대중은 물밑에서 벌어지는 반인반수의 권력투쟁을 알지 못했다. 그러다 도둑처럼, 전두환은 1980년 9월 1일 11대 대통령에 취임하며 대중 앞에 나타났다. 유신헌법에 근거해 간선제로 뽑힌 대통령이었다.

국민에게 인정받기 위해 먼저 대국에 인정받아야 했다. 김대중을 사형에서 감형해주는 대가로 미국 레이건 대통령을 예방할 수 있는 카드를 따냈다.[87] 아직 모자랐다. 어차피 직선도 아니니, 선거를 또 했다. 그 전에 1980년 10월 27일 헌법을 고쳤다. 통일주체국민회의 대의원 1630명이 대통령선거인단 5277명으로 바뀌었다. 1981년 3월 3일 전두환은 12대 대통령에 다시 취임했다. 11대 대통령이 된 지 5개월 만이다. 강한 정의가 존재했다면, 아마 그 자리에는 김종필, 김영삼, 김대중 셋 중 한 사람이 앉았을 것이다. 최규하가 중간에 사퇴하는 일도 없었을 테니, 새로 제정된 민주 헌법에 의해 뽑힌 대통령은 11대 대통령이 되었을 것이다. 부질없는 상상이다. 1981년에 적지 않은 국민들이 했을 법한 상상이다.

무명 정치인에게 잔치가 필요했다. 9월 30일 유치에 성공한 올림픽은 꽤나 시끌벅적한 잔치가 되어줄 것이었다. 전두환은 이로써 집권의 정점을 찍었다. 아직 전두환은 자신의 정치적 미래를 예측하지 못했을 것이다. "지금까지의 삶은 왕이 되기 위한 전초전이었을 뿐이다. 이제 당신은 왕이다. 통치만 하면 된다. 그런데 통치란 무엇인가? 당신이 폐위될 순간, 왕좌와 왕권, 왕관이 머리를 떠날 순간을 기다리는 일이다."[88]

소설가 이탈로 칼비노의 이 문장을 들려줬어도 1980년의 전두환은 이해하지 못했을 것이다. 충복 허화평과 허삼수를 '팽하는' 일도, 친구 노태우에게 버림받는 일도, 아직 먼 미래였다. 권력을 잡는 것보다 유지하는 일이 훨씬 더 어렵다는 것도 머리로만 이해하고 있었을 게다. 가장 높이 오른 등산가는 더 오를 데가 없다. "이렇게 살 수도 없고 이렇게 죽을 수도 없을 때/서른 살은 온다"(〈삼십세〉)며 시인 최승자가 고통스럽게 썼던 1981년에, 오십이 된 전두환의 인생은 가장 빛났다. 소설가 이철용이 《어둠의 자식들》에서 목사의 입을 빌려 "사랑이 아니라면 아무것도 아니"라고 썼던 그해 1월, 과연 군인 대통령은 방미에 앞서 1년 넘게 지속된 계엄령을 해제하는 사랑을 국민에 베풀었다.

그러므로 최승자의 절창은 사랑받는 1981년 시민들의 행복한 목소리를 썩 잘 대변한다. "오 행복행복행복한 항복/기쁘다 우리 철판깔았네." (〈삼십세〉)

리더 전두환

전두환은 뒤틀린 마키아벨리주의자다. 기록을 뒤적이다 보면, 무채색의 활자와 행간 사이에서 리더 전두환의 실루엣이 걸어 나온다. 결과를 중요시하고, 냉혹하며, 사랑보다 공포의 대상이 되기를 좋아했고, 사자처럼 힘과 권위를 숭배했다. 전두환은 지적인 이미지와 거리가 멀다. 육사 11기 입학 당시 보결로 합격했고 졸업생 156명 가운데 거의 꼴찌로 졸업했다. 그러나 머리가 좋았던 것 같다. 자신의 행동이 낳을 결과를 잘 알았고 그에 준비했다. 리더 전두환은 여우처럼 영악하고 주도면밀했다. 훗날 미국 국무부가 전두환을 '빨리 배우는 자(fast learner)'라고 묘사할 정도였다.[89]

전두환은 마키아벨리를 읽었을까? 마키아벨리의 이름은 이미 1950년대부터 신문에 자주 등장한다. '권모술수'나 '목적의 달성을 위해 수단과 방법을 가리지 않는 행동'의 상징처럼 인용된다. 전두환이 마키아벨리를 읽었는지는 확실치 않지만, 전두환의 책사는 확실히 마키아벨리를 읽었다.

2013년 3월 29일 낮에 식당에서 마주한 이학봉은 5공화국의 국정 이념을 설명하다 말고 내게 물었다. "마키아벨리가 《군주론》이나 《정략론》에 보면 독재가 나쁜 것이 아니고 임기가 없는 것이 나쁜 거라고 한 걸 기억하실지 모르겠습니다. 읽어봤습니까?" 이학봉은 거구였고 여전히 눈빛이 형형했다. 그의 두뇌는 여전히 120퍼센트 작동하고 있다는 느낌을 줬다. 어렵게 인터뷰를 요청했으나, 그는 아직 인터뷰를 허락할지 판단하기 어렵다고 했다. 그 대신 내 생각을 들어보고 싶어 했다. "로마 공화국 논고, 그거를 읽어보면, 그 책을 마키아벨리가 다 쓴 다음에 이 중에서 군주에게 필요한 이야기가 군주론이고 정략에 필요한 게 정략론이고 전략에 필요한 게 전략론이고 각각 세 가지를 뺐습니다." '로마 공화국 논고'란 ≪로마사 논고≫를 가리키는 것으로 보였다. 그는 전두환이 지혜롭고 '통찰력'이 있다고도 했다.

리더 전두환의 행동을 마키아벨리의 문장들로 설명할 수 있다. "함정을 알아채기 위해서는 여우가 되어야 하고 늑대를 혼내주려면 사자가 되어야 한다."(≪군주론≫) 전두환은 여우처럼 영악했다. 여우의 함정은 무엇보다 미국이었다. 1979년 12월 12일 이후 전두환의 핵심 과제는 미국으로부터 인정 받기였다. 이유가 있다. 1979년에도 여전히 미국이 남한의 안보를 책임졌다. 국가 예산의 절반을 미국의 원조로 해결했던 1961년의 상황과 달랐지만, 적어도 안보 문제는 미국에 크게 기댔다. 한미연합사령관 위컴은 평시에 여러 직책을 함께 수행했다. 일단 유엔군 사령관이었다. 그리고 1978년에 신설된 한미연합사령관직도 맡았다. 전방 방위를 책임진 핵심 전력이 평시와 전시 때 모두 한미연합사령관의 지휘를 받았다. 노태우의 9사단 1개 연대 병력은 12월 13일 새벽 00시 10분께 일산에서 서울 광화문으로 진격했다. 물론, 법률적·군사적 지휘관인 위컴에게 보고하지도, 허락받지도 않았다. 노태우의 행위는 조약 위반이자 군 지휘 체계를 무너뜨리는 군기 문란 행위였다.

소국의 권력자는 대국의 승인이 필요했다. 사회학도 출신의 연합사령관은 설득하기 어려웠다. 그는 독재자에 호의적이지 않았다. 개인적 이유도 있었다. 12·12 쿠데타의 성공은 뒤집어보면 한미연합사령관의 지휘 실패를 의미했다. 위컴은 전두환과 쿠데타에 대해 훗날 "내 지위를 약화시키려는 시도, 기자들에게 한 발언의 왜곡, 내 커리어에 대한 타격"이라고 묘사할 정도로 전두환을 경멸했다. 위컴 스스로의 표현대로 그는 전두환에게 "길을 가로막고 나선 새로운 인물"이었다.[90] 대국의 승인을 받아야 할 중요한 국면에 대국의 대리인이 독재자를 싫어하는 위기 상황이었다.

전두환은 위컴을 포위 압박하기로 했다. 전두환은 쿠데타 직후 과거 주한 미군으로 근무했던 퇴역 미군 장성들에게 편지를 썼다. 자신은 정치에 관심이 없으며 그러므로 미군 장성들이 자신을 지지해달라고 호소했다. 개인 특사를 미국에 보내 퇴역 미군 장성들을 만나게 했다. 전두환의 특사는 위컴 직전에 주한 미군사령관을 지낸 존 베시(John W. Vessey, Jr)에게 따로 전두환의 편지를 전했다. 한국을 방문해줄 것을 요청했다. 전직 장성은 아무 법률적·외교적 권한이 없지만, 이들의 방문은 한국 국민들에게 '미국이 독재자를 승인했다'는 인상을 줄 것이었다. 위컴은 이런 행위를 '편지 작전'이라고 부르며 당시 국방장관인 주영복에게 항의했다.[91] 합참의장을 지냈던 당시 공화당 국회의원 문형태는 전두환의 편지 작전을 위컴에게서 전해 듣고 역겨움에 고개를 가로저었다.[92]

실제로 주한 미군에 근무했던 퇴역 중장이 전두환의 초대를 받아들여 1980년 5월 한국을 방문했다. 그는 주한 미군 장성과 전두환을 차례로 만났다. 전두환의 꾐에 놀아난 퇴역 미군 장성들의 간섭이 결국 문제를 불러왔다고 위컴은 회고했다. "그 퇴역 장성은 맹독의 흔적을 남겼다"고 훗날 위컴은 자조했다. 전두환은 박정희로부터 미국을 다루는 법을 배웠다고 위컴은 기록했다.[93] 1980년 5월 한국을 방문해 결과적으로 전두환

을 도운 퇴역 장성은 리처드 스틸웰이었다. 1973년부터 1976년 사이에 주한 미군사령관이었다.[94]

전두환은 사자가 되려고 했다. 권위를 추구했다. 의전으로 권위를 인정받고 싶어 했다. 노력이 지나쳐서 우스꽝스러워 보일 정도였다. 1980년 미국 대선에서 민주당이 패했다. 보수 공화당의 후보인 레이건이 대통령이 됐다. 신임 주한 미국대사 리처드 워커는 1981년 8월 12일 아침 전두환에게 신임장을 제출했다. 대사관 직원들은 예복을 입고 워커는 예장용 모자를 준비해야 했다. "프랑스 궁정 모델을 토대로 한 서구식 관습에서 파생된 지침들은 마치 무대 상연을 준비하는 사람들을 위해 마련된 것 같았다." 워커는 두 손으로 레이건이 자신에게 준 신임장을 전두환에게 내밀었다. 순간 전두환은 한 발 뒤로 물러섰다. 이 때문에 워커는 몸을 더 숙여야 했다. 사진사가 이 모습을 찍었다. 다음 날 조간신문에 한국 신문이 워커 대사가 머리를 숙인 사진을 대서특필했다. 다른 나라의 대사도 같은 낭패를 입었다. "청와대의 대형 커피 테이블에서 열리는 공식 회의석상에서 전씨가 담배를 꺼낼라치면 각료와 청와대 참모들이 서로 먼저 라이터로 전씨에게 불을 붙여주기 위해 올림픽식의 경쟁을 벌이기도 했다."

보스가 이러하니 부하도 거기 맞춰 행동했다. 1986년 8월 6일 청와대에서 회의가 열렸다. 민정당이 헌법 개정안을 만들어 전두환에게 보고했다. 조항 하나하나를 두고 논의가 벌어졌다. 전두환은 "수상의 명칭은 어떻게 하나요?"라고 물었다. '수상'과 '국무총리'가 일본어라며 새로운 단어가 없냐는 질문을 한 것이다. 정무1수석비서관 허문도가 답했다. "영상(領相)이라고 하면 어떨까요. '相'이란 왕과 연관 관계가 있어서 봉건적이라는 느낌을 주기는 합니다만" 이라고 말했다.[95] 국민들은 민주화를 요구하는데, 지배 엘리트들은 왕조 시대의 단어를 고르고 있었다. 보스와 부하가 일심동체였다.

2013년의 직장인들은 이런 한국식 사회생활이 낯설지 않다. 전두환은 남을 지배하고 있다는 순수한 쾌감을 즐긴 남자였다. 1979년 당시 주한 미국대사 글라이스틴은 12·12 직후 전두환과 만났다. 전두환은 미국인 관찰자 앞에서도 표정을 감추지 못했다. "무엇보다 자기 자신이 권력의 한가운데 있음을 발견하는 데서 그(전두환)가 아이 같은 즐거움을 느끼는 것이 인상적이었다" 고 글라이스틴은 기록했다.[96]

이런 '의전 중독자' 전두환의 면모는 곳곳에서 확인된다. 광주항쟁도 진압되고 전두환의 집권이 확실해지던 1980년 8월 8일 위컴은 전두환과 만났다. 신라호텔에서 아침식사를 같이하기 위해 기다리던 위컴은 놀랐다. 아직 군인 신분이었던 전두환은 양복을 입고 나타났다. "나는 사복 차림을 한 경호원들의 수와 그의 부하들과 호텔 직원들이 전두환에게 보인 복종에 놀랐다"고 위컴은 기록했다.[97] 아이처럼 권력을 즐기는 대통령에게 모두 아이처럼 굴복했다. 당시 국방장관은 전두환에게 보고할 때 동공이 커져 눈빛을 반짝이게 하려고 안약을 넣었다.[98]

1980년대 중반 청와대 의전비서관이 주말에 워커 대사에게 전화했다. '손님'이 청와대를 갑자기 방문했는데 미국대사 등 외교관들이 '손님'을 맞아주기를 전두환 대통령이 원한다고 전했다. 워커는 그때 대천

해수욕장에서 휴가를 보내고 있었다. 워커는 거절했다. "이 일로 청와대와의 관계는 한동안 냉각기가 계속됐다." [99]

하나회의 리더 전두환은 '지지자를 확실히 보상하라'는 원칙을 잘 알고 이행했다. 사람은 작은 것에 감동받는다는 사실을 전두환은 잘 알았고 이를 실천했다. 전두환은 '조폭형 의리'에 집착했다. 어린 시절부터 친하게 지낸 전 제일비료 회장 이맹희로부터 소령 시절인 1960년대 초부터 계속 '불고기 값'을 받아 육사 11기 동기회의 회식비로 냈다. [100] 박정희는 일선 장교들에게 명절 때마다 하사금을 줬다. 전두환도 대위 때부터 박정희의 하사금을 받았다. 전두환은 그 돈을 자기가 다 쓰지 않았다. 박정희에게서 돈을 받으면 하나회 후배들을 불렀다고 어느 육사 18기는 떠올렸다. 봉투에 30~50만 원을 넣어 후배에게 줬다. 생활비로 쓰지 말고, 부대 상사나 자신의 조직에서 다른 사람하고 식사할 때 쓰라고 세세하게 조언했다. 1970년 월남전에 연대장으로 참전했다. 부대에 남은 C 레이션을 귀국하는 휴가 장병 편에 육사 축구부로 보냈다. 하나회 후배들을 군 요직에 인사 발령 내고 진급에 혜택을 줬다. 간첩 체포에 실패한 하나회 장교가 간첩을 잡은 비(非)하나회 장교보다 먼저 진급했다. [101]

그러나 전두환은 의리와 정치는 다른 것임을 냉정하게 알았다. 전두환이 집권하는 데 일등 공신을 꼽으라면 세 사람이 있다. 육사 17기인 허화평과 허삼수, 18기 이학봉이다. 이들을 '쓰리 H'라고 부르는 사람도 있다. 셋 다 보안사령부에서 전두환을 보좌했다. 12·12 쿠데타에도 주도적으로 관여했다. 전두환의 육사 후배이자 창업 공신이었다. 5공화국이 들어서자 셋 다 군복을 벗고 청와대 비서관이 됐다. 실세 중의 실세였다. 군인 전두환은 쓰리 H를 챙겼지만, 정치인 전두환은 쓰리 H를 견제했다. 박철언 같은 민간 출신 엘리트를 보좌관으로 중용했다. "민간 출신의 신진 엘리트 그룹이랄 수 있는 나와 김영일, 손진곤을 정무수석실과 사정수석실, 민정수석실에 배치한 것이다. (…) 이렇게 함으로써 실세 수석들을 자연스럽게 견제하면서 친정 체제를 한결 강화해나갔다." [102] 박철언은 회고록에 '전두환 대통령의 용인술'을 아예 따로 기록했다. 허화평과 허삼수는 1983년 결국 청와대에서 축출된다.

동시에 전두환은 의리란 '자기 사람' 사이에서만 의미 있음을 이해했다. 자기편이 아니면 가차 없이 의리를 버렸다. 그는 관계의 실용주의자였다. 1980년대 초반 이맹희는 아버지 이병철과 사이가 나빴다. 서울을 벗어나 영덕에 정착해 살려고 했다. 여러 해 전 사두었던 땅에 집을 짓고 터 잡고 살려 했다. 죽마고우 전두환이 대통령이었다. 마음대로 되지 않았다. 집 지을 돈을 은행에서 융자받지 못했다. 아버지 이병철이 방해했다. 이맹희는 전두환에게 배신감을 느꼈다. "전 대통령이 어린 시절부터 죽마고우이면서 나를 홀대했던 일도 겪었다. 권력이 그렇게 만들었는지 혹은 다른 어떤 힘이 작용했는지는 모르지만 나는 영덕에서 건축법 위반 등등의 일에 휘말리면서 그 집을 다른 이에게 넘겨주고 다시 대구로 나와야 했다. 결국 내가 영덕에 거주하고자 시도했던 일은 나에게 오랜 친구를 마음속에서 잃어버리는 상처만 남겨주었다." [103]

군인 전두환의 리더십은 군대를 다녀온 한국 남성이 가장 경멸하는 스타일의 것이다. 자신의 권위를 매사에 확인받지 못하면 살지 못하는 중년 남성의 그것이다. 1978년 전두환은 보병 1사단장이 되었다. 사병으로 군 생활을 한 남자라면 아는 것이지만, 사병은 사단장이 보이면 숨는다. 전두환은 자신에게 크게 경례했다는 이유 하나로 이병에게 표창장을 주고 특별 휴가를 보냈다. 일주일에 두 차례 새벽에 구보했다. 좀 특이했다. 사단장인 자신을 선두로 해서 참모장, 휘하의 모든 참모, 전 병사가 구보했다. "영하 20도에도 구보를 시키고 나도 같이 뛰었어"라고 전두환은 훗날 자랑했다.[104]

정치적 감각을 가진 인물임은 확실하다. 그는 일차원적 호불호에 따라 지시 내리는 '동물'이나 '악마'가 아니었다. 1987년에 민주화 운동이 거셌다. 학생운동이 저항의 선두에 섰다. 운동의 분파가 자연스레 생겼다. '자민투'(반미자주화 반파쇼 민주화 투쟁위원회)와 '민민투'(반제반파쇼 민족민주화 투쟁위원회)가 서로 경쟁했다. 거칠게 분류하면, 자민투는 저항적 민족주의에 경도되어 있었고, 민민투는 사회주의적 지향에 좀 더 기울어져 있었다. 그해 11월 9일 수석비서관 회의에서 전두환은 다음과 같이 지시했다. "민민투는 자기네가 직접 정권을 잡아보자는 방향이고 자민투는 김대중과 김영삼을 도와서 2단계로 집권하자는 전략이야. 우리가 조심해야 할 것은 자민투야. 얼른 보면 자민투는 약간 온건하고 우익과 협상이 가능한 것으로 보기 쉬운데 민민투는 떠들수록 우리한테 유리해요." 전두환은 자민투를 더 엄격히 다루라고 지시했다.[105]

적의 분열도 확실히 이용했다. 1986년 정무1수석이던 허문도는 양김의 분열을 꾀했다. 그해 6월 30일 수석비서관 회의에서 허문도는 "야권은 국회 헌특을 둘러싸고 양김(김대중·김영삼) 간에 이견을 보여 분열의

싹이 트고 있습니다"라고 보고했다. 전두환은 이런 제안을 철저히 이용했다. 1987년 12월 대선 뒤 국민 다수는 울었다. 전두환은 웃었다. 양김에 비아냥거렸다. "이번에 노 후보가 당선되는 데에 제일 유공자가 누구인지 아십니까. 만화에 보니 두 김씨라고 해요(웃음). 그게 사실입니다."[106]

"비천한 자들이 속임수만으로 위대한 권위에 이를 수 있다는 사실에 대해서는 확고하게 믿는 바이다."(《로마사 논고》 13장) 전두환은 능숙하게 상관을 기만했다. 지난 대선 때 화제가 됐던 '전두환 9억 원 사건'도 그랬다. 1979년 11월 보안사령관 전두환이 계엄사령관 정승화에게 김재규를 수사한 내용을 보고했다. 김재규가 중앙정보부장으로 있으면서 서울 지역에 있는 주요 군 지휘관들에게 돈을 뿌렸다는 것이었다. 자신도 김재규로부터 500만 원을 받아 썼다고 전두환은 털어놨다. 정승화도 300만 원을 받았다. 그런 시절이었다.

11월 중순 전두환이 청와대의 비자금을 보고했다. 당시 청와대 비서실장 김계원을 조사하는 과정에서 청와대 비서실에서 아무 데도 기록되지 않은 돈 9억 원이 나왔다. 전두환은 "그 가족(박정희 가족)이 앞으로 생계가 어려울 것이 염려되므로 그 돈 9억 원 가운데 6억 원은 박근혜 양에게 주고 1억 원은 합동수사본부의 수사비로 쓰도록 빼놓고 2억 원은 여기 가져왔습니다"라고 정승화에게 보고했다. 1000만 원짜리 수표 20매가 든 봉투였다. 정승화는 전두환의 일 처리가 법적 절차를 밟지 않은 점을 지적했다. 일단 국고에 환수하고 대통령 가족의 생계 대책은 예비비 집행

등 국무회의를 거쳐 정해야 한다고 지시했다. 정승화는 전두환에게 받은 2억 원을 육군본부에 예산으로 줬다. 며칠 뒤 정승화는 국방장관 노재현에게 이 사실을 보고했다. 정승화는 놀라운 사실을 알게 됐다. 전두환은 비자금 가운데 정승화에게 밝히지 않은 5000만 원을 노재현에게 따로 줬다. 노재현은 해·공군참모총장에게 각각 2000만 원씩 나눠주고 1000만 원은 국방부가 예산으로 썼다고 쑥스럽게 말했다.[107] 직속상관 정승화에게 거짓 보고를 한 것이다. "나는 이 말을 듣고 '나에게 정확한 보고를 하지 않고 있구나' 앞으로는 주의 깊게 모든 일을 살펴야겠다고 생각했다"라고 정승화는 다짐했다.

널리 알려진 '박근혜 6억 원'의 진실과 관련해 두 가지 의문이 제기된다. 박정희 비자금이 9억 원 이상일 가능성이다. 전두환은 정승화에게 비자금이 9억 원이라고 보고했지만 보고에 빠뜨린 5000만 원을 따로 노재현에게 줬다. 노재현에게 건넨 돈이 합동수사본부의 수사비로 사용하겠다는 1억 원 가운데 일부일 수는 있다. 두 경우 다, 전두환이 거짓 보고를 했다는 사실엔 변함이 없다.

"운명은 여신이므로 그녀는 항상 젊은 사람들에게 이끌린다."(≪군주론≫) 전두환은 대담한 남자였다. 1979년 10·26 이후 전두환과 하나회는 아비 없는 자식의 운명과 비슷했다. 박정희와 유신 정권의 핵심들이 하나회를 일부러 총애했다. 육사 2기 윤필용은 한때 하나회 회장이었다. 박정희의 경호실장 '피스톨 박' 박종규와 서종철은 고문이었다. 박근혜 정부의 서승환 국토교통부 장관이 서종철의 아들이다. 하나회 회원에게

1979년은 후원자가 사라진 위기의 순간이었다.

전두환은 아직까지도 12·12는 쿠데타가 아니고 수사의 연장이라고 주장한다. 자신은 정치에 관심이 없었다고 여전히 주장한다. 거짓말이다. 그는 1979년 보안사령관 때부터 '군복 입은 정치인'이었다. 여기서 정치란 민주주의적 갈등 해소의 과정이라는 본연의 의미가 아니다. 민주주의가 없던 유신 말기였다. 그때 정치는 지배 엘리트들 간의 조정과 협업, 투쟁이었다. 그것이 '말기 박정희의 정치'였다. 보안사령관 전두환은 안보 문제를 넘어 경제와 사회 문제에 적극적으로 개입하려 했다. 전두환은 1979년 11월 뜬금없이 정승화에게 "부정 축재한 자들의 재산을 전부 몰수해서 국가에 귀속"시키자고 건의했다.[108] 마흔여덟 살의 정보장교는 당돌하게 박정희 정부의 전·현직 고위 관료, 정치인, 경제인의 실명을 직접 열거했다.

선거 조작도 건의했다. 10·26 이후 대통령 자리가 비어 있었다. 입법부인 국회에서 시간을 두고 유신헌법을 개정하고 새로 제정된 민주 헌법에 따라 대통령 선거가 치러지는 게 순리였다. 문제가 있었다. 헌법 개정과 선거 사이에 시간이 필요했다. 통일주체국민회의는 12월 6일 최규하 대통령 권한대행을 대통령으로 뽑았다. 단일 후보였다. 통일주체국민회의에서 투표가 있기 며칠 전 합동수사본부장 전두환이 정승화를 찾아와 건의했다. "사전에 대의원들을 설득하여 득표율이 90퍼센트 이상 나오도록 해야 합니다. 그냥 두면 당선되더라도 과반수나 겨우 넘긴다면 체면이 말이 아닐 수 있습니다. 그렇게 되면 강력한 통치도 어려울 것이니 그냥 두어서는 안 됩니다. 과거에는 중앙정보부에서 공작하였는데 지금은 중앙정보부가 그러한 일을 담당할 수 없는 입장이라고 하니 보안사령부 요원을 시켜 제가 그 일을 추진하도록 하겠습니다. 그래야만 90퍼센트 이상 압도적으로 당선될 수 있습니다." 정승화는 거절했다. 전두환은 지지 않고 "경찰을 잘 감독하여 좋은 결과가 되도록 유도하겠다"고 말했다.[109] 정승화는 재차 이 주장을 일축했다. 전두환은 이미 12·12 이전에 군인이 민간의 선거에 개입하겠다는 건의를 서슴없이 하는 종류의 군인이었다.

보안사령관 전두환은 최규하 대통령 권한대행에게도 처음부터 거침없었다. 전두환은 1979년 12월 3일 기자회견을 열어 김재규의 공소장을 공개했다. 당시 최규하 대통령 권한대행에게도 잘못이 있음을 암시하는 문장을 공소장에 넣었다. 공소장을 보면, 비서실장 김계원이 박정희의 죽음을 병원에서 확인받고 국무총리 최규하에게 알린 시각은 10월 26일 밤 8시 50분이다. 최규하가 비상 국무회의를 용산에 있는 육군본부의 지하 벙커에서 개최한 시각은 밤 9시 30분께다. 그 40분 동안 최규하는 김재규에 대해 어떠한 조치도 내리지 않았다. 최규하는 그렇게 우유부단했다. 정승화는 최규하가 곧 대통령이 되는 상황에서 법적 문제가 있지 않을까 우려했다. 공소장에서 최규하에 해당된 부분을 삭제하려 했지만 이미 사본이 배포된 상태였다.[110] 전두환의 의도는 어디에도 드러나지 않는다. 그러나 전두환처럼 예민한 정치적 후각을 가진 사내가 그 공소장의 의미와 파장을 몰랐다고 추측하기 어렵다. "언제나 뒷북을 쳐서 수습하기보다는 선수를 쳐야 돼요."[111] 그것이 '전두환 스타일'이다.

마키아벨리를 읽었든 안 읽었든, 전두환은 본능적으로 마키아벨리주의자로 행동했다. ≪로마사 논고≫를 독파한 이학봉이 전두환을 도왔다. 그러나 두 사람은 자신들이 마키아벨리를 오독했음을 이해하지 못했다. 무자비하게 권력을 추구하고 목적을 달성하기 위해 수단을 가리지 않는 사람으로 오해받는 마키아벨리는, 사실 열정적인 공화주의자였다. 그가 수단과 방법을 가리지 않고 냉혹하게 투쟁하고 지키려 한 건, 역설적이게도 민주공화국의 번영과 지속이었다. 그러므로 이학봉은 ≪로마사 논고≫에서 기억할 문장을 잘못 골랐다. 그는 다음 문장을 기억했어야 옳다. "인민의 결함은 말로써 치유되지만, 사악한 군주는 칼에 의해서만 치유된다."

전두환의 '욕망'

전두환의 권력 추구 밑에 숨은 심리는 뭘까? 대체 어떤 마음의 병이—그것을 병이라고 본다면—자신을 역사의 복판에 밀어넣었을까? 5공화국의 역사와 관련해 내가 읽은 어떤 책도 이 물음에 답해주지 않았다. "위대한 서사는 캐릭터, 행동, 장면의 세 다리로 딛고 서며, 이 중에 캐릭터가 가장 중요하다. 캐릭터가 나머지 두 요소를 이끌고 가기 때문이다. 주인공의 개성, 가치, 욕망이 행동을 만들어낸다"라고 말한 미국 저널리스트 잭 하트(Jack Hart)라면, 아마 이렇게 질문할 것이다. 전두환의 가치와 욕망은 무엇이었나?

무엇보다 레드 콤플렉스가 전두환을 지배했다. 10대 사춘기와 청년기의 경험이 남긴 것은 좌파에 대한 증오와 경멸이었던 같다. 전두환은 1931년 가난한 농가에서 태어났다. 1937년 7월 중일전쟁이 벌어졌다. 당시 〈동아일보〉는 '북중사변'이라는 이름으로 전쟁 소식을 전하고 있다. 총독부는 식민지 백성을 더 착취했다. 전두환의 부모는 1940년 만주로 이민을 갔다. 전두환은 아홉 살이 된 1940년 4월 1일 만주 길림성 반석현의 호란보통소학교에 입학했다. 1931년생은 이중 언어 세대다. 일본어가 공식어였고 출세의 언어였다. 전두환도 학교에서 일어를 배웠다. 생활이 마땅찮았다. 전두환의 집안은 1941년 다시 대구로 이주했다. 가난해서 정규학교를 다니지 못했다. 정규교육에 뒤처진 아이들이 다니는 일종의 공민학교인 '금강학원'에 다녔다. 열 살 소년 전두환은 이때부터 노동을 했다. "내가 열 살 때 그걸(청국장) 만들어 파는 일본 사람 집에 취직을 했어요. 그 집이 과수원을 하면서 메주를 떠서 상자에 넣어 일본인들 집집마다 보내서 파는 거였어요. 내가 어떤 학원에 다닐 때였는데 오후에 그걸 돌리는 일을 맡았어요."[112] 신문 배달도 했다. 편입 시험을 거쳐 희도 보통학교 4학년에 편입했다. 조금 뒤 해방이 됐다.

10대 사춘기 시절의 전두환의 삶을 '살아남기'로 표현해도 될 것 같다. 가난과 좌우익의 갈등이 생존을 시험하는 두 개의 연옥이었다. 전두환은 열여섯 살 되던 1947년 9월 1일에 대구공립공업중학교 기계과에 입학했다. 아직 중고등학교가 분리되기 전의 6년제 중학교였다. 통산 24회다. 《대구공고 80년사》를 보면, 1947년 한 해에만 22회부터 24회까지 261명이 입학했다. 경쟁률이 2.05대 1로 높았다. 학부모의 57.9퍼센트가 농업, 18.3퍼센트가 상업에 종사했다. 가난한 집의 머리 좋은 자식들이 지원했다. 모두 19개 학급이 있을 정도로 규모가 큰 지역의 명문이었다. 오늘날 인문계 학교의 교과목과 크게 다르지 않았다. 국어, 수학, 과학, 체육, 실업, 외국어 등 인문 교과목을 주로 배웠다. 직업과 교과목의 비중이 높지 않았다. 전두환은 이때부터 축구부 활동을 했다. 노태우는 22회로 입학해 잠시 다니다 경북고로 전학 갔다. 대구공업중학 시절엔 전두환을 몰랐다.

예민한 소년에게 짐승의 시절이었을 것이다. "우리들이 입학할 때는 해방되고 좌우 이념 대결이 극에 달하였던" 시절이라고 어느 대구공업중학교 24회 졸업생은 추억했다.[113] 그 말대로였다. 진보와 보수가 서로 때리고 죽였다. 이념의 차이가 생사를 갈랐다. 바로 전해 10월 1일에 대구폭동이 벌어졌다. 박정희의 형 박상희는 사회주의자로 이 당시에 사망했다. 대구공업중학교에서 우익 활동을 하던 학생 1명이 대낮에 도끼로 머리를 찍혔다. 대구공업중학교도 우익의 '학련'(전국학생총연맹)과 좌익의 '민청'(전국민주애국학생청년연맹)으로 갈려 싸웠다. 동맹휴학이 자주 있었다. 그러다 1950년 6월 25일 북한이 남침했다. 그해 7월 미군이 학교를 사용하면서 휴교했다. 전두환도 다시 학교를 그만뒀다. 전두환은 육군종합학교에 응시해 합격했으나 어머니의 반대로 진학하지 못했다. 전쟁이 한창인 1951년 11월 초 육군사관학교 최초의 정규 4년제 1기(통산 11기) 시험에 합격했다. 7대 1의 경쟁률을 뚫었다. 모두가 조국과 민족을 위해 육사에 지원한 건 아니었다. 전쟁 중이었고 참전은 죽음을 의미했다. "살려고 (육사에) 들어갔다"고 2013년에 만난 어느 육사 11기는 말했다.

전두환의 좌익 증오는 아버지에게서도 영향받은 것 같다. "우리 아버지의 사상은 철저한 우익 사상이었습니다. 공산당이 되면 잘 먹고 잘살게 해주겠다고 하지만 가난이란 나라님도 구제 못 하는 것이다, 그런 걸 공산당 제까짓 것들이 어떻게 해결한다는 것이냐, 자기 스스로 땀 흘려야 가난이 구제되는 거라고 했어요."[114] 레드 콤플렉스는 그의 역사 인식에 그대로 영향을 줬다. 국민 다수에게 민주화 전환기였던 1980년이 그에겐 나라가 망하기 직전의 상황으로 받아들여졌다. "1980년 상황을 보세요, 나라가 망한다고 했었지 않아요. 그게 수습이 되어서 안정이 되니 모두가 잊어버립니다."

그의 이런 빨갱이 공포증은 현실과 맞지 않는 것이었다. 북한은 1979년과 1980년 사이에 한국 정치의 변수가 아니었다. 카터 행정부 시절에 미군 철수를 두고 논란이 일었지만, 결코 확정된 사안은 아니었다. 당시 한미 동맹의 악화는 빨갱이가 아니라 박정희가 자초한 것이었다. "(1980년 당시) 북한은 주요 요인이 아니었다"라고 글라이스틴은 잘라 말했다.[115]

전두환의 좌뇌에 레드 콤플렉스가 있다면, 우뇌에 엘리트주의가 있었다. 빨갱이 공포증이 그의 이성을 좌우했고, 선민의식이 그의 감성을 지배했다. 육사 선배들이 스스로 11기들에게 엘리트 의식을 불어넣었다. 분명 '육사 11기'였지만 모집할 때 공공연히 '육사 제1기 모집'이라고 지칭했다.[116] 육사 11기 229명은 1952년 1월 20일 진해 교정에서 입학식을 했다. 1954년 6월 14일 육군본부의 작전 지시에 따라 태릉으로 교정을 옮겨 생활했다. "학과 공부는 미국식으로, 훈련은 일본식으로 시켰으며 물론 의식주의 방식만은 가난한 한국식"이었다고 육사 교수부장을 지낸 11기 이동희는 회고했다.[117] "(정규 육사를 만든) 취지가 뭐냐면 완전히 새로운 대학을 맨든 거야, 그니깐 서울대학교하고도 달라." 2013년 1월에 만난 이동희는 여전히 자부심이 대단했다.

어느 정도 엘리트 의식이 이해된다. 당대의 정규 육사는 분명 체계적이었다. 학습이 가혹했다. 미국 웨스트포인트의 제도와 교재를 직수입했다. 아침 5시 40분 기상. 6시 50분부터 7시 20분까지 아침식사. 7시 50분부터 11시 55분까지 오전 학과. 12시 10분부터 12시 40분까지 점심식사. 오후 1시부터 4시 40분까지 오후 학과. 오후 5시 10분부터 5시 40분까지 저녁식사. 5시 50분부터 1시간 동안 자유 시간. 저녁 7시부터 8시 50분까지 자습. 밤 10시 소등. 이런 생활을 4년 내내 했다. 1952년 1년 동안 2268시간의 자연과학과 1332시간의 인문과학을 공부했다. 수학의 비중이 가장 컸고 그다음이 영어였다. 미국식 '테이어 제도(thayer system)'를 도입해 매일 시험을 쳤다. 각 과목별 평균 성적이 67퍼센트에 미달하면 추가시험을 쳐야 했다. 여기서도 67퍼센트가 안 되면 퇴교당했다. 각 과목별 성적이 90퍼센트 이상인 생도는 1년간 우등생 배지를 달았다. 1교반부터 8교반까지 성적순으로 배치해 생활했다. 가난한 시절이었다. 교재가 변변치 않아 교수들이 웨스트포인트의 교재를 번역해 썼다. 엘리트 의식에 어울리지 않게 영어 공부의 수준은 낮았다. 영어는 아직 낯선 외국어였다. 요즘은 중학생들이 읽고 있는 'Fifty Famous Stories'가 영어 교재였다. 이솝 우화 따위를 소개한 교재다.

전두환은 성적이 좋지 않았다. 이 때문에 그의 지적 능력이 낮다는 선입견이 널리 퍼져 있다. 오해다. 수재는 아니었지만, 머리가 나쁘지도 않았다. 그는 대구공업중학교를 중퇴하는 바람에 미적분을 배우지 못한 상태에서 육사에 들어갔다. 육사에서 처음 배운 미적분 시험을 통과하려고 밤마다 공부해 과락을 면했다. 미적분을 배우자마자 시험에 통과한 것이다. 훗날 미국 국무부가 그를 '빨리 배우는 자'라고 평한 건 적절하다.

육사의 교육 내용 자체는 12·12 쿠데타를 전혀 암시하지 않는다. 오히려 반대다. 정치사회 교과서도 웨스트포인트 교재를 번역해 썼다. 그러나 가르치는 사람과 가르치는 땅의 역사는 아직 민주주의를 삶의 문화로 받아들이지 못했다. 1931년생뿐만 아니라 가르치는 교수들도 일본어가 편한 이중 언어 세대였다. 일본적인 태도에 대해 정신교육을 받았다. "4년제 정규 육사 출신들에 대한 교육은 물론 미국식 커리큘럼을 많이 본떠서 교육시켰지만 한편 일본 무사의 청빈도를 철저히 미화하고 강조한 교

육을 받은 것도 초창기 4년제 육사의 교육이었다"라고 육사 11기 졸업생인 장석윤은 회고했다.[118]

일본적인 사나이 문화도 공기에 녹아 있었다. '목숨도 필요 없다, 명성도 필요 없다, 관직도 필요 없고, 돈도 필요 없다, 이런 인간은 다루기가 힘들다. 그러나 이런 인간과 함께라야만 국가의 대업을 성취할 수 있다.' 일본의 메이지유신을 이끈 유신 지사 사이고 다카모리(西郷隆盛)의 말이다. 육사 11기 장석윤이 좋아해 늘 암송했다. "육사 11, 12기생은 대개 일본어를 이해하는 연령층이기 때문에 사이고 다카모리의 '난슈이쿤(南州遺訓)' 중의 하나인 이 말을 일본어로도 외우고 있다."[119] 육사 11기는 일본 문화의 지적 공기를 여전히 흡입하던 세대였다.

전두환이 육사에서 배우지 못한 게 있다. 당시 교장이던 안춘생의 민족주의도 배우지 못했고 웨스트포인트 교재에 담긴 민주주의 철학도 배우지 못했다. 암기만 했다. 안춘생은 안중근 의사의 종질로 5촌뻘이다. 황포군관학교를 나와 독립 운동을 했다. 민주주의도 테이어 제도를 통과하려고 암기했던 과목에 불과했다. 가치관의 빈자리를 채운 것은 출세해야 한다는 순수한 욕망 자체였을까? "그들은(12·12 쿠데타군) 전적으로 개인적 이익욕이라는 모티브로 움직였다"[120]는 위컴의 시선에 대해 전두환은 뭐라고 답할까.

육사 11기는 1955년 10월 4일 졸업했다. 이후 11기는 동창회를 만들어 후배 졸업생들과 군부 안에서 독자적인 인맥을 구축하기 시작한다. 군부를 장악하려는 박정희와 측근들이 이들을 후원했다. 레드 콤플렉스와 엘리트주의로 가득 찬 청년 장교의 정치 학습은 1961년 5월 16일 본격적으로 시작될 터였다. 그 학습이, 1953년 이후 공화국의 군대가 시민에게 직접 총을 겨누는 초유의 사건을 낳을지는 아직 누구도 알지 못했다.

전두환의 화술

전두환은 매력적인 대중 연설가는 아니었던 것 같다. 이미 대통령으로 경험을 쌓았을 1987년의 국정 연설도 그저 그렇다. 동영상을 보면, 여전히 경상도 억양을 완전히 극복하지 못했다. 'ㅎ' 발음을 명징하게 소리 내지 못했다. '이룩한'을 '이룩안'이라고 발음하고 '축적한'을 '축저간'으로 소리 냈다. '금년' 처럼 'ㅁ' 받침이 들어간 단어를 발음할 때 과도하게 콧소리를 냈다. 연설비서관이 작성하고 본인이 손봤을 연설문은 '민주' '정의' '국민' 등 본인이 가장 악마적으로 파괴한 개념어를 많이 썼다. 그는 대중 연설과 선거 캠페인의 연옥을 뚫고 선거로 집권한 대중 정치인이 아니었다.

그러나 전두환의 화술에 특징이 전혀 없는 건 아니다. 그는 대중 정치는 아니지만 그 나름의 정치를 했다. 끊임없이 지지자를 모으고 관리했다. 상대방에게 일부러 공포심을 줄 때도 있었다. 필요에 따라 그는 자기 나름의 '전두환 스타일' 화술을 구사했다. 대중이 아니라 측근들과 있을 때 그 화술의 특징이 잘 드러났다.

무엇보다 말이 많았다. 1979년에 등장해서 1988년 퇴임할 때까지 그를 만났던 여러 사람들은 공통되게 전두환이 다변이었음을 꼽는다. 더 정확히는 '남의 말 안 듣고 자기 말 오래 하기'에 가까운 것 같다. 위기의 1979년에 미국인 관찰자를 만나서도 그랬으니, 다변은 몸에 밴 것 같다. 한미연합사령관 위컴은 1980년 2월에야 전두환을 처음 만났다. 두 나라가 조약으로 합의한 군의 지휘 체계를 무너뜨린 독재자를 미국이 만나주는 것 자체가 정치적으로 그를 인정한다는 인상을 줄 위험이 있었다. 만남이 미뤄진 이유다. 위컴은 1980년 3월 두 번째로 만났다. 첫 만남과 두 번째 만남 때에는 주로 전두환이 말했다. 그때 전두환은 보안사령관에 불과했다. 법적으로는 대통령 시해라는 범죄 사건의 수사 책임자일 뿐이었다. 2시간여 대화하는 내내 전두환은 국내 정치에 대해 이야기했다. 안보 문제보다 남북대화의 전망 같은 정치 문제를 주로 이야기했다. 위컴은 전두환이 '독백(monologue)'을 하고 있다고 느꼈다. "남북대화 같은 매우 정치적인 이슈에 대해 전두환이 독백을 늘어놓은 것에 충격받았다. 그가 정치적 야심을 선언하는 것처럼 보였기 때문이다." [121]

대통령이 되어서도 마찬가지였다. 외교관 출신으로 국회의원을 지낸 박동진도 위컴처럼 느꼈다. "그분(전두환)은 달변가라는 자신이 있어서 그러했는지 대화를 나눌 때 자신의 의견을 말하는 데 대부분의 시간을 보내고 상대방에게 의견을 표시하거나 반응할 수 있는 기회는 별로 주지 않았다. 바꾸어 말하면, 위에서 밑으로만 일방통행을 하는 모놀로그식의 습관을 가진 분이었다. 상의하달이 주가 되고 하의상달이 어려웠다고들 말하고 있었다. 군대에서 장군급 지휘관 생활을 오래 하면 이런 습관이 무의식중에 붙는지도 모르겠다. 계급이 낮은 부하 참모들이야 지도를 받고 명령을 받는 입장에 서 있을 뿐이니까." [122]

1983년부터 1989년까지 대통령 공보비서관을 지냈던 김성익의 느낌도 비슷했다. "말을 많이 한다는 것은 전 대통령의 특징이었다. 왜 혼자서 말을 많이 하느냐 하는 것을 놓고 당시 한 수석비서관과 이유를 따져본 일이 있다. 가장 큰 이유는 전 대통령의 성격이다." 〈동아일보〉 해직 기자 출신인 공보비서관은 전 대통령이 행사에 참석한 이들의 어색함을 없애기 위해 본인 스스로 말을 많이 한 것이라고 긍정적으로 해석했다. "또 한 가지는 그가 화술에 있어 순발력이나 어휘 구사력, 논리 등에 스스로 자신을 갖고 있었기 때문이라는 것이다."[123] 군에서 훈시할 기회가 많아서 그랬다는 추측을 내놨다.

전두환은 그릇된 자부심을 가진 것 같다. 전두환의 화술의 장점으로 '순발력, 어휘 구사력, 논리'를 꼽는 사람은 찾기 어렵다. 차라리 직설 화법이 특징적이다. 글라이스틴은 전두환을 처음 만난 뒤 "직설적이고 예의를 차리지 않는 태도 때문에 강화되는 거친 인상"[124]을 받았다고 기록했다. 1980년 9월 10일 외무부 장관에게 임명장을 수여하는 날이었다. 2, 3공화국을 모두 경험한 베테랑 외교관 노신영에게 마흔아홉의 군인 대통령이 말했다. "당신이 노신영이오? 정보 보고를 보니 괜찮다고 해서 시켰소. 잘 하시오."[125] 일국의 외무부장관을 임명하면서 그 근거로 '정보 보고'를 대놓고 언급하는 직설법은, 차라리 짐승의 으르렁거림 같다는 느낌마저 준다. 어쨌건 살아남은 노신영은 5공화국 말에 국무총리에 올랐다. 1987년은 다사다난했다. 박종철 고문 치사 사건 등으로 더 이상 민주화를 가로막을 수 없었다. 노신영이 총리인 자신이 책임지고 물러나겠다고 밝혔다. 며칠 뒤 전두환이 주말 밤 노신영을 청와대로 호출했다. 술 마신 상태에서 전두환은 대뜸 말했다. "총리, 그래 그만두고 혼자만 편하겠다는 거요?"

이런 직설 어법은 서민의 어휘와 만나 '저잣거리의 언어'라 부를 만한 것을 낳았다. 대통령이 구사했다고 믿어지지 않을 만큼 격이 떨어지는데, 한편 묘하게 친근하다. 1980년 5월 27일 국가보위비상대책위원회가 설치됐다. 유신헌법 개정이 시급한 과제였다. 대통령 임기가 논쟁의 대상이었다. 학자와 관료들 대부분은 6년을 주장했다. 대통령 최규하가 국보위원장이었고 보안사령관 전두환은 상임위원장을 겸임했다. 그러나 관료들은 전부 최규하가 아니라 전두환을 찾아갔다. 전두환은 보고하러 온 국보위원에게 일갈했다. "대통령의 임기가 7년이 되어야 한다. 숫자는 러키세븐이다. 6보다는 7이 낫지 않으냐." [126] 1984년 LA 올림픽에서 레슬링 선수가 금메달을 따자 박철언에게 "이것도 내가 3~4년 쫀 결과다"라고 기뻐하는가 하면, 노태우 정부 때 처남 이창석의 비리 문제가 커지자 최병렬과 박철언에게 "노태우가 나에게 말 한마디 없이 그런 식으로 하면 아무리 대통령이지만 나한테 귀싸대기 맞는다"라고 소리쳤다. [127]

가끔은 소탈하게 말할 줄 알았다. 육사에 보결로 합격한 사실을 밝힌 것도 전두환 본인이었다. 1980년 전기를 집필하는 과정에서 전두환이 먼저 이 사실을 밝혔다고 천금성은 2013년 1월 나와의 인터뷰에서 밝혔다. 전기 작가를 만나 처음 던진 말은 "저는 엉터리로 살아왔습니다"였다. 어렸을 적 정규교육을 제때 받지 못했다는 취지였다.

후배들을 직책이 아니라 이름으로 불렀다고 천금성은 증언한다. "군 출신들은 무조건 이름을 불러. 박 준장, 이래 안 해요, 희도야, 운택아." 회사 후배를 이름으로 부르는 일은 무례하다. 2013년 한국에서는 더욱 그렇다. 그러나 위계가 분명한 한국의 남성 문화에서 이름을 부르는 화법은 효과가 있다. 불리는 후배가 자발적으로 복종할 때, 한국 남성 사이에서 이름 부르기는 친밀함의 표현으로 사용된다.

유머 감각은 확실히 있었다. 자학 개그를 구사했다. 대머리 탤런트는 출연을 금지당했지만, 전두환 스스로는 벗겨진 머리를 희화화했다. 1986년 서울올림픽 준비를 점검하기 위해 IOC 위원장 사마란치와 부위원장 바이츠가 방한했다. 둘 다 대머리였다. 전두환은 "두 분이 다 대머리이신데 나와 셋이 나가면 주변이 환해질 겁니다"라고 말했다.[128] 평통(평화통일정책자문회의) 모임에서 "대머리의 경제성도 무시 못 합니다. 비누나 샴푸를 쓰는 양이 보통 사람의 10분의 1도 안 돼요"라고 농담했다.[129] 기독교 지도자와의 모임에서 한 참석자가 "손녀딸 잘 크시나요, 할아버지 닮았다고 하던데요"라고 묻자 전두환은 "여자애가 날 닮으면 어떻게 해요"라고 받아쳤다.

농담에는 저잣거리의 비유법이 쓰였다. 재난 대책 회의에서 "태풍 저 놈들도 요새는 방향을 잃어버린 것 같아. 마리화나를 피우는지"라고 말하는가 하면, 과학자들과의 만찬에서 "처녀 시집가기 싫다, 늙은이 죽고 싶다는 말처럼 거짓말"이라고 비유했다.

그러나 전두환은 농담을 할 뿐 다른 이의 농담을 받아주지 않았다. 현실 비판적인 내용이 있다고 무협지 《무림파천황》의 작가를 잡아넣는 농담 같은 일이 벌어지던 시절, 농담할 자유는 전두환에게만 있었다. 그는 농담의 힘을 무서워했고, 힘으로 다른 이의 농담을 억눌렀다.

전두환 연표

1931년 1월 18일.	경상남도 합천군 율곡면의 시골 마을 내천리 264번지에서 출생. 일곱 남매 중 다섯째
1937년 7월 1일.	중일전쟁 개전
1940년 4월 1일.	가족이 간도로 이주. 만주 길림성 반석현 호란보통소학교에 입학
	8월 10일. 〈동아일보〉, 〈조선일보〉 폐간
1941년 3월.	다시 대구로 이주
	12월 7일. 일본, 진주만 기습
1944년 4월.	희도공립국민학교 편입
1947년 9월 1일.	대구공립공업중학교 기계과 입학(통산 24회)
1950년 6월 25일.	북의 남침
	9월경. 육군종합학교에 보병간부후보생으로 합격했으나 어머니의 반대로 입학하지 못함
1951년 11월 초.	육군사관학교 최초 정규 4년제 1기(통산 11기) 모집에 보결로 합격
1952년 1월 20일.	육사 11기 229명, 진해 교정에서 입학식
1954년 6월 14일.	육사, 태릉 교정으로 옮김. 이때 육사 참모장이던 이규동의 딸 이순자를 처음 만났음. 당시 이순자는 중학생
1955년 10월 4일.	육사 11기 156명 졸업. 전두환 소위 21사단 배속
1958년 봄.	이순자, 이화여자대학교 의과대학 입학
	육군 제1공수특전대 교육장교
1959년 1월 24일.	전두환 이순자 결혼. 전두환은 이후 중령으로 진급할

때까지 8년간 처가살이를 함

6월 12일. 미국 노스캐롤라이나주 포트 블랙의 미국특수전학교에 유학. 5개월간 심리전 교육을 받음. 아들 재국 태어남.

1960년 3월 15일. 부정선거

4·19 혁명

미국의 포트 배닝에서 레인저 트레이닝 과정을 수료. 8주간 특수전 교육과 4주간 특수정찰과정인 패스 파인더(Pass Finder) 과정 등 6개월간 교육 받음

1961년 4월. 육군본부 특전감실 기획과장 대리 전속. ROTC 창단 준비위원. 서울대 문리대 교관 요원 지명

5·16 쿠데타 일어남

5월 18일. 당시 육사 교장의 반대를 무릅쓰고 생도들의 쿠데타 지지 데모를 주도해 성사시킴. 강영훈은 수감된 뒤 미국으로 강제 유학

7월 3일. 장도영이 물러나고, 박정희가 국가재건최고회의 2대 의장이 됨. 얼마 뒤 전두환은 의장실 민원담당비서관으로 전속

1962년. 중앙정보부 인사과장으로 약 5개월 근무한 뒤 육군본부 인사참모부에서 근무. 딸 효선 태어남

1963년 6월 말. 육사 11기 동기 중 손영길 소령은 박정희 의장의 전속부관, 노태우 대위는 육군방첩대에 근무함

1964년.	아들 재용 태어남
1966년 11월 1일.	중령 진급. 1공수특전단 부단장
1967년 8월 11일.	수도경비사령부 30대대 대대장
1968년 1월 21일.	김신조 침입
1969년 4월 14일.	11기 이후 육사 졸업생들의 동창회인 북극성회의 회장으로 선출됨
	11월 30일. 대령 진급. 서종철 육군참모총장의 수석부관이 됨. 서종철의 아들 서승환은 훗날 박근혜 정부에서 교통건설부 장관이 됨.
1970년 4월 22일.	동창회장 재임
	11월 22일. 9사단 29연대 대대장으로 월남전에 참전
1971년 11월경.	귀국해 1공수특전단 단장
1973년 1월 1일.	준장 진급. 청와대 경호실 차장보. 당시 '피스톨 박' 박종규가 경호실장
1974년 8월 15일.	육영수 저격당함. 차지철이 경호실장 됨
1977년 2월 1일.	소장 진급. 당시 11기 중 준장 진급자는 김복동, 노태우, 최성택, 손영길 등 단 4명
1978년 1월 23일.	보병 1사단장
1979년 3월 5일.	보안사령관에 임명됨
	10월 26일. 박정희 사망. 제주도를 제외한 전국에 계엄령 선포. 계엄법에 의거해 전두환은 자동적으로 합동수사본부장이 됨

10월 27일. 새벽 1시 김재규 체포

12월 3일. 김재규 기소

12월 12일. 전두환이 정승화 계엄사령관을 체포

12월 13일. 이희성 계엄사령관 취임

1980년 2월 6일. 정승화는 국방부 계엄보통군법회의에서 내란방조죄로 기소됨

2월 29일. 김대중 등 687명 복권

3월 13일. 국방부 계엄보통군법회의가 정승화에 징역 10년형 선고

4월 14일. 최규하는 전두환을 중앙정보부장 서리 겸직 임명

5월 17일. 국무회의에서 계엄령을 전국으로 확대. 보안사가 김종필과 김대중을 체포하고 김영삼을 가택 연금

5월 18일. 광주 시민 봉기

5월 24일. 김재규 사형 집행

5월 27일. 광주도청 진압됨

7월 4일. 보안사가 김대중 내란음모사건을 발표

8월 16일. 최규하 대통령 사임

8월 22일. 전두환은 육군 대장으로 전역

8월 27일. 통일주체국민회의에서 대통령 후보로 단독 출마해 당선

9월 1일. 전두환 11대 대통령에 취임

1981년 1월 20일. 민주당의 카터 대통령이 퇴임하고, 공화당의 로널드
레이건이 미국 대통령으로 취임.

1월 21일. 미국, 전두환 방미 발표

1월 23일. 대법원에서 김대중 사형 확정

1월 24일. 김대중 무기징역으로 감형. 계엄 해제

2월 3일. 전두환, 미국 방문

2월 25일. 5277명이 투표한 대통령선거인단 투표에서
90.2퍼센트 득표해 12대 대통령 당선

전두환과 미국

"조선 시대의 실록에 버금갈 정도로 한국의 정치, 경제 상황에 대한 자세한 내용을 방대한 분량에 담고 있다." 역사학자 박태균은 '이 문서'를 자신의 박사학위 논문에서 이렇게 묘사했다.[130] 주한 미국대사관과 미국 국무부 사이에 주고받은 전문(電文)을 조선왕조실록에 비유한 것은 실로 적절해 보인다. 그 문서들은 '6하'의 팩트에 충실하다. 스트레이트 기사 같다. 그러나 종종 당대 한국의 지배 엘리트와의 생생한 인터뷰 기사이고, 때때로 소설적 캐릭터의 보고다. 그럴 만했다. 한국에게 미국이 중요한 만큼, 미국에게도 한반도가 중요했다.

5·16 쿠데타가 일어난 1961년의 한국은 절반쯤 미국의 식민지였다. "1961년도 민주당 정권의 추가 경정 예산안이 바로 그것이다. 총 규모 6088억 환의 내역인즉 국토개발사업비조로 제공된 잉여 농산물 1000만 달러를 환산한 130억을 합하면 미국 대충자금의 총 규모는 3169억 환으로 이는 국내 자원 2919억 환에 대하여 52퍼센트의 비율이다. 이같이 국가 운영의 기본 살림인 나라의 예산마저도 절반을 넘도록 미국에 의존하고 있었던 것이다." 〈사상계〉에 실린 민족주의자의 글이 아니다. 《국가와 혁명과 나》에서 박정희가 파악한 나라의 현실이었다. 1961년의 한국은 아직 근대국가라 부르기 민망한 수준의 어떤 집단이었다.

1961년부터 오랫동안 미국인 관찰자들은 늘 한국 현대사의 현장에 있었다. 아무 때나 한국의 지배 엘리트를 만났다. 정치인, 고위 관료, 고위 장성, 경제인들이 대국의 사신을 만나기 위해 앞다퉈 줄을 섰다. 주한 미국대사와 CIA 한국지부장은 그렇게 수집한 정보를 조선왕조실록 같은 꼼꼼함과 문학적 필치로 기록했다. 미국 기밀 해제 문서 속에도 인간 전두환이 엿보인다. 전두환의 캐릭터가 시시각각 변한다.

전두환이 처음 역사에 등장했을 때, 그는 미국에게 '듣보잡'이었다. 1979년 전두환은 한국 나이로 마흔아홉 살에 불과했다. 요직을 거쳤다지만, 그럼에도 그저 정보장교 중의 한 명이었다. "미국인들에게 그림자에 가리워진 인물(shadowy figure to Americans)"[131]이었다. 미국은 모종의 불안감을 감지한 것 같다. 박정희의 죽음 이후 1979년 11월 말 한 원로 군인이 한미연합사령관 위컴을 찾아왔다. 1956년 육군참모총장을 지냈던 대한민국 '군번 1번' 이형근이었다. 이형근은 위컴에게 육사 11기를 주의하라고 경고했다. 이형근은 "한 무리의 젊은 장교들이 (민주화) 이행을 격렬하게 싫어한다"며 "이들은 육군사관학교 11, 12, 13기 졸업생"이라고 말했다. "그들이 대통령 선거 전에 권력을 잡으려 할 것 같아 걱정"이라고 이형근은 염려했다.[132] 위컴은 1979년 12월 4일 이형근의 경고를 당시 국방장관인 노재현에게 전했다. 노재현은 "이형근 등 당신의 정보원들은 군부의 움직임에 대해 감이 없다"라며 경고를 무시했다. 노태우와 전두환이 만나 12·12를 거사일로 정한 게 12월 6일이다. 감이 없는 건 노재현이었다.

'영 턱(young Turk)'들이 12월 12일에 미국인 관찰자들에게 준 충격은 컸다. 글라이스틴은 전두환과 그의 친구들에게 연신 '영 턱'[133]이라는 단어를 썼다. 근대화를 요구한 터키의 젊은 장교에서 기원한 표현이다. '대변혁을 원하는 젊은이들'이라는 의미다. 그러나 미국인 관찰자들은 아직 '영 턱'들이 정확히 무얼 원하는지 알지 못했다. 용산 미군 기지는 공간적으로 서울 한복판에 있다. 그들은 12월 12일 밤 총소리를 들으며 충격의 밤을 보냈다. 위컴은 12월 12일 저녁 7시 30분 한미연합사령부 부사령관 류병현한테서 온 전화를 받았다. 위컴은 곧바로 용산 미군 기지의 지하 벙커로 이동해 전두환의 행동을 보고했다. 글라이스틴은 저녁 8시 막 넘어 벙커로 뛰어왔다. 대령 우경윤과 허삼수가 계엄사령관 정승화를 체포하는 하극상을 저지른 시각이 12월 12일 오후 6시 45분께다. 총격도 벌어졌다. 밤 11시 쫓기던 노재현과 합참의장 김종환이 미군 기지의 지하 벙커로 도망쳐왔다. 용산에 있는 국방부도 쿠데타군이 점령했다. 국방부차관 김용휴가 노재현에게 국방부로 오라고 전화했다. 위컴은 가지 말라고 했지만 노재현은 가기로 했다. 위컴의 관용차를 타고 간 노재현은 쿠데타군에 붙잡혔다. 쿠데타군은 위컴의 차에도 총알을 퍼부었다.

"안테나는 부러지고 위컴은 시트 밑으로 몸을 숨겼다"[134]라고 조갑제는 기록했지만, 오보다. 민완 기자 조갑제의 흔치 않은 실수였다. 차를 몰고 노재현을 태우고 간 사람은 위컴이 아니라 위컴의 운전병 론 라머(Ron Larmer)였다. 론 라머는 노재현이 붙잡힐 때 차 안에 있었지만 생명의 위협을 느꼈다. 불과 몇 킬로미터 떨어진 미군 기지에 있던 위컴도 총소리를 들었다.[135] 글라이스틴, 위컴, CIA 한국지부장 밥 브루스터는 충격에 빠졌다. "그날 밤 엄청난 놀라움에 사로잡혔다. 우리는 뼈아픈 정보 작전 실패의 희생자였다"[136]라고 글라이스틴은 기록했다. 역사의 무대에 처음 등장한 전두환은 1981년까지도 대국의 관찰자들에게 여전히 '수수께끼(enigma)'[137] 같은 인물이었다.

전두환이 '유니폼을 입은 정치인'임을 관찰자들도 금방 알아챘다. 글라이스틴은 김대중이 복권된 후인 1980년 3월 12일, 미국 국무부에 '정치인 전두환'의 위험을 경고했다. "많은 사람들이 전두환이 이미 기본적인 정부 정책에 대해 통제권을 갖고 있다고 느낄 정도로 전두환이 점차적으로 권력을 강화한 것에, 두 번째 좀 더 불길한 그림의 초점이 맞춰져 있다. 전두환은 그의 '삼성장군'(정승화)과의 전투에서 승리했고, '코미사르 시스템'을 통해 군부 전체에 자신의 정보망을 확장했다. 그리고 보안사 장교라기보다 국가적 리더임을 암시하는 태도로 사람들을 대하기 시작했다."[138] 코미사르(komissar)는 제정러시아와 소비에트러시아가 활용했던 정치장교다. 정식 군 지휘 계통을 무시한 하나회에게 적절한 비유다.

과연 코미사르 시스템은 견고했다. 코미사르 시스템 덕에, 전두환은 '역(逆)쿠데타'를 모면했다. 5·16의 혁명 주체에 비하면 12·12의 하나회는 군부에서 소수에 가까웠다. 전두환과 하나회에 대한 반감도 컸다. 실제로 전두환에 반대하는 역쿠데타가 계획됐다. "반격 행동에 대한 우리의 반응을 떠보던 장교들은 동원 가능한 병력이 거의 없었다"라고 1980년 3월 12일 주한 미국대사관과 국무부 사이의 전문은 기록했다. 무슨 일이 있었던 것일까?

1980년 1월 어느 날 이른 아침 한 한국군 장성이 위컴을 찾아왔다. '그 중장'은 서울에 근무하고 있었고 영어가 유창했다. '유력한(well-connected)' 장교였다고 위컴은 기록했다. 그는 위컴에게 "미국이 역쿠데타를 지원할 수 있습니까"라고 물었다. "역쿠데타의 목적은 전두환과 그의 지지자들을 축출하고 합법적인 민간 정부와 군 기관에 권력을 복권시키는 것입니다." 위컴과 글라이스틴은 본국과 상의한 끝에 지지할 수 없다고 알렸다. 한국 정치에 직접 개입하는 것을 감당할 수 없었고, 역쿠데타를 추진하는 파벌의 정체도 신뢰할 수 없었다고 위컴은 설명했다.[139] 북을 앞에 두고 한국 군부끼리 전투가 벌어지는 일은 재앙으로 보였다. 결국 역쿠데타는 일어나지 않았다.

전두환의 코미사르는 한미 동맹도 위험에 빠뜨렸다. 한국군 장교가 미군과 접촉하는 것을 통제했다. 심지어 위컴도 감시했다. 쿠데타 뒤 한미연합사령부에 한국군 중령이 새로 전속되어 왔다. 그가 우편함을 샅샅이 뒤지는 모습이 목격됐다. 그는 보안사 소속이며 비밀 첩보를 작성하고 있었음이 밝혀졌다. 위컴은 이후 그 중령이 있는 자리에서는 어떤 민감한 대화도 하지 말라고 미군 장교들에게 지시했다.[140] 경제인들은 전두환을 싸고돌았다. 국가 주도형 개발 체제에서 재벌은 많은 특혜를 받았다. 야당의 집권은 재앙이 될 터였다. "경제계는 '정화(반부패) 운동'을 염려하고 이전 시대(유신)의 정치적 작동 방식을 매수하는 것에 유혹을 느끼면서 숨죽이고 있었다."[141]

대국의 관찰자들은 결국 전두환을 인정했다. 글라이스틴은 1980년 3월 12일 "신민당은 그들이 단지 시끄러운 반대 운동만 할 줄 아는 게 아니라, 현명한 정책을 입안하고 유능한 정부를 운영할 능력이 있음을 과거보다 (지금) 더 보여줘야 할 것이다"[142]라고 기록했다. 역사는 그의 기록대로 움직이지 않았다. 위컴 개인은 전두환을 '철면피'[143]라고 욕했지만, 대국의 국익은 개인의 증오와 별개였다. 1981년 1월 미국 대통령 레이건은 전두환의 방미를 승인했다. 소국의 독재자는 대국으로부터 공식적으로 승인받게 됐다. 김대중의 사형을 철회함으로써 미국 방문과 물물교환했다. 미국의 국익에도 부합했다. 노태우가 9사단 병력을 이동한 것은 명백히 한미연합사령부의 지휘 체계를 위반한 행위였다. 안보를 대국의 군대에 맡긴 상태에서 신군부는 전방 병력을 정치에 사용한 꼴이다. 미국의 입장에서는 항의하는 게 맞다. 경제 제재를 고려하던 미국은, 결국 전두환과 화해했다. 냉정하게 국익을 택했다. "경제 제재는 한국에서 미국과 일본의 경제적 이익을 해칠 것"이라고 CIA는 당시 브레진스키 백악관 안보보좌관에게 조언했다.[144]

그러므로 대국이 결국 전두환을 '빨리 배우는 자'라고 평가한 것은 자연스럽다. "그는 안보 문제 이외에 정부의 광범위한 문제들에 대해 거의 아무런 경험 없이 권력에 올랐다. 그는 성급한 해결책을 본능적으로 선호하며 지식이 많이 비어 있다. 그러나 그는 빨리 배우는 자이며 자신보다 젊은 지지자들에 비해 덜 독선적이고 좀 더 융통성이 있다."[145]

광주를 진압한 20사단과 30사단은 한미연합사령부의 지휘 체계 바깥에 있었다는 위컴의 주장이 사실로 보인다. 그럼에도 "우리(미국)는 전두환이 영악하게 모든 권력을 장악하려 움직이는 동안 힘없는 관찰자에 불과했다"[146]는 위컴의 변명까지 설득력 있어 보이지는 않는다. 당시 국방무관 보좌관으로 일했던 제임스 영 등 주한 미국대사관의 직원 일부는 글라이스틴이 광주 시민과 군부를 중재해야 한다고 주장했다.[147] 글라이스틴은 한국의 국내 문제에 개입해선 안 된다며 거절했다. 이쯤 되면 1980년대 운동권인 '민족해방(NL)' 계열이 광주학살을 묵인했다며 미국을 격렬하게 비난한 것도 이해는 된다.

그럼에도 민족주의 운동권들의 비난은 과도하다. "미국 정부가 전두환이 정권을 장악하는 데 유리한 태도를 취한 것은 사실이지만 최종적인 결과를 결정한 것은 미국이 아니라 한국 국민 자신들이었다"[148]는 조지워싱턴대 교수 브라진스키의 주장에 나도 배서한다. 대국의 관찰자들은 냉혹했다. 늘 그래왔다. 그러므로 증오는 미국이 아니라 동시대 한국인에게 돌려져야 한다. 광주의 죽음에 침묵한 서울, 경상도, 충청도, 제주도, 강원도의 주민들이 질책받아야 한다. 당대의 청와대 고위 관료, 정치인, 경제인들이 대국의 외교관보다 냉혹했다.

4부

전두환의 청와대

권력은 공간을 통해 은밀히 작동한다. 미셸 푸코의 지적처럼, 노숙자를 사회에서 추방해야 한다는 정치적 태도는, 노숙자가 등을 대고 누울 수 없도록 중간에 팔걸이가 튀어나온 괴상한 벤치를 통해 구현된다. 형식이 내용을 규정한다고 이 문장을 고쳐 써도 좋을 것이다. 보수주의는 공간으로 현현된다. 육군 장성에게 보고받을 때 옥좌처럼 30센티미터 높은 연단에 앉곤 했던[149] 전두환은, 본능적으로 이 점을 알았으리라.

그런 맥락에서 청와대는 자주 논쟁의 중심이었다. 그 논쟁을 '공간의 민주주의'라고 부르자. 서울 세종로 1번지는 대대로 권력을 가진 자의 공간이었다. 경복궁 터였고, 일제시대엔 총독부 건물이 있었다. 청와대 민주화 논쟁은 1960년부터 있었다. 이승만 대통령 시절 대통령 관저는 '경무대'로 불렸다. 4·19로 자유당 독재가 끝났다. 경무대는 경복궁의 '경' 자와 궁의 북문인 신무문의 '무' 자를 따온 것이다. 말 자체는 나쁠 것 없다. 그러나 사람들은 그 단어에서 저절로 자유당을 떠올렸다. 민주당 정권은 대통령 관저의 이름을 공모했다. 〈경향신문〉 1960년 12월 30일자를 보면, 윤보선 대통령은 특별 담화를 통해 청와대라는 명칭을 공표했다. 5·16 쿠데타 이후 1963년 대통령 선거에서 박정희 대통령이 당선됐다.

명칭은 한국적이었지만, 청와대 건축에 '한민족 정신' 같은 내용은 담겨 있지 않았다. 당시 지배 엘리트인 군인들은 건축 미감에 젬병이었다. 작은 것은 무시됐다. 만주군관학교와 일본 육사를 다닌 박정희 대통령이 먹고 자던 당시 대통령 관저는 일제시대 총독 관저로 사용됐던 건물이다. 소소해 보이는 형식도 내용과 맞아떨어져야 한다는 생각은 사치로 취급

됐다. 〈동아일보〉 1968년 2월 12일자와 2월 26일자를 보면, 박 대통령과 집권 여당인 공화당 간부들은 청와대에 마련된 사격실에서 사격 연습을 했다. 과연 군인 대통령 시절이었다.

박정희 대통령은 글라이스틴의 비유처럼 '스트롱맨'[150]이었다. 강함이 눈에 보여야 했다. 군사독재 시절 대표적인 공공 기관 건물이 죄다 웅장하고 권위적인 이유다. 청와대 영빈관은 유신 말기인 1978년 준공됐다. 〈동아일보〉 1978년 12월 28일자를 보면, 영빈관 디자인은 "루이 14세 때의 건축양식과 한식을 절충" 해 만들었다. '태양왕' 루이 14세는 절대 권력이었다.

1970년대 공공 기관의 디자인이 대체로 그랬다. 권력자들은 권위적 미감을 사랑했다. 1975년에 완공된 국회의사당 건물이 대표적이다. 김정수와 김중업, 안영배 같은 건축계의 실력자들이 참여했는데도 이도저도 아닌 건물이 돼버렸다. 유신 국회의 압력 때문이었다. 건축가들은 돔을 반대했다. 당시 국회 사람들이 거대한 르네상스 양식의 돔을 만들라고 압력을 넣었다. 그들은 거대한 권위를 눈으로 확인받고 싶어 했다. 돔의 크기까지 지시했다.[151] 대통령 관저는 1990년 노태우 정부 때 신축됐다. 건축적으로 대단한 작품은 아니지만 어쨌든 한국식 기와 양식도 도입했다. 청와대는 공간의 민주화를 달성한 걸까?

지난 대선 때 민주통합당 후보였던 문재인이 대통령 집무실을 세종로에 있는 정부중앙청사로 옮기겠다는 공약을 내걸었다. "구중궁궐 같은 청와대를 나와 국민들 속으로 들어가 늘 소통하고 함께하겠다. 시민들의 이웃이 되겠다" 라고 이유를 밝혔다. 문 후보는 참여정부 때 청와대를 경험했다. 그는 청와대 공간의 비민주성을 이렇게 설명했다. "대통령 비서실조차 대통령과 멀리 떨어져서 대통령 비서실장이 대통령을 만나려 해도 차를 타고 가야 하는 권위적인 곳이었다. 그 넓은 청와대 거의 대부분이 대통령을 위한 공간이고, 극히 적은 일부를 수백 명 대통령 비서실 직원들의 업무 공간으로 사용하는 이상한 곳이었다." 전두환도 그 '이상한 곳'에서 7년을 보냈다.

이유는 분명치 않지만 전두환도 '이상한 곳'을 좋아하지 않았다. 1987년 11월 농림부 장관 등과의 오찬에서도 슬며시 불만을 드러냈다. "청와대라는 게 이름은 어마어마한데 건물은 형편없어요. 요사이 시골 군청도 청와대보다는 더 잘 지어놓았어요. 이곳 대접견실의 지붕은 우기가 되면 비가 새서 내가 휴가를 가주어야 보수공사를 할 수 있어요." [152] 그래서 전두환은 휴양지 집무처인 청남대를 자주 이용했다. 전두환은 청와대 안에 한국식으로 상춘재를 지었다.

전두환은 20대에겐 희화화된다. 40대 이상 486 세대에겐 분석할 가치가 있는 통치자가 아니라 악마로 여겨진다. 그의 시대는 지나갔다고 모두 말한다. 적어도 공간의 민주주의는 전두환의 시대와 달라진 게 없다. 2013년의 대통령도 여전히, 그 이상한 곳에 머문다.

전두환과 골프

전두환의 취미 가운데 단연 골프가 두드러진다. 실력은 명확지 않다. 스스로도 "내 실력을 내가 잘 몰라요"라고 고백했다. "군에 있을 때 맨날 30 놓고 치다가 미안해서 25로 내렸다가 대통령 되고 나서 18로" 내렸다.[153] 18홀 기준과 72를 척도로 셈하면, 전두환의 골프 실력은 102~90타쯤 된다. 버디는 1980년 초 처음 해봤다.[154]

전두환이 언제부터 골프를 쳤는지도 명확지 않다. 1980년 이전에 배운 점은 확실하다. 〈동아일보〉 1980년 8월 29일자 3면 톱기사 '새 시대의 기수 전두환 대통령'에 전두환의 취미가 소개되어 있다. 공식적으로 가장 좋아하는 운동으로 밝힌 것은 테니스다. "육군 장성단의 대표선수급의 실력"이라고 최규철 기자는 표현했다. "골프는 사교상 간혹 칠 뿐인데 초심자 수준이라는 것이다." 사실이 아니다. 2000~2001년 편집국장에 오르고, 2007년 대선 때 이명박 대통령 캠프의 경선대책위원회 언론위원장을 지낼 정도로 출세한 최규철이지만, 취재력은 그저 그랬던 것 같다. 이미 1980년에 전두환은 골프광이었다.

전두환은 1980년 봄 이미 정부의 실력자였다. 위컴의 비유대로 '유니폼을 입은 정치인'이나 '보스'로 행동했다. "전두환은 그때(1980년 봄) 많은 보안 요원을 대동하고 미 8군 골프 코스에 나타났다. 그러나 이런 행동은 그 장소에서는 심지어 정부 각료들에게조차도 정상적인 것이 아니었다. 당시 그곳은 미 8군 영내였기 때문에 전 장군과의 관계가 그렇게까지 원만하지 못했던 존 위컴 장군은 그렇게 많은 수행 인사는 받아들일 수 없다고 말할 수 있었다. 전 장군은 불쑥 떠나버렸고 다시는 거기에 나타나지 않았다. 사실 그는 열렬한 골프광이었다."[155] 그때 전두환은 (공식적으로는) 보안사령관과 중앙정보부장 서리에 불과했다. 게다가 한미연합사령관의 지휘 체계를 무시한 행동으로 위컴의 개인 경력에 흠집을 냈다. 실제로 위컴은 전두환의 12·12 쿠데타가 "경력에 위험"이 되었고 "내 기반을 약화시켰다"고 훗날 분노를 기록했다.[156]

그런데도 이렇게 무모하게 행동한 거다. 두 가지로 해석된다. 전두환은 자신의 권위를 드러내기 좋아한 의전 중독자였거나 아니면 광적인 골프광이었다. 혹은 둘 다였거나. (아니면 위컴에게 엿 먹이는 행동의 하나였을까?) 골프장 퇴짜 사건을 기록한 리처드 워커는 1980년 봄에 아직 주한 미국대사가 아니었다. 그는 1981년 8월에 부임했으니, 퇴짜 사건을 누군가로부터 전해 들었으리라.

워커의 취재원이 누군지 짐작 간다. 돈과 권력을 가진 자들은 자연스러운 놀이 모임을 통해 정보를 공유한다. 이너 서클은 보이지 않게 작동한다. 1979년엔 '화요 골프회'가 있었다. 1960년 한미연합사령관이 용산에 9홀 코스를 만들며 시작했다. 처음엔 한국군과 미군 고위 장성들의 골프 모임에 불과했다. 1966년 18홀로 코스가 확장됐다.[157] 그때부터 이너 서클이 됐다. 5·16 뒤 한국군 장성들은 재계로 나갔고, 다시 자연스레 화요 골프회의 회원이 됐다. "내가 미 대사로서의 일상에 적응한 뒤 한국과 미국의 많은 친구들은 나에게 화요 골프회의 회원으로 참여할 것을 제의했다"[158]라고 워커는 기록한다. 이름은 '화요'인데 실제론 매주 목요일에 모였다.

그냥 골프 모임이 아니라 당대 한국의 지배 엘리트와 외국의 핵심 인사들이 만나는 이너 서클이었다. 워커가 기록한 리스트를 보면 실체가 보인다. 전 대법원장 민복기. 1913년생 원로 법조인은 경성제대 법대를 나와 식민지 판사로 근무했다. 1979년부터 1980년까지 변호사였다. 전 〈동아일보〉 회장 김상만. 야당지를 이끌던 언론사 대표는 앞에선 비판 기사를 쓰더라도 김종필, 김영삼, 김대중과 밤에 만나 대작하는 인물이었다. 당시 현직 〈동아일보〉 회장이었다. 전 국회의장 정래혁. 식민지 시절 일본 육사에 입학한 이 엘리트는 당시 현직 공화당 국회의원이었다. 당시 현직 외무장관이던 박동진. 전 육군참모총장 민기식. 그리고 현대그룹 명예회장 정주영.

권력의 저거노트가 국민들을 짓밟던 1979년 12월에도 이너 서클 구성원들은 골프를 쳤다. 잔디밭에서 스윙을 즐겼다. 1979년 한미연합사령관 위컴도 이 모임에 가끔 나갔다. 이들은 12·12 직후인 1979년 말과 1980년 초에 위컴에게 전두환에 대해 조언했다. "이들 골퍼들은 흥미롭고 현명한 조언을 했다. 그들은 전두환의 행동에 개탄했고 그가 성취한 것(12·12)이 쿠데타라는 것에 의심을 품지 않았다. 그럼에도 그것을 되돌릴 수 없는 기정사실로 생각했다. 그중 몇몇은 '미국인들은 이 현실을 받아들이고 행동해야 할 필요가 있다'고 강조해 말했다." [159] 전두환이 데몬이라면, 악을 인정하라고 조언한 이너 서클의 이 냉혹한 엘리트들은 악령이었다.

전두환은 왜 골프를 좋아했을까? 1979년에 골프는 명백히 가진 자들의 스포츠였다. 가난한 농민 계급 출신인 전두환에게 어울리는 스포츠가 아니었다. 어쩌면 그래서, 더 열광적으로 치려 했는지 모른다. 피에르 부르디외의 《구별짓기》를 읽은 자라면, 내 시각을 터무니없다고 말하지 못

할 것이다. "지배적 취향이 인지하고 평가하는 모든 특징은 골프, 테니스, 요트, 승마, 스키, 펜싱 등의 스포츠에 집약되어 있다. 이들 스포츠는 전용 장소에서 본인이 선택한 시간에 혼자서 혹은 선택된 파트너와 함께 한다. (이 모든 특징은 단체 운동의 집단적 규율, 강제된 리듬, 강요된 노력과는 대립된다.) 또한 이들 스포츠에 소모되는 체력은 비교적 적으며 소모량도 자유롭게 결정할 수 있지만, 그 특수한 기법을 습득하려면 상대적으로 많은 시간과 노력을 투자해야 한다. (…) 이것들은 어떤 사람이 부르주아지에 얼마나 오랫동안 속해 있었는지를 가리키는 가장 확실한 지표 기능을 하게 된다."[160]

가난한 나라의 빈곤한 장성들이 이 스포츠를 사랑한 점은 분명하다. 현실이 시궁창 같을수록, 골프장의 느릿한 시간이 더 매력적이었을 것이다. 박정희도 일찍부터 골프를 쳤다. 〈경향신문〉 1961년 11월 13일자를 보면, 박정희의 다짐이 나온다. "나는 부패된 한국 정치를 시정하기 위하여 골프를 중단하였다." 그 전에 이미 골프를 쳤다는 얘기다. 1967년부터 박정희가 골프를 쳤다는 기사들이 다시 나오기 시작한다. 이렇게 골프장은 종종 한국 현대사의 무대가 된다. 1979년 12월 9일 정승화가 전두환을 경질하라고 국방장관 노재현에게 제안한 장소도 태릉골프장이었다. 전두환도 고위 장성이 된 뒤 자연스레 골프를 접한 것으로 추측할 수 있다. 전두환은 독특한 취미도 있었다. 군에 있을 때는 권총 수집을 했다. 30종 정도 수집해 경찰에 맡겨 관리했다. 성냥 수집도 했다고 스스로 밝혔다.[161]

사실은 뼛속까지 촌사람이었다. 술 취하면 트로트 〈방랑 시인 김삿갓〉의 '열두 대문 문간방에 걸식을 하며 술 한 잔에 시 한 수로 떠나가는 김삿갓' 가사를 홍얼거렸다. 대선을 앞둔 1987년 6월 17일 저녁처럼 비장한 밤엔 〈사나이 결심〉의 가사 '사나이 가는 길 앞에 웃음만이 있을소냐'를 노래했다.[162] 전두환은 부자의 스포츠를 동경한 촌사람이었다. 부르디외가 1979년 ≪구별짓기≫를 출판하기 전에 전두환을 만났다면 한 챕터를 따로 썼을 법하다.

폭탄주와 전두환

전두환은 술을 사랑했다. 대놓고 찬양했다. "술이라는 게 좋아요. 이걸 마시면 사람이 실성해져. 말도 함부로 하고 체면도 잊고 스트레스도 해소되니 정신 건강에 좋은 것 같아요."[163] 술 마시기가 사회생활의 절반을 차지하는 것은, 그때나 지금이나 비슷하다. 1980년대와 2013년의 다른 점은 '요정 정치'다. 요즘 정치인들도 술을 마시지만, 술자리가 정치의 주무대는 아니다. 과거엔 정치의 무대가 요정이었다. 일국의 대통령이 접대부와 술 마시다 암살당하는 장면은, 꽤나 상징적이다. 양주와 요정은, 군부 정치의 중요한 요소였다. 1979년 10월 26일 밤 박정희는 시바스 리갈을 주전자에 부은 뒤 다시 얼음 잔에 따라 마셨다.[164] 전두환은 1980년 5월 9일 글라이스틴과 비공개로 만나는 장소로 박정희가 살해당한 바로 그 안가를 택했다.[165] (한국 요정 정치의 공포를 알려주려는 시도였을까?)

전두환은 주량이 셌다. 양주를 스트레이트로 마시길 좋아했다. 한창 때 '양주 한 병'을 거뜬히 마셨다. 1987년 대통령 전두환은 "그전에는 내가 양주 한 병을 마셔도 끄떡없었어. 요새는 조금만 많이 마시면 휙 돌아가지고 미친 사람같이 돼버려요"라고 투덜거렸다. 술을 대하는 태도에 관한 한, 전두환은 여느 한국 남자와 다르지 않았다. "술 시합"도 했고 "남자는 술 먹는 데는 지면 안 된다고 생각"했다.[166] 아무튼 술은 상당히 셌던 것 같다. 한국 나이로 쉰여섯 살이던 1986년에도 회의를 마치고 양주를 25잔 마셨다고 박철언은 기록한다.[167] 호텔리어로 오래 일했던 최영수 라미드그룹 사장은 전두환과 마시던 양주를 '조니 워커 블랙'으로 기억하고 있었다.

전두환의 설명을 그대로 믿는다면, 폭탄주는 뒤늦게 배웠다. 1988년경 아들 전재국이나 전재용에게서 배운 것 같다. "폭탄주라는 게 있대요. 집 애들이 뉴스도 빠르고 술친구도 많은데……"라고 전두환은 1988년 2월 과학자들과의 모임에서 말했다.[168]

주사는 좀 있었던 것 같다. 1987년 "요새는 조금만 마시면 휙 돌아가지고 미친 사람같이 돼버려요. 집사람 부탁이 술 마시지 말라는 거야"[169]라고 고백했을 정도다. 술 마시면 직설적인 말과 행동이 더 직설적으로 변하는 스타일이었다. 군 장성 시절엔 술 먹으면 "지프차에 여자 싣고 때로는 기분도" 냈다.

동지애를 확인하는 데 술이 빠지지 않은 점에서, 전두환이나 그에게 저항했던 남성 운동권들이나 크게 다르지 않다. 전두환은 취하면 때로 유쾌해지고, 가끔 비장해졌다. 전두환은 1987년 6월 17일 모처에 있는 '안가'에서 노태우 등과 저녁식사를 했다. 6월 2일 민정당 대표였던 노태우가 대통령 후보로 확정됐다. 이를 축하하는 저녁 자리였다. 불콰해진 전두환은 늘 부르던 〈방랑 시인 김삿갓〉을 가사를 바꿔 불렀다. "죽장에 삿갓 쓰고 떠나가는 전 삿갓/열두 대문 문간방에 걸식을 하며/술 한 잔에 시 한 수로/떠나가는 전 삿갓, 전 삿갓." 마지막에 추임새도 넣었다. "전 삿갓은 떠나고 노 삿갓이 들어오는 거다."[170] 노태우는 친구가 아니라 상관을 대하는 것처럼 행동했다. "각하는 늘 민심의 한가운데에 계십니다. 그러면 내가 받듭니다." 노태우도 술을 잘했다. 최영수 사장은 1980년대 초노태우와 조니 워커 블랙을 맥주잔으로 22잔 주고받은 경험을 여전히 기억하고 있다.

음식이 때로 정치인의 속살을 드러내줄 때가 있다. 김대중이 미식가이 자 대식가였음은, 그의 자기애와 잘 어울린다. 담백 솔직한 노무현의 정 치 스타일도 그가 좋아했던 삼계탕과 어울린다. 음식으로 전두환을 설명 하기 쉽지 않다. 그냥 딱 농민 계급 출신의 입맛이었다. 된장찌개를 좋아 했다. 설명이 구체적인 것으로 보아, 사실인 것 같다. "나는 묵을 참 좋아 해요. 된장찌개, 상추쌈 그리고 충북에 가면 청국장도 맛이 있어요. 농촌 출신은 된장찌개를 안 좋아할 수 없어. 먹는 것이라고는 된장인데. 우리 어릴 때야 된장에 참외 껍데기, 수박 껍데기를 넣어서 끓여주니 국도 아 니고 된장도 아니지."[171] 식성은 좋은 편이었다고 스스로 밝혔다. '구름 과자'는 참 많이 먹었다. 1986년 아시안게임 중에 한국과 중국 간의 탁구 경기를 보며 담배를 세 갑 피웠다. 골초였다. 위컴은 전두환을 '체인 스 모커'로 기록했다.[172]

"그대가 무엇을 먹는지 말하라, 그러면 나는 그대가 누군지 말해보겠 다." 프랑스의 미식가 앙텔므 브리야사바랭의 이 금언은, 전두환에게 적 용하기 쉽지 않다. 전두환은 서민의 입맛을 가졌지만, 광주 서민들을 죽 이는 데 죄책감을 갖지 않았다.

호텔리어가 기억하는 전두환

한국 현대사 연구자는 방을 나와 특급 호텔로 가야 한다. 호텔은 한국 현대사의 무대이자 스스로 역사의 산물이었다. 이 문장은 '반도호텔과 워커힐을 모르고 1960년대를 이해할 수 없다'라고 바꿔 쓸 수 있다. 반도호텔은 식민지 시절 지어졌다. 1961년에도 서울에서 가장 높은 건물이었다. 그냥 호텔이 아니라, 정당의 회합 장소이자 기자회견이 열리는 브리핑룸이었다. 그럴 만했다. 청년 박정희가 한탄했듯, 1961년의 한국은 국가 예산의 절반 이상을 미국에 의존하는 가난한 나라였다. 전기와 수도 시설이 시원찮았다. 건물다운 건물도 없었다. 1950년대에도 반도호텔은 계속 정치인들의 무대였다. 집권 자유당의 원내 간부들이 회의했고(〈동아일보〉 1958년 8월 1일), 공보비서들이 기자회견을(〈경향신문〉 1960년 6월 20일) 열었다. "(1960년 6월) 19일 반도호텔은 근대 마스콤뮤니케이션의 경연장으로 화하였다. 이것은 다름 아닌 '뉴스쎈터'가 반도호텔의 다이나스티룸에 진을 쳤기 때문…… 국내외 각 신문 통신기자들은 모두 이 뉴스쎈터에다 야전 본부를 마련하여 서로 치열한 경쟁에 여념이 없었다."(〈경향신문〉 1960년 6월 20일) 정치를 하기에 여의도와 광화문이 너무 거리가 멀지 않는가라고 착각하면 안 된다. 반도호텔은 지금의 소공동 롯데호텔 자리에 서 있었다. 1961년 당시 국회의사당은 여의도에 있지 않았다. 현재의 서울시의회 건물이 당시 국회였다. 1965년 한일협정 반대 시위가 연일 벌어지던 당시 공화당의 당무 회의 장소는 '금수장 호텔(지금의 앰배서더 호텔)'이었다.[173]

일국의 국무총리도 반도호텔에 기거했다. 1961년 5월 16일에도 장면은 반도호텔 808호에 묵고 있었다. 〈동아일보〉 1961년 3월 24일자를 보면, 장면 총리가 쓰던 방이 10개였고 숙박비만 객실당 하룻밤 15달러였다. "호텔 7층에는 옥상 정원이 있었는데 이곳에서는 서울 시내 전경이 한눈에 들어왔다. 밤중에는 호텔 주변에서조차 불 밝힌 건물이 그리 많지 않았으며 그나마 불빛의 대부분은 촛불이었다. 전력 사정도 호텔 엘리베이터를 작동하기조차 힘들만큼 충분치 않았다." 교수 신분으로 1961년 한국을 방문했던 리처드 워커는 반도호텔을 이렇게 추억했다.

언론이 대놓고 비판할 만큼 정치인의 호텔 사랑이 과했던 것 같다. "반도호텔, 사보이호텔, 파고다호텔, 유엔센터 등등은 아마 우리나라 정치 역사에 정당소장사(政黨消長史)에 빼놓을 수 없는 음모 장소로서 남게 될 것이다."(〈경향신문〉 1961년 1월 12일 '요정 정치를 타파하라') '소장'이란 '쇠하여 사라짐과 성하여 자라남'을 의미한다.

광진구에 있는 워커힐호텔은 5·16의 산물이다. 당시 중앙정보부장 김종필이 주도해 만들었다. 당시 주한 미군들은 휴가 때 일본에서 놀았다. 워커힐호텔을 지어 주한 미군의 달러를 벌자는 게 명분이었다. 중앙정보부가 나서서 토지 구입과 건축에 개입했다. 온갖 불법과 편법이 벌어졌다. 시대는 공간에 흔적을 남겼고, 워커힐호텔은 아직 그 자리에 서있다. 김종필에게 5·16 쿠데타 자금을 대준 이북 출신 부호 남상옥은 관광공사의 소유이던 타워호텔을 1968년에 헐값에 불하받아 더 큰 부자가 됐다.

그러므로 어느 호텔리어의 시각을 통해 전두환과 그의 시대를 바라보는 것도 나쁘지 않을 것 같다. 베테랑 호텔리어와 만나기로 한 2013년 2월 2일 오후 1시, 아직 길가에 물이 얼어 있었다. 서대문역 근처의 라미드

호텔 직업전문학교에 들어서자 거구의 사내가 눈에 띄었다. 키 180센티미터쯤 되어 보이는 최영수 사장이 큰 손을 내밀며 껄껄 웃었다. 그는 1978년부터 호텔 밥을 먹었다. 고향 강원도에 있을 때 한 지인이 호텔 취업을 추천했다. "(내가) 덩치 크고 거칠고 그런데 어떻게 호텔 밥 먹겠냐"고 갸우뚱거렸던 최 사장은 1978년 남산의 하얏트호텔에 취직했다. 직선적인 성격으로 일을 정확히 처리했다. 능력을 인정받았다. 여러 호텔에서 근무하며, 스물여섯 살에 영업부장, 서른한 살에 이사, 서른여섯 살에 사장에 올랐다. 인터뷰하려는 취지를 다시 설명하자 금세 눈이 커지며 즐거워했다. "40여 년 동안 호텔에 얽힌 비하인드 히스토리를 듣기도 하고 현장에서 목격도 하고. 5공 비화도 많이 압니다."

그에게 전두환은 무엇보다 '검식관'으로 기억된다. 1980년 초 그는 서울의 한 특급 호텔에 근무했다. 청와대가 주최하는 행사 등이 있으면 특급 호텔이 경쟁 입찰해 음식을 납품했다. 검식관은 음식이 안전한지 검사하는 담당자다. 왕이 먹는 음식에 독이 있는지 검사하던 조선시대의 기미상궁쯤 된다. 청와대 행사가 열리는 날엔 특급 호텔의 주방은 전쟁터가 됐다. 호텔 종업원 중에 전과자는 출근을 못 하게 했다. 특히 '깡패' 같은 청와대 검식관이 악명 높았다. 막 육순을 넘긴 깡마른 5공 검식관은 권총을 차고 다녔다. 청와대 행사가 있으면 호텔 주방에 들어와 권총 손잡이로 요리사들의 정수리를 찍곤 했다고 최 사장은 다른 언론의 인터뷰에서 언급했다.

무엇보다 그 '깡패 검식관'이 궁금했다. "검식관 이름이 기억나십니까?" 최 사장은 연신 고개를 갸우뚱거렸지만 이름을 떠올리지 못했다.

"그 친구가 김경…… 뭐라고 하는데 아무튼 그 양반이 피스톨로 (요리사) 조인트 까고 그랬어. (다른 사람에게) 물어보면 돼. 그때 동료들한테 물어보면 금방 알 수 있는데. 대단한 사람이었어. 근데 검식관의 시조가 누군지 아세요? 오리 이원익 대감이야, 흐흐. 선조가 의주로 피난 갈 때, 책에도 나오잖아, 미리 먹어보고 반나절 자빠져 자고 안 죽으면 왕한테 (음식) 주고. 재미나는 일 많아요. 이 모인가 김 모인가…… 아무튼 조인트 많이 까였지. 권총 여기 있잖아? (그걸로) 정수리 까고 그랬어." 깡마른 외모에 성마른 성격의 검식관은 이미 오랫동안 청와대에 근무한 베테랑이었다. "(호텔) 사장도 매 맞고 다 그랬어. 난 쌈 잘해서 안 맞았어."

대통령의 음식은 그냥 음식이 아니었다. 의전의 일부였다. 게다가 전두환은, 의전 중독자였다. '깡패 검식관'은 주방에 들어와 요리사에게 일일이 지시했다. 갈비탕 속의 갈비는 병사들이 오와 열을 맞추듯, 크기를 맞춰 배열했다. "대통령들은 밥 먹는 게 불행해요. 대통령이 밥 먹으면 갈비가, 고기가 네모반듯해야 돼. 삶아서 잘라서 입으로 또 빨아야 돼, 주방장이. 독이 있나 없나. 그러고 나서 다시 끓여서 갖고 가는 거지." 전두환의 검식관은 충성스러웠다. "검식관이 (주방에) 들어오면 밥이고 뭐고 다 지가 검사를 해요. 다 먹고 안전해야 대통령에게 주는 거야. 밥이 시원찮으면 주전자밥을 해. 노란 주전자에 쌀을 넣고 급하게 밥을 하면 5분이면 밥이 돼. 껍데기(누룽지) 다 버리고 안에 것만 퍼서 대통령에게 주는 거야, 해놓은 밥이 시원찮으면. 각하를 모시기 위한 방법이지." 최 사장은 끝내 자신이 갈비의 오와 열을 맞추던 시절 근무했던 특급 호텔의 이름은 밝히지 않았다. "그거는 익명으로 합시다. 그 호텔이 현재 (있는) 호텔이니까. (비밀을) 지킬 의무가 있어. 나도 살아 있고 그 호텔도 살아 있고."

복성을 내 목소리가 굵었고, 자주 껄껄 웃었다. 단어와 문장은 완곡어법을 몰랐다. 그의 말은 편집하기 어려웠다. 어감을 죽일 것 같아, 구어의 언어를 그대로 인용할 수밖에 없다. 이런 직선적인 운동에너지로 짐승 같던 시절을 살아냈을 게다. 그러나 아주 무사하진 못했다. 전두환의 시대는 그의 솥뚜껑 같은 손에도 상처를 남겼다. 1981년 겨울쯤이다. 영부인 이순자가 주최한 행사에서 음식을 맡게 됐다. 펄펄 끓는 된장찌개 뚝배기를 잡아 영부인 앞에 옮기다가 살점이 다 탔다.

"지금도 된장찌개 그릇을 데우잖아. (식당) 아줌마들이 소시지를 불판에 데워서 담잖아. 그렇듯이 된장찌개 그릇을 데운 다음에 된장(찌개)을 담아야 식지 않지. 그릇을 가스 불에 새빨갛게 달구는 거야. 거기에 찌개를 부어. 주방장은 집게로 잡아서 추라이(트레이)에 주잖아. 그런데 영부인 앞에서 집게로 잡아줄 수 없잖아. 손으로 잡아야 될 거 아냐. 장갑을 꼈는데도 장갑이 타버렸다니까. 장갑이 아니라 살이 타 붙어버렸지. 피가 튀었으니까. 이순자, 대단한 여자야. 그 자리에서 비서관한테 이야기해서 치료비를 100만 원 주더라. 내 월급이 12만 5000원이었어. 대단한 여자라니까. 난 전두환, 대단한 사람이라고 생각해. 오야 기질이 있어. 그러니까 29만 원 가지고 지금도 살지, 흐흐."

최 사장의 이야기를 들은 옛날 신문의 편집 기자라면 '호텔 야사' 쯤의 제목을 달 것이다. 단어 선택이 틀렸다. 야사는 '민간에서 사사로이 기록한 역사'(국립국어원 국어대사전)로 정의된다. 입법부의 권능이 마비되

214

기 시작한 1972년 유신 때부터 1987년까지 '정사'는 작동하지 않았다. 정당정치와 의회정치가 마비된 자리를 정보 정치가 채웠다. 김재규와 차지철이 주군에게 정보 보고 경쟁을 했다. 박정희는 그걸 즐겼다. 심지어 전두환의 처삼촌인 이규광이 이끄는 사설 정보대를 별동대로 이용하기도 했다.[174] 돈, 권력, 성이 날것 그대로 오고갔고, 오고간 기록이 정보 보고로 떠돌았다. 그 정보를 실탄으로 죽고 죽이는 힘의 정치가 이뤄졌다. 그러므로 최 사장이 듣고 말한 정보는, '사사로이 기록한 역사'가 아니다. 그것이 역사의 일부다.

호텔리어들도 정보 정치의 자장에서 자유롭지 못했다. 직업상 고위 공직자와 경제인들을 접대해야 했다. 귀를 막아도 고급 정보가 귀에 들렸다. 퇴근 뒤 호텔리어들이 모여 맥주 마시던 구멍가게가 있었다. 그들은 거기서 돈과 권력을 가진 사람들의 뒷이야기를 하며 스트레스를 풀었다. 국가안전기획부 요원이 거기도 들락거렸다. 농담을 엿듣기 위해 정보 요원이 호텔리어를 감시하던 농담 같던 시대였다. 최 사장은 그 구멍가게를 '참새 방앗간'이라 불렀다. "프라자호텔 뒤에 한화 건물이 있는데 그 앞에 원래 슈퍼가 있었어. 슈퍼 안에 술 먹는 테이블을 여섯 개 깔아놓고 거기서 맥주 사서 먹고 그러는 거야. 지금은 없어졌지. 거기 한화 빌딩 지었잖아. 거기야. 거기 모이면 청와대부터 시작해서 제주도 도지사의 방에서 있던 이야기까지 다 나온다니까." 내가 "안기부 요원이 상주한 건 어떻게 아셨습니까?"라고 슬쩍 물었다. "나랑 친했으니까, 흐흐. 옥씨라고 있었는데, 안기부 직원들이 상주했는데, 지금은 국정원 높은 사람 됐으니까 말을 못 하는데. (지금도) 현직이지, 말을 못해 내가. 그 친구한테 내가 간첩도 잡아줬는데." 최 사장은 1978년부터 1983년까지 하루가 멀다 하고 '참새 방앗간'에 들렀다. 진급한 뒤엔 찾지 못했다. 막내들이 불편해했다. "거기서 휴식을 취하는 거지. 임금님 귀는 당나귀 귀라고 떠들어야지, 안 그러면 속병 걸려."

그 외에도 많은 얘기를 했다. 그는 역사가의 태도를 가졌다. 3공화국이 미쓰비시 자본과 손잡고 프라자호텔을 짓기 위해 몰아낸 화교들의 삶을 아파했으며, 고상한 척하는 특급 호텔의 회장이 개발 연대의 시대에 일본인을 상대로 성매매를 해 돈을 번 더러운 역사를 부끄러워했다. 파이낸셜 빌딩이 들어선 요절복통 스토리에 웃었고 5공화국의 특혜를 입고 들어선 건물을 비아냥거렸다.

"호텔에 대한 대한민국의 역사를 내가 돈을 들여서라도 쓰고 싶어." 호텔리어 최영수 사장은 전두환과 그의 시대를 증언하는 역사가였다. 그때 기자들보다 최 사장이 더 낫다고, 헤어지며 생각했다.

사진 속의 전두환

◑ 육군사관학교 생도 시절 교문 앞에서. 연합뉴스

◑ 중위 시절의 모습. 조선일보

◑ 공수여단장 시절 비행기를 타기 직전의
  모습. 조선일보

◑ 1977년 육사에 입학한 박지만을 면회한 박정희 대통령 가족. 당시 육사 교장이었던 정승화(오른쪽) 경호실 작전차장보였던 전두환(왼쪽에서 세 번째) 경호실장 차지철(박 대통령 오른쪽) 등이 보인다.

◑ 1979년 11월 9일 당시 계엄사 합동 수사본부장으로서 육군회관에서 기자회견을 갖고 있다. 청와대 궁정동 안가에서 김재규 중앙정보부장이 박정희대통령을 시해한 사건을 발표하고 있다. 연합뉴스

◉ 1980년 4월 16일 최규하 대통령이 전두환 중앙정보부장 서리를 임명하고 있다.

◉ 1980년 8월 27일 통일주체국민회의에서
   제11대 대통령을 선출했다.

◉ 1980년 9월 1일 제11대 대통령에 취임했다.

◎ 1982년 3월 27일 프로야구 창단 개막 경기에서 시구하고 있다.

◎ 1987년 7월 1일 당시 노태우 민정당대표가 6·29 선언을 전폭적으로 수용하겠다는 전두환 대통령의 특별담화를 텔레비전으로 시청하고 있다. 동아일보

🔵 1996년 12월 16일 서울고등법원에서 열린 12·12 및 5·18 사건 항소심 선거공판에서 피고인들이 재판부를 향해 기립해 있다. 재판부는 군형법상 반란 및 내란죄 등을 적용해 전두환에게 무기징역을 선고했다. 또 기업체로부터 뇌물로 받은 2205억원을 추징금으로 선고했다. 연합뉴스

🔵 2003년 초 검찰은 미납 추징금 징수를 위해 법원에 재산명시심리를 청구했다. 전두환은 자신의 예금액을 29만원으로 신고했다. 6월 23일 서울지방법원 서부지원에 출두했다. 재산명시심리를 마치고 법정을 나서고 있다. 연합뉴스

영화 속의 전두환

"생각하는 것은 물 위에 글을 쓰는 것인데, 당연히 물은 흘러간다. 중요한 것은 반드시 돌 위에 새겨야 하고 그러면 영원히 존재할 수 있게 된다." 허우샤오시엔 감독이 2004년에 한 말에 동의하는 사람은 조근현 감독을 기억해야 한다. 2012년 한국 사회의 풍경이 그 덕분에 돌에 새겨졌다. 그의 영화 〈26년〉은 지금 우리가 역사의 상처를 기억하는 방식이다. 그 상처는, 아직 아프다.

2006년 만화가 강풀이 웹툰 〈26년〉을 연재했다. 인기가 많았다. 제작사 '청어람'은 2006년 만화의 영화 판권을 구입해 제작을 추진했다. 2008년 투자를 약속했던 대기업이 갑자기 돌아섰다. 사람들이 나섰다. 1980년 광주항쟁의 피해자와 가해자의 자녀들이 모여 전두환을 암살한다는 줄거리다. 일간지 보도를 보면, 1만 5000여 명의 시민이 순제작비 46억 원 중 7억 원을 모금해줘 겨우 촬영했다. 가수 이승환 씨 등도 힘을 보탰다. 대선 직전인 2012년 11월에 개봉해 294만 관객을 모았다. 그리고 그해 대선에서 박근혜 대통령이 당선됐다.

"우린 그 사람한테 사과할 기회, 충분히 준 거 같은데?" 5·18 피해자의 딸 미진이 던진 대사다. 전두환을 바라보는 우리 시대의 태도가 거기 녹아 있다. 진정 사과하고자 한다면 방법은 무진장하다. 형사처분을 받고 나서 사과할 마음이 사라지기라도 한 걸까? 만에 하나 그렇다 처도 1988년부터 형사처분을 받는 1995년 말까지 8년 동안 국민에게 사과할 기회가 있었다. 전두환은 진심으로 사과하지 않았다. 마음이 있다면, 방법은 많았다. 5·18 피해자들을 위한 재단을 만드는 건 어땠을까. 그들에게 사과하고 그들의 치료를 지원했다면 어땠을까?

224

애초에 사과할 마음이 없었던 것 같다. 어떤 영역에선 영리한 전두환의 두뇌는, 광주항쟁과 관련해 정상적인 작동을 멈추는 것 같다. 전두환 때문에 지역감정이 더 심해졌다. 그런데도 대통령 전두환은 1987년 대선을 앞두고 지역감정이 문제라고 발언한다. "지금 직선제가 시작된 후 영호남 지역감정이 일어나고 있어요. 구라파는 모든 나라가 통합을 하고 있는데 우리나라는 역사적 배경도 모르고 엎어지면 코 닿을 데에서 소심하게 소국 근성을 보이고 있어요. 정치인들이 지역감정을 이용해서 당선되려고 하고 국민도 그걸 받아들이고 해서 지역감정이 커지고 있어요."[175]

타인과 공감하지 못하는 사이코패스의 그것과 비슷하다. "지금 광주 사태 비디오를 돌리는데 어디서 그런 걸 구했는지 그걸 보면 임산부 배를 가르는 것도 있고 끔찍한 게 있다고 해. 그걸 보면 누구나 격분한대요."[176] 대통령 전두환은 1987년 11월 11일 장관 조찬에서 이렇게 말했다. 자신이 지시해서 벌어진 일을, 마치 남의 일처럼 이야기한다.

그러므로 이 발언으로부터 1년 뒤인 1988년 11월 23일에 나온 '대국민 사과·해명 담화'에 무슨 진심이 담겼겠는가. "최근 국회의 국정감사와 특별위원회 활동을 통해서 본인이 국정을 맡고 있던 기간 중에 빚어진 많은 비리와 과오가 지적되었습니다. 그 가운데서도 많은 사람들이 고통과 피해를 당한 삼청교육대 사건과 공직자·언론인 해직 문제, 인권 침해 사례 등의 실상들이 파헤쳐지는 것을 저도 아픈 마음으로 보고 있습니다. 이러한 일들은, 당시 국가적 비상시국 하에서 아무런 준비와 경험도 없이 국정의 책임을 맡게 되었고, 또한 오랜 병폐를 하루빨리 뿌리 뽑고 기강을 바로잡아서 사회의 안정과 국가 발전을 도모해야 한다는 마음이 앞선 나머지, 시행착오를 가져오게 된 것이라고 솔직히 인정합니다. 그만큼 억울하게 피해를 당한 분들의 아픔은 저에게도 평생을 두고 가슴에 아물 수 없는 상처로 남을 것입니다. 국민의 기본적인 권익을 침해한 이러한 사례들에 대해서 매우 유감스럽게 생각합니다. 이 기회를 빌려 피해 당사자 한분 한분에게 진심으로 사과를 드리며, 이들에 대한 적절한 보상이 이루어지기를 바랍니다. 무엇보다 1980년 5월 광주에서 발생한 비극적인 사태는, 우리 민족사의 불행한 사건이며, 저로서는 생각만 해도 가슴이 아픈 일입니다. 이 불행한 사태의 진상과 성격은 국회 청문회 등을 통해서 밝혀질 것으로 생각됩니다만, 그 비극적인 결과에 대해 큰 책임을 느끼고 있습니다. 또한 그 후 대통령이 된 뒤에 그 상처를 치유하지 못했던 점을 깊이 후회하면서, 피해자와 유가족의 아픔과 한이 조금이라고 풀어질 수 있다면 어떤 일이라도 마다하지 않겠습니다."

전두환은 사과하지 않는다. 그러므로 역설적으로 그는 다시 역사의 반면교사가 된다. 사과는 기다려 받는 것이 아니다. 사과하도록 강제하는 것이다.

전두환에 반대한
육사 11기 동기

친구들은 늙었다. 사진 속 친구들은 표정이 조금씩 달랐다. 1955년 10월. 정확히 40년 전 그들은 학교 문을 나섰다. 가난한 나라의 빈곤한 군대가 그들의 직장이었다. 그러나 1955년 학교 문을 나섰던 육사 11기들은 마음이 부자였다. 자존심이 셌다. 40년 전엔 그랬다. 1995년에 모인 그들의 표정은 조금씩 다르다. 시선도 각자 다른 곳을 향한다. 〈연합뉴스〉의 1995년 10월 7일자 사진 속, 맨 앞줄에 서 있는 육사 11기 두 사람은 표정이 밝다. 전두환과 노태우의 뒤편에 있는 동기들은 누군가 웃고, 누군가 담담하다.

육사 11기 전원이 쿠데타를 지지한 것은 아니었다. 156명의 졸업생 가운데 다른 생각을 가진 군인도 적지 않았다. 전두환을 경멸한 동기생도 많았다. 군인이므로 그들은 기본적으로 보수주의 성향을 갖고 있었을 것이다. 그러나 민주주의에 대해서 생각이 다양했다. 전두환에 대한 감정도 달랐고 군의 정치 개입에 대한 입장도 갈렸다. 동기생들은 각자 다른 이유에서 전두환에 반대했다.

누구보다 학구파 동기생들이 전두환을 멸시했다. 이동희 전 육사 교수부장은 김성진과 함께 공부를 잘했던 대표적인 11기생이다. 키는 158센티미터이지만 머리가 좋았다. 아버지가 자유당 정부 때 이시영 부통령의 비서관이었다. 육사 11기 중 성적이 우수한 졸업생은 '교수부'로 뽑혔다. 11기들은 서로 '형'이라는 호칭으로 불렀다. '김형' '전형' 같은 식이다. 그러나 친근한 호칭 너머에 치열한 경쟁의식이 있었다. 성적 우수자는 1년 동안 우등생 배지를 달고 다녔다. 육사로 돌아와 교수 요원으로 후배들을 가르쳤다. 1961년 5·16 쿠데타가 벌어졌을 때 이동희도 육사 교수 요원이었다. 프린스턴대학에서 유학했다.

그를 만나러 간 2013년 1월 11일 오후는 추웠다. 강남 아미가호텔의 커피숍에 앉은 이동희 전 교수부장은 헌팅캡을 쓰고 있었다. 모자 옆면에 'PRINCETON' 이라고 새겨져 있다. 공부에 대한 자부심은 여전했다. 전두환에 대한 복잡한 감정이 느껴졌다. "당시 육사 졸업생 중에도 정치에 개입하지 말자는 쪽과 현실 정치에 개입하자는 쪽이 갈리지 않았냐"고 먼저 물었다. 거침없이 답변이 나왔다.

"하나회가…… 우리가 싫어허지, (운동만) 뛰는 아이들 싫어했지. 육사의 그 공부 잘하고 정당한 아이들은……. 김영삼 전 대통령의 큰 공로가, 군대 때려 부쉈잖아. 그래서 오늘날 군대가 망하는 거야, 잘못했지. 근데 (김영삼 전 대통령이) 한 가지 한 건 있어. 군대에서 하나회 때려 부셨거든. 아, 그건 잘했지." 이동희는 5·16 쿠데타 당시 육사 교수 요원이었다. 그러나 동기 전두환이 이끈 지지 데모에 나서지 않았다. "5·16 그날 조금 후에 결혼을 했어. 그래서 반대고 뭐고 안 했어. 육사 교수 요원으로 있었지. 육사 출신으로서는 쿠데타를 반대했지, 우리가." 명확히 쿠데타에 반대했다고 표현하기 주저하는 그의 태도에서 드러나듯, 그는 보수주의자다. 그는 전두환이 정승화를 체포한 것에 대해서도 "(정승화의 공모) 혐의가 있지"라며 옹호했고 통일에 대해서 "화랑대하고 만경대 아이들이 합의를 봐야 통일이 되는 거야"라고 말했다. 그가 전두환과 하나회에 느끼는 감정은 경멸, 증오, 질시가 뒤섞인 묘한 감정이라고 느꼈다.

육사 11기의 역사는 성적 나쁜 정치군인들이 학구파 동기를 누르고 일어서는 과정이라고 정리할 수 있다. 1961년 정규 육사 동창회인 북극성회의 초대 회장은 교수부의 강재륜이었다. 그러나 학구파 교수부는 동창회의 주류가 되지 못했다. 1963년 노태우가 2대 회장에 선출됐다. 전두환은 1969년 입학과 졸업 때 수석을 차지한 김성진과 경선했고 김성진이 중간에 사퇴해 회장에 당선됐다. 이동희 전 교수부장은 전두환의 출세를 박정희의 작품이라 해석했다. "박정희가 김종필을 키우지 않고 전두환이…… 전두환이 대단한 출세를 한 거야. 어떻게 사단장 하고 별 달고 야전에 있던 친구를 권좌의 바로 대통령 옆에 보안사령관으로 집어 넣냐. 거기서부텀 달랐지." 전두환의 리더십은 인정했다. "소탈하고, 정치와 군대 현실에 철저했지." 이동희 전 교수부장은 장군 진급에서 한차례 떨어져 대령으로 예편할 생각을 했다. 1979년 12월 12일 쿠데타가 일어난 그날 별을 달았다.

'일등' 김성진의 삶은 비루했다. 그는 천상 연구자이자 학자였다. 정치군인 전두환과 결이 달랐다. 증언이 엇갈린다. 김성진이 전두환을 내심 싫어했다는 주장이 있다. 반면 전두환 전기를 쓴 작가 천금성은 "전두환이 김성진을 싸고돌았다"라고 주장했다. 어쨌든 전두환은 정치의 달인이었다. 자신이 짓밟은 상대를 늘 다독이고 대가를 줬다. 국방과학연구원으로 진급할 수 있는 마지막 계급이 대령이었다. 전두환이 서종철 육군참모총장의 수석부관이던 시절 김성진의 준장 진급을 건의했다고 작가 천금성은 주장했다. 김성진은 국방과학연구소 연구원으로 일하다 5공화국이 들어서자 안기부 차장을 지냈다. 체신부, 과기처 장관, 한국전산원 원장 등을 두루 지냈다. 권력 핵심과 거리가 먼 부처지만, 전두환은 한때 정규 육사 동창회장 자리를 두고 경쟁했던 동기에게 끝까지 자리를 챙겨줬다. 김성진은 회고록 한 줄 남기지 않고 2005년 2월 11일 조용히 숨졌다.

민주주의 신념에서 전두환과 하나회에 반대한 육사 11기도 있었다. 민주주의자라면 '장석윤'이라는 이름을 기억해야 한다. 그는 군의 정치 개입에 반대한 참 군인들의 말과 행동을 기록하고 알렸다. 중령으로 예편해 미국으로 이민 갔다. 그는 1994년 7월 회고록 《탱크와 피아노》를 펴냈다. 전두환과 노태우가 아직 법의 심판을 받기 전이었다. 신문 두세 곳에서 겨우 단신으로 소개했다. 작지만 의미 있는 목소리가 담겨 있다. 정치군인이 대통령이던 시대, 능력보다 정치력으로 인정받던 군의 실상을 꼼꼼히 기록했다. 그리고 그 속류에 저항한 사내들의 이야기가 책에 담겨 있다.

1979년 12·12 쿠데타 며칠 뒤 전국의 각 대학 ROTC 단장들에게 육군본부 소강당에 집합하라는 명령이 떨어졌다. ROTC 단장은 고참 대령이었다. 계급 정년으로 예편을 기다리던 장교가 많았다. ROTC 단장들은 웅성거렸다. 보안사의 한 장성이 강단에 섰다. 육사 13기였다. 보안사 장성이 말했다. "국가의 최고 통수권자이신 박정희 대통령 각하를 시해한 김재규 일당의 죄상이 지금 합동수사본부의 날카로운 수사에 의해서 속속 드러나고 있으며 그와 공모했던 연루자의 죄상도 지금 낱낱이 벗겨지고 있습니다. (…) 한배에 탄 이상 우리는 그 배와 운명을 같이해야만 할 것입니다. 우리는 모든 즐거움과 고난을 함께할 공동 운명체의 동지라는 뜻입니다."

한 단장이 손을 들었다. 육사 11기인 서 아무개 대령이었다. "아까부터 한배에 탔다고 하는데 첫째, 그 배의 선장은 도대체 누구요? 둘째, 그 배는 지금 어디를 향해 항해하고 있소? 미국을 향해 가는 배요, 일본을 향해 가는 배요? 또는 이북을 향해 가는 배요? 셋째, 그 배는 어떤 종류의 배요? 자그마한 똑딱선이요, 적과 싸우기 위한 전함이요, 병력만 수송하는 수송선이요? 넷째, 그 배의 임무는 대체 뭐요?" 고요하던 강당이 술렁이기 시작했다. 보안사 장성은 육사 선배에게 차갑게 말했다. "선배님은 그간 후방 근무를 너무 오래 하신 것 같습니다." 서강대 ROTC 단장이던 서 아무개 대령은 일주일 뒤 동해안 최전방의 12사단 부사단장으로 전속 명령을 받았다. 24년차 군인에게 치욕적인 인사 명령이었다. 서 아무개 대령은 잠시 뒤에 예편했다. 1993년 〈동아일보〉를 보면, 장석윤이 '서 아무개'라고 기록한 참 군인은 서우인이다.

옷 벗은 서우인과 술잔을 기울이던 장석윤도 반골이었다. 장석윤에게 진짜 군인은 정치가 아니라 안보에 유능해야 했다. 정치력이 아니라 전투력으로 인정받아야 했다. 정치인이 아니라 부하를 아끼는 게 진짜 리더였다. 그러므로 장석윤은 하나회를 인정할 수 없었다. 대통령을 지낸 두 동기생이 여전히 위세를 떨치던 1994년, 장석윤의 목소리는 거침없다. "전두환 씨와 하나회의 그릇된 생각은 한국의 현실을 직시하지 못하고 그저 도그마와 환상 가운데 군대가 집권해야만 안보와 질서를 유지할 수 있고 나라를 구할 수 있다는, 참으로 국민 경시의 편견의 병소가 그들 핏속에 흐르고 있는 데서 문제가 발생했다고 하겠다. (…) 이것은 수준 높은 한국 국민의 질량을 무시한 오만방자한 사고의 소치이다."

육사 시절 전두환을 가르친 구대장이 미국에 살던 장석윤을 찾아왔다. 구대장은 생도들을 훈육하던 장교다. 그의 손엔 위스키가 들려 있었다. 그날 밤 두 사내는 대취했다. 전두환의 구대장은 "너, 한국에 가서 전두환을 만나거든 2중대 3구대장 이영린이가 느그들 간성이 되라고 했지 탈권까지 하라고 가르치지는 않았다고 분명히 전해라"라고 말했다. 1980년 말에 한국을 찾은 장석윤은 정말로 청와대를 찾아갔다. 당시 대통령이던 전두환에게 면회를 신청했다. 면회 사유란에 '육사 생도 때 2중대 3구대장 이영린 씨의 구두 메시지 전달차'라고 썼다. 면회는 거절당했다.

장석윤에게 하나회는 모순된 집단이었다. "전두환과 노태우의 주요 참모진이었던 하나회 멤버들은 전두환, 노태우를 유교적 가부장으로 모시는 데만 급급했다. (…) 이렇게 유교적 선행 관념으로 윤리적, 도덕적 판단을 하는 하나회였다. 그러나 돈과 권력에만은 철저하게 반유교적 윤리관과 도덕관념을 가진 그들이었다. 정말 이해할 수 없는 모순된 병폐였다. 그들 하나회는 일찍부터 돈과 권력의 달콤한 맛에 중독된 환자들이다."

1933년 광주에서 태어난 장석윤은 지금 미국에서 산다. 뉴욕주립대학 대학원을 졸업했다. 엔지니어로 일했다. 기분이 울적하면 피아노를 연주하던 육사 11기생은 지금 목사다. '남캘리포니아 한국 예비역 기독장교회' 회장이다. 남캘리포니아의 한인교회에 전화해 연락처를 수소문했다.

전화기 너머 장석윤 장로의 목소리는 팔순 먹은 사람으로 느껴지지 않았다. 이메일 주소의 영어 철자 하나하나를 정확히 발음했다. 2013년 2월 21일 이메일로 긴 인터뷰 질문지를 보냈다. '최근에 전두환을 만난 적이 있는지' '육사 11기들의 생도 생활은 어땠는지' 등 30개가 넘는 질문을 담았다. 3월 7일에 온 답변은 짤막했다. 중요한 질문에 답하지 않았다. 여전히 쿠데타를 비판했지만, 전두환에게 모종의 리더십이 있었음도 솔직히 인정했다. 편집하지 않고 싣는다.

고나무 선생 귀하

회신이 늦어진 것을 용서 바랍니다. 전두환 선생에 대한 질문 사항을 답할 만큼 제가 지금은 정확히 기억나지 않습니다. 제 나이 팔순으로 이제는 컴퓨터를 칠 체력도 부족합니다. 전두환 씨에 대해 알려지지 않은 몇 가지 사항을(혹시 다 알려진 사실?) 여기 정보로 드리니 그것으로 나의 인터뷰에 대한 답서로 대신할까 합니다. 더는 질문을 하셔도 답변할 자료가 없으니 서로 시간 낭비라 생각합니다.

장석윤 배상

---

1. 전두환과 카터 행정부

전두환이 12·12 군사 쿠데타를 일으켰을 1979년 말은 미국의 카터 행정부 시절이다. 카터는 전두환 정권(regime)을 인정하지 않았다. 그 이유로 전두환 정권의 정통성(legitimacy)를 들고 나왔다. 장충체육관에서 선

출된 대통령의 합법성을 따지고 들었던 것이다. 그 때문에 한미 관계가
극도로 악화되고 있었다.

2. 전두환의 행운

지미 카터의 선거 패배로 로널드 레이건의 공화당 행정부가 들어서자
전두환에게는 행운이 찾아왔다. 베시 전 주한 미군사령관의 주선으로 전
두환은 새로 탄생한 공화당 정부의 레이건 대통령과 단독 회담이 성사됐
다. 베시 대장은 친한파로서 전두환에 대해서 우호적이었다. 회담 내용
은 카터의 정통성에서, 한반도의 안보(security)가 현 시국에서는 중요시
된다는 공화당의 한반도 정책으로의 선회였다. 사실 당시의 상황에서는
한반도의 안보 유지는 중요한 현안이었다. 이렇게 해서 전두환은 미국 행
정부의 인정(endorsement)을 획득하게 됐고 미국의 지지를 얻자 전두환
의 정권 창출은 승승장구하게 됐다.

3. 전두환과 정승화의 갈등에서 전두환이 승리한 요인

역사를 거슬러 올라가 보면 1955년도 당시의 특무대장 김창룡 소장과
한국군 만군파의 실질적 수장인 강문봉 중장과의 계파 간 싸움에서 김창
룡 암살 사건이 있었다. 이때 김창룡은 암살됐으나 특무대(지금의 기무
사)의 완전 승리였다. 보안사와 군부 지휘 계통(강문봉)이 싸움이 나면 보
안사가 승리한다는 것은 군의 하나의 상식이었다. 세월은 25년이 흐른
1979년 12월 보안사령관 전두환 소장과 육군참모총장이요, 당시 계엄사
령관이었던 이와 한판 승부에서도 역시 전두환의 완승이었다. 전두환은

보안사라는 수하의 정보 요원이 중요 요소에 배치되어 모든 군부 요원 하나하나를 감시하고 있었다. 그러니 전두환은 앞을 보는 눈을 갖고 있었고, 정승화는 전혀 부하의 동태를 보는 눈이 없었다. 이런 상황에서 승부는 보안사가 이길 수밖에 없었다.

4. 하나회의 전두환에 대한 충성과 군 요소에의 사전 배치

하나회의 보스는 물론 전두환이었다. 그러나 실질적 수장 격이며 절대 후원자는 윤필용이었다. 윤필용의 무소불위의 전횡으로 하나회 요원은 사전에 군의 핵심 요소에 배치되고 있었다. 즉 윤필용의 도움으로 하나회는 모든 군 지휘부의 요소에 배치되는 권한을 쥐고 있었다. 전두환에게 절대 충성하는 하나회 멤버와 보안사라는 막강한 정보 수단을 겸한 전두환과 허울 좋은 군 참모총장과의 싸움에서는 전두환이 절대 우위에 있을 수밖에 없었다.

5. 박정희 대통령과 전두환의 인연

5·16 군사 쿠데타를 일으킬 당시 쿠데타는 잘 진행이 되지 않고 있었다. 이때 육군사관학교 생도들이 5·16 군사혁명을 지지하는 시가행진이 있었다. 이 시가행진에 육사 생도가 참여토록 한 공로는 절대적으로 손영길(육사 11기로 박정희의 전속 부관 출신)과 전두환 대위의 공로가 크다. 육사 생도의 시가행진 이후 군사 쿠데타는 급진적으로 세계 각국의 이목을 받게 되고 쿠데타는 성공적으로 진행하게 됐다. 퍼레이드 후 최고회의 의장인 박정희 씨는 육사에 나타나 감사의 인사를 했다. 전두환

은 생도 동원의 공로를 인정받아 박정희의 총애를 받게 된다.

6. 전두환의 지도력

전두환은 선천적으로 지도력을 갖고 태어난 인간이다. 생도 시절부터 전두환은 부모에 대한 효심이 지극했고 그의 가난한 집안을 하나도 부끄러워하지 않는 대범한 인간이었다. 부하들을 사랑과 관용으로 대하기 때문에 누구나 전두환 선배 밑에서 근무를 희망했다. 농담을 해도 자신을 낮추는 농담으로 상대를 웃기는 유머 감각이 있는 사람이었다. 특히 상급자에 대한 예의가 깍듯한 태도는 정평이 나 있었다.

7. 전두환 대통령 당시의 지하경제

전두환 집권 당시에도 지하경제는 골치 아픈 문제였다. 당시의 경제 부총리는 한국은행 총재를 지낸 김준성 씨였다. 전두환은 김준성에게 지하에 숨어 있는 막강한 자금을 양성화할 것을 대통령으로 먼저 제안했다. 김준성은 반대했다. 아직 지하경제를 표면화하기에는 시기상조라는 이유에서였다. 전두환은 언짢아했다. 다음 날 김준성은 부총리직 사직서를 전두환에게 제출했다. 전두환은 판단했다. 경제 부총리가 자신의 직위를 내놓을 만큼 지하경제의 표면화는 당시의 취약한 한국 경제에 치명적인 영향을 미친다는 생각이 들어 지하경제 표면화 정책 시행을 즉각 중단했다. 참으로 군 지휘관이 내리는 결심과도 같은 행위라고 생각한다. 전두환이 집권하게 되면서 한국 경제는 최초로 적자 체제에서 흑자 체제로 전환하게 됐다.

두서없이 쓴 위의 내용은 전두환의 비하인드 스토리라고 생각하여 고나무 선생께 공개하는 바입니다. 적은 참고의 자료라도 됐으면 감사하겠습니다. 전혀 도움이 되지 못해서 죄송합니다.

여불비례
장석윤 배상

　

"나는 같은 육사를 나왔지만 권력과 돈보다는 자존심과 자기주장을 지켰던 나의 동창, 나의 후배, 나의 친구들의 주변 이야기에 초점을 맞추어 그들의 참뜻을 독자들에게 전달코자 무딘 필치로 이 책을 엮었다." 대통령을 지낸 두 동기생이 여전히 위세를 휘두르던 1994년 7월, 진짜 군인 장석윤은 한때 '전형'이라고 부르던 동기를 꾸짖었다. 그는 지금 팔순이다. 이메일에도 길게 답하지 못한다. 당뇨로 건강도 좋지 않다. 그러나 기록은 남을 것이다. 육사 11기에는 쿠데타를 저지른 군인만 있는 게 아니었다. 장석윤은 참 군인들의 목소리를 남겼다.

전두환 전기를 쓴
소설가의 역정

이것은 실수에서 벗어나려는 한 작가의 이야기다. 소년은 1941년 부산에서 태어났다. 경남고를 거쳐 1961년 서울대 농대 임학과에 입학했다. 그해 5월 16일 쿠데타가 일어났다. 군인들의 회의체인 국가재건최고회의가 국가를 운영했다. 당장 군 미필자들에게 불호령이 떨어졌다. 군 면제를 받았던 공무원과 교사들이 뒤늦게 입대하려 줄을 섰다. 부산 청년은 입대 전 대기하는 시간을 줄이려고 1962년 4월 해병대에 자원입대했다. 1년 복무하고 제대했다. 4년제 대학에 다니다가 온 사람은 혜택을 받았다. 1964년에 복학해 농대 학보사에서 글쓰기 시작했다. 학보사 기자 선배로 허문도가 있었다.

청년은 1966년 대학을 졸업하고 고향으로 돌아갔다. 전공을 살려 밥 벌어 먹으려 했다. 문학의 꿈도 있었다. 졸업할 즈음 단편소설을 써 신춘문예에 응모했으나 떨어졌다. 우연히 부산 시청 앞에서 영도다리 근처를 걷다 포스터를 봤다. 선원이 키를 잡은 모습이 그려져 있었다. '어선해기사 단기 훈련생 모집. 한국원양어업기술훈련소'라는 내용의 포스터였다. 유엔 산하에 있는 국제식량농업기구(FAO)가 지원해 설립된 기관이다. 해기사 훈련비를 국가가 부담하는 조건이었다. 1년의 훈련을 마치면 수료와 동시에 해기사 자격증을 취득할 수 있었다. 원양어선에 사관으로 승선한다는 조건도 적혀 있었다. 대학 시절 읽었던 허먼 멜빌의 ≪백경≫과 조셉 콘래드의 ≪로드 짐≫이 머리에 떠올랐다. 시험에 합격했다. 1967년 1월 4일 영도 남항동의 훈련소에 들어갔다.

1968년 1월 18일 부산을 떠났다. 고려원양 소속 '53광명' 호의 이등 항해사의 시선은 태평양을 향해 있었다. 꿈은 해양 작가를 향했으나 현실은 비루했다. 새벽 4시면 어김없이 참치를 잡을 주낙을 까는 투승 작업이 시작됐고 2~3시간 뒤 다시 주낙을 올리는 양승 작업을 했다. 선원의 일상은 투승과 양승 작업의 지리한 반복이었다. 그것은 오직 육체로 지탱하는 작업이었다. 손바닥은 굳은살로 딱딱해졌고, 주낙에 입힌 콜타르의 독성으로 목덜미가 벗겨졌다. 그것은 육체를 위험에 내던지는 밥벌이였다. 선장은 낚싯바늘에 손바닥이 꿰이고, 한 선원은 작업 도중 돛새치의 뿔에 장딴지를 관통당했다.

밤바다는 고요했다. 문학청년 항해사는 미끄러지는 배 위에서 달빛을 받아 글을 썼다. 문학청년 항해사의 일기는 이렇게 기록한다. "1968년 10월 10일. 기온이 뚝 떨어졌다. 적도 해역에서는 30도를 웃돌던 기온이 지금은 겨우 12~13도를 오르내리고 있다. 당직을 서기 위해 브리지로 올라오는 선원들은 영하 20도의 어창 작업용인 방한복을 걸치고 있다. 완전 초겨울 날씨. 방한복을 껴입은 갑판원 김상길은 브리지에서도 목을 움츠리고 있다……. 나는 습작으로 쓴 원고를 그에게 읽어주었다. 톨스토이는 탈고한 원고를 맨 먼저 이가 빠져 오물거리는 가정부에게 읽어주었다고 한다. 문장이 뭔지 문학이 뭔지도 모르는 늙은 할머니가 어떤 대목에서는 눈물을 흘리며 감동하는 것을 보고 톨스토이는 자신의 작품이 설득력을 갖고 있다는 확신을 갖게 되었다는 것이다. 내가 읽기를 마치자, 미래의 읍내 식당 주인이 말했다. '다른 데는 잘 모르겠지만, 마지막 부분이 정말 좋네요.'"

항해사도 자기가 쓴 단편소설의 마지막 문단이 좋았다. "맑은 대양의 어느 아침이었다. 갈매기가 몇 점 날고 있는 아침 바다 위로 새하얗게 단장한 어선 한 척이 투승 작업을 하고 있었다. 브리지 벽으로 붉은 페인트 테가 둘러쳐진 것으로 보아 일본 어선이 틀림없었다. 그리고 그 배의 선수는 정확히, 두 명의 표류자가 손을 맞잡은 채 표류하고 있는 곳으로 향하고 있었다."

항해사는 '영해발부근'이라는 제목을 단 원고 뭉치를 봉투에 담았다. 신문사의 신춘문예에 응모할 길이 막막했다. 신문사 주소도 몰랐다. 그저 봉투에 '대한민국 서울 한국일보사 앞'이라고 영문으로 적었다. 남아프리카의 더반에 기항했을때 원양업체 직원에 맡겨 겨우 발송했다. 다시 주승과 양승 작업을 반복했다. 항해사는 소설을 썼는지도 잊었다. 1969년 1월 9일 저녁 어선 통신실에 들렀다. 전 세계를 돌아다니는 원양어선에게 정보를 주고받는 통신 작업은 생명과 직결된 것이었다. 통신장이 모스부호를 받았다. '신춘문예 당선을 축하함. 권정혁.' 대학 친구가 모스전신으로 신춘문예 당선 소식을 알려줬다. 소설가 김동리과 황순원이 심사위원이었다. 훗날 평론가 송재영이 "그는 한국의 멜빌이요, 콘라드이며 쌩떽쥐베리이다"라고 상찬한 '해양 작가'가 이렇게 탄생했다.

문학의 꿈이 선장의 현실을 견디지 못했다. 항해사에서 선장이 됐지만 처지가 좋지 않았다. 원양업체는 선장과 선원을 착취하려 했다. 만선을 하고 귀국하려던 해양 작가는 한국의 본사와 맞섰다. 귀국하지 말고 계속 조업하라는 지시가 부당했다. 뱃머리를 돌려 귀국해버렸다. 검찰에 고발당했다. 1973년을 마지막으로 해양 작가는 바다에서 뭍으로 영영 올라왔다. 전업 작가가 되려 했다. 1978년 4월 작품집 《허무의 바다》도 엮어냈다. 소설가 이문구가 "바다와 사투하는 치열한 그의 문학 정신이 소설을 흥미 본위로만 빠뜨리지 않고 문학적 깊이로 심화시켜 준다"라는 발문을 써줬다. 〈현대문학〉과 〈월간문학〉 등 이른바 '순수 문학' 지에 소설을 실었다. 당시 종이 신문은 영향력이 큰 매스 미디어였다. 신문에 작품을 연재하는 것이 모든 소설가의 꿈이었다. 해양 작가는 1979년 〈경향신문〉에 〈표류도〉를 연재했다. 상륙한 삶은 행복해 보였다.

작가 천금성은 이때가 문학적 만선(滿船)이었음을 훗날에야 깨달았을 것이다. 파우스트는 세상의 모든 지식과 권력을 받는 대가로 자신의 영혼을 악마 메피스토펠레스에게 팔았다. 천금성의 삶은 전두환을 만난 뒤 전혀 달라졌다. 1980년 8월 14일 허문도에게서 만나자는 전화가 왔다. 서울대 농대 학보사에서 함께 활동한 뒤로 오랜만이었다. 전직 〈조선일보〉 기자는 그때 청와대 비서실의 비서관이었다. 이틀 뒤면 최규하가 사퇴할 것이었다. 이미 전두환이 권력을 장악한 때였다. 허문도는 대학 후배에게 전두환 전기를 쓰라고 제안했다. 천금성은 수락했다. 전두환의 집안, 이순자의 집안, 신군부와 하나회 등을 두루 만나 취재했다. 200여 명을 만났다. 제목은 허문도가 달았다. 지미 카터의 자서전 ≪Why not the Best≫의 한국어판 제목인 '땅콩 밭에서 백악관까지'를 흉내 냈다. ≪황강에서 북악까지: 인간 전두환 창조와 초극의 길≫은 이렇게 1981년 1월 23일 세상에 나왔다. 저자 후기는 민망하다. "그분의 생애를 더듬는 동안 줄곧 뭉클한 감동에 휩싸여왔는데 그 감동의 몇 분의 일도 못 전한 아쉬움이 가슴을 누르기 때문이다. 그러나 그분의 위대한 이야기는 이제부터 시작이라고 믿는다."

그분의 이야기는 시작됐지만 작가 천금성의 이야기는 그것으로 끝났다. 문단에서 대표적인 '5공 잔재'로 여겨졌다. 함께 술잔을 기울이던 문인들은 천금성을 피했다. 소설 기고도 거부당했다. 그것은 아마 한국 문단이 전두환에 맞선 소극적 저항이었을 것이다. 천금성은 1983년 문화방송의 편집위원 자리를 겨우 받아 밥을 벌었다. 1987년에 6월 항쟁이 벌어졌다. 문화방송 노조의 대자보가 붙었다. '전 대통령 전기를 쓴 낙하산 인사 C 모를 축출해야 한다.' 대자보를 본 천금성은 주저 없이 발을 돌려 퇴사했다.

우리 모두는 조금씩 사회와 타협하며 밥을 번다. 편의점 주인부터 대기업의 말단 사원까지, 밥벌이는 자신의 일부를 판매한 대가다. 그러므로 2013년 1월 12일 부산으로 내려가는 케이티엑스 안에서 뒤적이던 내 취재 수첩에는 맨 앞에 이런 질문이 적혀 있었다. '당신은 어떤 동기에서 전두환 전기를 썼는가.' '그는 본질적으로 나쁜 작가였으므로 전두환의 전기를 썼다'라는 동어반복은 내 갈증을 풀어주지 못했다. 선행을 영웅화하고 악행을 악마화하는 지적 태도는, 아무것도 설명하지 못한다. 마키아벨리의 말대로 나쁜 것과 좋은 것은 늘 섞여 있다. 천금성은 2010년 1월 자서전 《불타는 오대양》에서 전두환 전기를 쓴 것을 몹시 후회했다. 훌륭한 작가가 왜 매문의 악령에 휩싸였는지 궁금했다. 우리는 모두 조금씩 자신을 판매하며 밥을 버는 존재이므로, 그 질문은 나를 포함한 모든 글쟁이를 향한 것이기도 했다.

1월 12일 오후 2시께 부산의 40계단 앞에서 만난 천금성은 군청색 베레모를 쓰고 있었다. 키는 165센티미터쯤 되어 보였지만, 베이지색 트렌

246

치코트가 잘 어울렸다. 유난히 광이 빛나는 구두와 바짝 선 바지 날에서 마도로스의 고집이 느껴졌다. 단골 식당에 앉은 그는 인터뷰를 하지 않으려 했다는 말부터 꺼냈다. 설암 때문에 혀의 반을 잘라내 발음은 명확하지 않았다. 그러나 단어 선택과 표정은 여전히, 청춘의 그것이었다. 그는 호탕하게 웃었고, 거짓 없이 표정 지었으며, 거칠게 욕했고, 단호하게 말했다. 녹음기를 켜면서 '그는 여전히 바다 사나이'라고 생각했다. 그의 발언을 편집·교정하지 않고 전달할 수밖에 없었다. 무성의 활자를 통해 그의 발성과 표정의 개성을 살리고 싶었다. 1월 19일 두 번째 인터뷰를 할 때도 옷차림은 댄디했다.

원양어선 항해사 시절의 생활을 먼저 물었다. "바다라는 게 처음에는 두려움, 공포, 도전할 대상이긴 하지만, 두렵고 중압감·고독감을 일으키면서 바다에 적응되어가는 거예요. 1968년 1월에 인도양으로 가는데 5, 6월 되니까 바다가 만만해지더라고요…… 4시간씩 근무하면 00시에서 04시까지 망망대해에 달이 있는 날도 있고 없는 날도 있고. 그럼 배가 (자동으로) 달린다 아닙니까. 과학이 발달해가 지금 '몇 도' 세팅하면 마그네틱 작동에 의해 스스로 작동해요. 그 시간에 상상의 생각도 하고 고향 생각도 하고, '아 망망대해다, 내가 왜 여기 나와 있나' 이런 생각을 많이 하게 돼요. 명색이 서울대 농대 나왔으면 조림을 하든지 과수원을 해야지 왜 내가 바다에 나와가지고 멍청하니 바다만 쳐다보고 있나. 아 맞다, 해양 소설을 써야겠다. 내가 늘 보는 게 바다인데. 선원 중에 이야기해보면 상어에 물려 피가 나온 사람도 있고, 25명 중에 23명이 죽고 2명이 살았는데 그중에 한 사람이 동료로 있고. (이렇게) 직접, 간접 체험을 모아

가. 장편소설은 어떻게 쓰는 거냐 하는 거는 내가 알잖아요. 비록 문장 작법이나 소설 작법을 배우지 않았을망정 읽어서 안단 말이에요. 조난당한 선원들 말마따나 2명 표류하는 걸로 소설 쓰면 안 되겠냐 그런 거예요. 첫 문장은 역시 소설적이어야 한다고 생각했지."

신춘문예 당선작 〈영해발부근〉의 문장은 보도사진의 절박한 현장감을 불러일으킨다. 문학청년의 당선작은 첫 문장부터 속도감이 있다. "아무것도 보이지 않았다. 아무것도 볼 수가 없었다. 차가운 물방울이 마치 모래알처럼 얼굴 어디라고 없이 마구 우벼 때리고 있었다. 그는 다만 그것만을 의식할 따름이었다." 지금 읽어보면, 캐릭터는 생생하게 살아 있지만 아이러니나 반전 등 단편소설 특유의 내러티브적 재미는 떨어져 보인다. 그러나 형용사와 부사를 절제하고 주어와 목적어와 동사로 우직하게 밀어붙이는 팩트 중심의 문장은 박력이 있다. 그 박력으로 아수라 같은 시절을 헤쳐 왔을 것이다.

신문에 소설을 연재할 정도로 인정받던 작가가 왜 전두환 전기를 쓰기로 결정했을까? 2010년 펴낸 자서전에서도 그는 명확히 밝히지 않았다. 그저 "(허문도의 제안에) 나는 고개를 주억거렸다. 그렇게 하여 나는 깊은 고뇌를 할 겨를도 없이 한 장군의 지난날을 글로써 엮어나가는 작업을 맡게 된 것이었다"라고만 기술했다. 오후 5시가 넘자 일흔두 살의 노작가와 서른여덟 살의 기자 둘 다 불콰하게 취했다. 천금성은 소주를 온더락으로 마셨다.

"그걸(전두환 전기) 쓰고 나서 문단에서 혹시 배제되리라는 생각을 못하셨습니까, 전기를 쓰신 진짜 동기가 뭡니까?" 차마 묻지 못했던 질문을 취기를 변명 삼아 물었다. 천금성은 술잔을 만지며 작은 목소리로 답했다. "인세 받아서 배를 하나 사려고 했지." 그는 내내 월급쟁이 선장으로 배를 탔다. 원양업체는 선장과 선원을 착취했다. 같은 글쟁이로서 아마 나는 '글로 밥을 버는 사람으로 글과 문장의 무게를 가벼이 여긴 것 아니냐'고 힐난할 수 있을 것이다. 그러나 생활인으로서 나는, 배를 사고 싶었다는 고백 앞에서 도덕의 주먹을 쉽게 치켜들 수 없었다.

"전두환 전기 쓰고 나서 문인들의 술자리에 가거나 대화를 나눠본 적이 있으십니까?"

"아무도 안 만났어. 완전히 쫓겨났지, 추방자로. 그래서 나는 생각해요. 내가 지금까지 쓴 단행본, 장편소설, 창작집이 스물다섯 권 돼요, 해양 소설만. 전두환 전기 안 썼으면 계속 (소설을) 했을 거 아니오. 10년 공백 메우고……."

전두환 전기를 쓴 대가는 적었다. 인세 외에 따로 취재비를 받지 않았다고 천금성은 말했다. 전기는 그리 많이 팔리지 않았다. "인세를 계산하는데 마지막에 700만 원 빚 갚고 나니 돈이 어디 있어요." 허문도와 싸우고 청와대를 나왔다. 이후 거칠게 저항했다. 술만 마시면 전두환과 허문도를 욕했다. 그러다 당시 태평로에 있던 치안본부 특수수사대에 끌려가기도 했다.

해양 문학 작가는 글로 흥했고 글로 쇠락했다. '전두환 전기 작가'라는 낙인의 흉터는 2013년까지도 쉬 없어지지 않는다. 그는 1980년에 작가의 도덕이 아닌 생활인의 본능을 좇아 움직였다. 일흔두 살의 소설가는 뒤늦게, 생활인의 계산이 아니라 글쟁이의 본능을 좇아 살고 있다. 그를 몰락시킨 것도 글이지만 그를 살아 있게 만드는 것도 글이다. 1993년에 한국소설가협회에서 주는 소설문학상을 받았다. 1994년 9월 글을 쓰기 위해 다시 원양어선을 탔다. 항해사 자격증은 소멸된 지 오래됐다. 다짜고짜 동원산업과 사조산업의 회장을 찾아가 배를 타게 해달라고 청했다. "(소재가) 고갈돼서 머리로 굴려가지고 글이 안 나옵니다. 다시 배로 돌아가서 해주십시오. 배 타고 나갈게요"라고 간청했고, "선장 하려고 그러는 게 아닙니다. 말단 어부로 구경만 하게 해주세요"라고 부탁했다. 동원산업과 사조산업의 도움으로 다시 돛새치와 돌고래를 봤다. 바다 냄새를 맡고 스콜에 젖었다. 체험기를 주간지에 연재했다. 2001년엔 해군의 초청으로 다시 승선 기회를 얻었다. 56기 해군 사관 생도들의 순항 훈련에 승선해달라는 요청이었다. 예순한 살이 된 작가는 아들딸뻘 되는 생도들과 4개월간 10개국을 순방했다. 어깨를 맞대고 체조하고 구내식당에서 함께 밥을 먹었다. 2003년 이 체험을 소재로 《가블린의 바다》를 펴냈다.

일흔두 살의 작가는 여전히 쓴다. 월간지 〈현대해양〉에 해양 소설 서평을 연재하고 있다. 1월 12일 저녁 7시 아들뻘 되는 기자의 어깨를 두드리며 그는 자신은 '가난한 작가'라고 말했다. 인터넷에서 그의 최근작이 검색되지만 인세를 많이 받을 만큼 팔린 작품은 없다. 그러나 책이 팔리든 안 팔리든 그는 여전히 취재하고, 글을 쓴다. '책을 써서 성취하겠다는 계산보다, 글을 쓰지 않으면 견딜 수 없는 본능 때문에 쓰는 것 같다'라고 상경하는 케이티엑스 열차 안에서 취재 수첩에 끄적였다. 그는 35년 전에 그랬다. "(원양어선) 당직 근무 중에 틈틈이 원고지와 씨름했다. 작가가

250

되겠다는 욕심을 가졌던 건 결코 아니었다. 오직 그 씨름만이 나를 이겨 낼 수 있는 가장 최선의 방법이었기 때문이었다." 일흔두 살의 작가는 먼 길을 돌아 다시 35년 전의 자신으로 돌아왔다.

글쟁이는 쓸 수밖에 없어 쓴다. 글쟁이의 욕망은 "아기가 주목받으려고 악쓰고 우는 본능과 같은 것"(조지 오웰)이다. 천금성과 만나고 돌아오는 밤 열차 안에서, 10년차 글쟁이는 '내 안에 우는 아이가 있는지' 자문했다. 이것은 전두환 때문에 저지른 실수를 극복하려는, 한 글쟁이의 본능에 대한 이야기다.

전두환과 예춘호

'너는 누구 편이냐'고 사람들은 묻는다. 입장을 먼저 묻는 사람들의 뜨거움 앞에, 입장의 근거를 질문하는 사람들의 미지근함은 열기를 잃는다. '박정희의 편'과 '박정희의 반대편' 사이에서 '너는 누구 편이냐'고 사람들은 묻는다. 박근혜 대통령 때문에 더 불거진 측면이 있다. 〈동아일보〉가 지난 2012년 9월 10일 발표한 여론조사에서 응답자의 67.6퍼센트가 유신에 대해 "중공업 육성에 나설 토대를 만들어 도움이 됐다고 본다"라고 대답했다. 박근혜 후보가 유신과 인혁당 사건에 대해 사과했지만 '경제 발전을 위해 유신이 필요했다'는 정서는 보수주의자들 사이에 여전히 널리 퍼져 있다.

그럼 이 남자는 누구 편일까. 1927년 2월 6일 부산에서 태어났다. "국민학교 6학년 때 일본에 여행을" 갈 정도로 유복한 집안이었지만 조선인의 삶이 치욕스럽기는 마찬가지였다. 1945년 해방이 됐다. 좌우익의 갈등 속에서 친구들이 많이 죽었다. 당시 모든 양심적인 청년들처럼 그도 마르크스와 레닌, 소련공산당사를 읽었다. 보수주의자가 아니었지만 공산주의에도 동의하지 못했다. 전쟁 중에 부산 동아대학에서 경제학을 공부했고 1953년 전쟁이 끝난 뒤 서울대 대학원에서 공부를 계속했다. 영국의 자본주의 근대화가 화두였다. 진보적 경제학인 후생경제학도 공부했다. 고향에 내려와 수산대학(현 부경대)에서 강의했다. 책상에만 앉아 있지 못했다. '극동경금속공업사'라는 작은 업체를 운영했다. 후생경제학을 공부한 만큼 공익사업에도 일찍 눈떴다. 1950년대에는 국가 예산의 50퍼센트 이상이 미국의 원조였다. 1인당 국민소득은 수십 달러였다. 미국대외원조처(USOM)에서 지원하는 빈민을 위한 주택 건설 사업을 맡아 진행했다. 요컨대 지역의 진보적인 청년 엘리트였다. 그러다 1960년 4·19 혁명이 왔고, 1년 뒤 5·16 쿠데타가 일어나는 것을 지켜봤다.

박정희의 국가 주도형 근대화에 동의하면서 동시에 3선 개헌과 유신에 반대하는 게 가능한가. 취재 수첩의 맨 앞 장에 그 질문이 있었다. 예춘호 전 한국사회과학연구소 이사장을 지난 2012년 5월과 10월 두 차례 경기도 용인시에 있는 그의 자택에서 만났을 때 거듭 던진 질문이었다. "쿠데타가 났다는 소식을 듣고 무슨 생각이 드셨습니까?" 올해 여든여섯 살인 예 전 이사장은 큰 성량의 부산 사투리로 거침없이 답했다. 유도를 수련했을 것 같은 큰 손과 풍채에서 여전히 에너지가 넘쳤다. "물론 우리는 군사 쿠데타에 반대했습니다. 군인은 전쟁에만 몸을 둬야 하는 것이거든. 정치에 나오면 잘못된 거예요. 그런데 4·19는 혁명 주체가 없는 거예요. 대학생들이 국회를 짜고 정부를 짜고 해야겠지만, 학생들은 그런 사람들이 아니었거든. 민주당이 안 싸운 건 아니지만 학생들만큼은 안 싸웠거든. 학생들이 이승만 전 대통령을 굴복시켰단 말이죠." 그는 4·19 혁명에 주체가 없었음을 거론했다. '부정선거 규탄' 외에 슬로건도 없었다. 어부지리로 집권한 민주당은 실망을 줬다. 예 전 이사장은 1960년 4·19 직후 치러진 7·27 국회의원 선거에서 무소속 후보로 등록했다가 72시간 만에 철회했다. 부산의 민주당은 자기 계파가 아닌 정치인의 선거를 방해했다. "민주당은 해방 직후에 지주들이 만든 한민당에 뿌리를 두고 있어요. 그때는 지식인들이나 제대로 양심 있는 사람들은 (민주당과) 관계를 철저하게 안 한 거예요."

무엇보다 사람들이 가난했다. "군인들이 쿠데타 했지만 슬로건이 있다니까요. 김종필 전 총리가 쓴 혁명 공약이 있었습니다. 당시 사회상을 쥐어짠 에센스였습니다. 그때만 하더라도 보릿고개에는 밥을 다 못 먹습니다. 비참했습니다. (민주당은) 대한민국을 이렇게 이끌어가야겠다, 이런 게 없었어요." 예 전 이사장에게 공화당의 이념을 물었더니 "가난을 몰아내자는 것"이라는 답이 돌아왔다.

1926년생인 김종필 전 총리는 박정희 전 대통령을 앞세워 서른여덟 살의 나이에 불과 3000여 명의 병력으로 국가권력을 접수했다. 선한 사람들의 무능과 부작위가 그것을 가능케 했다. 주한 미군사령관 매그루더와 당시 1군사령관이던 이한림이 쿠데타를 진압하겠다고 밝혔는데도 진압 명령을 포기한 당시 대통령 윤보선은 겁쟁이 남자였다. 쿠데타에 맞서 싸우는 대신 수녀원으로 도망쳐 잠적한 장면 당시 총리의 리더십은 허약했다.

김종필은 신념에 찬 의회주의자가 아니었다. 그러나 나세르의 쿠데타 등을 공부해 정치의 작동 방식과 '쿠데타는 쿠데타를 부른다'는 권력의 다이내믹스를 이해하고 있었다. 숱한 중남미·아프리카의 독재자들과 달리, 원내와 원외를 분리한 근대 정당인 공화당을 만들어 1963년 대선에 대비했다. 총구로 잡은 권력이 지속 가능하려면 의회를 통해 이끌어야 한다는 역설을 이해하고 있었다. 전국의 젊은 명망가를 포섭하려 접촉했다. 예 전 이사장도 제안을 받았다. 김영삼 전 대통령과 리영희 전 〈한겨레〉 논설위원도 그중 하나였다. 예 전 이사장은 국가 주도형 경제 발전 전략에 동의했다. 1963년 부산 영도에서 출마해 공화당 국회의원으로 당선됐고 사무총장이 됐다. 6, 7대 의원을 지냈다. 박정희와 자주 독대했다.

거기까지였다. 1969년 3선 개헌 반대를 주도했으나 막지 못했다. 한차례 탈당한 뒤 복당했다. 1972년 유신헌법이 선포되자 반대 성명을 발표하고 공화당을 완전 탈당해 재야로 돌아섰다.

"유신 선포를 보고 느낌이 어떠셨습니까"라고 물었다. "신문 보고 알게 됐죠. 벼락을 맞은 거나 마찬가지죠. 청천벽력이지. 도저히 있을 수 없는 일이지요. 3선 개헌을 경과하고 (박 전 대통령이) 여러 가지 생각을 많이 했겠죠. 3선 개헌 때 저 같은 일들로 해서 '조금이라도 힘이 있을 때 다른 방법을 강구해야 되겠다' 이렇게 된 거지요." 예 전 이사장은 놀라움을 강조했다. "3선 개헌 반대를 한 게 박정희 전 대통령이 미워서가 아니고, 공화당이 나빠서가 아니고, 이건 정치 자체가 망하는 거였어요."

다시 질문을 던졌다. "유신이 잘못이지만 당시 냉전 상황에서 산업화와 경제 발전을 해야 하니까 어쩔 수 없었다는 의견도 있지 않습니까"라고 물었다. "역사가 반복되지 않는다지만 뻔하게 알면서도 또 반복이 된다는 것 아니에요? 이승만 전 대통령이 4선까지 하려던 거 아니에요? 자꾸 무리가 가는 거예요. (3선을 금지한) 헌법을 박 대통령이 만들었거든. 1961년 최고회의에서 만들었어요." 박정희 전 대통령이 자신이 만든 헌법을 스스로 부정하려 했다는 취지다. "공화당이 있으니까 당에서 지도체계를 만들어가지고 당에서 (지도자를) 선출하면 되는 거였어요." 그는 말을 이었다. "우리들은 (3선 개헌을 금지한) 헌법을 지켜야 한다, 법을 만든 사람들이 헌법을 지켜야 한다, 그 당시 객관적 여건을 고려하고 (자유당) 13년의 정치 경험을 돌아보고 만든 헌법이라고 생각했습니다. 4·19가 날 정도로 (자유당이) 했으니까 거울로 삼아야 한다고 생각했습니다."

"독재는 오히려 (경제에) 안 좋다고 판단하신 겁니까"라고 거듭 물었다. "그렇죠. 정당이 발전되어야 하니까요. 지도 체제라는 게 공화당에는 있었어요. PK 라인, 박김 라인." 자본주의 근대화를 특정 개인이 아니라 당을 통해서 하는 게 옳았다는 취지였다. "결국 (자유당의) 12~13년간의 정치 경험을 통해서 당시 김종필 전 총리가 정치 문제를 분석한 거예요. 그래서 새로운 정당, 국민들이 혐오하는 정당인이 아닌 새 일꾼들로 하는 새 사회를 만들 정당을 구상한 거예요. 그게 공화당입니다."

그는 3공화국의 국가 주도형 경제 발전 전략에 동의했다는 면에서 보수다. 동시에 개인이 아니라 정당이 의회주의의 틀 안에서 근대화를 추진해야 한다고 믿었던 점에서 정당정치주의자이고 의회주의자였다. 그리고 정당정치의 신념이 그를 재야 활동으로 이끌었다. 1972년 10월 17일 유신헌법이 선포되자 그는 전 공화당 총재 정구영과 함께 반대 운동을 이끌었다. 정구영도 3선 개헌과 유신에 반대하며 박정희와 멀어졌다. 양순직과 박종태 같은 전 공화당 의원도 같은 입장에 섰다. 1974년 유신의 그늘이 점점 짙어졌다.

정구영도 쉽게 찾아보기 어려운 '고독한 반대자'였다. 1896년생인 정구영은 일제 치하에서 변호사로 활동했다. 독립운동가를 많이 변론했다. 1960년 3·15 부정선거가 일어나자 대한변호사협회장으로 이승만 하야 성명을 발표했다. 4·19 직후 민주당에서 자유당의 정치인들을 처단하는 소급입법을 추진하자 다시 반대했다. 법률가로서 원칙에 충실했다. 그랬던 그가 공화당에 합류한 것은 정치권에 충격이었다. 몇 가지 이유가 있었다. 쿠데타군을 진압하지 않고 포기한 윤보선에 실망했다. 공화당의 산업화 지향에 동의했다. 5·16 쿠데타의 핵심 인사가 삼고초려했다.

국가 주도형 산업화의 대의에 동의했지만, 정구영은 철저한 의회주의 자였다. 박정희의 군정 연장 선언에 반대했고, 집권 공화당의 의장 서리 였는데도 "호치민은 지금 민족해방운동을 하고 있다"며 베트남 파병에 반대했다.[177] 재선을 앞둔 박정희에게 1971년 평화적으로 후계자에게 정 권을 이양하라고 조언했다. 자신의 원칙을 박정희가 무시하자 주저 없이 탈당했다.

"정구영 선생이 1970년대 초 내게 '언젠가 박 대통령을 만나게 되는 날 이 오면 공화당도 바로잡고 박 대통령도 바로잡겠다'고 말하며 그런 희 망을 가지고 버티고 있었어요. 그런데 청천벽력처럼 유신이 나왔단 말이 지요. 1974년 난상토론 끝에 정 선생이 본인과 제가 탈당하고 유신 반대 성명을 내기로 했습니다. 1월 5일까지 휴일입니다. 6일에야 기자들이 나 오거든. 그래서 (1974년) 1월 6일 북아현동에 있는 정구영 선생의 댁에서 유신 반대 성명을 내고 탈당계를 냈습니다. 그때 공화당 대변인이라는 녀 석이, 제가 볼 땐 똘마니인데, 우리들더러 '배신자다. 공화당 총재, 사무 총장을 지낸 사람들이 당에 배신행위를 했다'고 보도 자료를 냈죠. 그리 고 긴급조치 1호가 나왔습니다." 긴급조치가 내려지고 정구영은 1978년 5월 숨졌다. 그리고 1년 뒤 박정희도 숨졌다. 예 전 이사장은 완전히 재야 로 돌아서서 '국회에서 욕 친구'였다는 김영삼, 김대중 전 대통령과 함 께 민주화 운동을 이끌었다.

전두환도 공화당 사무총장의 이름을 설마 모르지 않았을 것이다. 1980

년 5월 17일 신군부에 끌려가는 예춘호의 착잡함을 가늠하기 어렵다. 게다가 그는 당시 현직 의원이었다. 김대중이 사형선고를 받을 때 예 전 이사장은 징역 12년형을 받았다. 20개월을 복역한 뒤 출소해 또 민주화 운동을 했다. 1987년 대선 때 양김의 분열에 환멸을 느꼈다. 현실 정치에서 눈을 돌렸다. 김영삼과 김대중이 집권한 뒤 예 전 이사장에게 국회의원 직을 제안했다. 두 번 다 거절했다. "정당이라는 건 평생 한 번 해야지 또 하고 또 하고 이러면 안 돼요. 대통령이 바뀌면 만들어지고 또 없애고 이러면 안 됩니다." 한국사회과학연구소 이사장이 그의 마지막 직함이다.

예 전 이사장은 박근혜 대통령을 또렷이 기억하고 있었다. "청와대에 들어가 보면 (박근혜 후보가) 중학교 1학년 세라복(세일러복)을 입고 있더라고요. 박 후보가 둘째아들과 국민학교에서 같은 반이었습니다. 박지만은 세발자전거 타고 이층 복도에서 왔다 갔다 하던 모습이 기억납니다."

인터뷰는 2012년 대선 전에 이뤄졌다. 당시 그는 지지 후보를 아직 정하지 못했다고 답했다. 박근혜 대통령에 대해 "거짓말을 하지 않고, 돈을 받지는 않을 것 같다"고 장점을 평했다. 야당 후보들이 개선할 점을 물었다. "서로 자기를 내세우고 있지 않습니까. 외부 세력이 (단일화를) 강제 안 하면 상당히 힘들 겁니다." 양김 분열이 준 상처가 느껴졌다. 2012년 대선의 시대정신을 물었다. "정당정치가 진보해야 합니다"라고 짧게 답했다.

당신은 누구 편이냐고 사람들은 묻는다. 예춘호 전 이사장은 국가 주도형 자본주의 근대화 편이었지만 동시에 정당정치와 의회주의 편이었고, 그래서 한때 민주화 운동가 편이었으며 2012년엔 누구 편도 아니었다. '너는 누구 편이냐'고만 묻는 얇은 질문으로 그의 선택의 두께는 잘 설명되지 않는다. '너는 어느 진영이냐'고만 따지는 좁은 시선에는, 고독한 반대자의 삶이 잘 포착되지 않는다. '기부에는 진보와 보수, 좌와 우가 있을 수 없다'라고 말하며 지난 2012년 8월 아름다운재단 이사장에 취임한 예종석 한양대 경영학부 교수 등 아들 셋을 뒀다.

헌법으로 살펴본
초기 박정희, 유신 박정희, 전두환

헌법은 어느 시점에 그 사회가 남긴 일기장이다. 헌법의 민주성이라는 점에서, 전두환 헌법은 유신헌법과 도토리 키 재기다. 1963년에 제정된 박정희 초기 헌법(3공화국 헌법)에 크게 못 미친다. 전두환은 늘 자신의 업적으로 '7년 단임제'를 꼽았다. 의미 없는 껍데기다. 유신헌법에서 '통일주체국민회의'가 대통령을 뽑게 되어 있다면, 전두환 헌법은 '대통령선거인단'이 선출하도록 되어 있다. 그러므로 전두환을 옹호하고 싶은 보수라면, 1963년 박정희 헌법부터 학습할 일이다.

이용훈 전 대법관이 잘 짚었다. 그는 2012년 9월 한 대학 강연에서 1963년 헌법과 유신헌법을 비교했다. 이용훈 전 대법관은 "5·16 쿠데타 세력이 만든 3공화국 헌법은 3선 조항만 빼면 굉장히 선진적이었는데 (유신헌법으로) 10년 만에 휴지 조각이 됐다"며 "이런 악한 헌법에 기초해서 긴급조치가 발령됐고 10·26 때까지 긴급조치가 통치 수단으로 작용했다"라고 말했다. 실제로 그런 것 같다. 국민의 권리와 주권 조항, 국회와 대통령 조항, 경제 조항 등에서 차이가 컸다.

국민의 권리 조항에서 초기 박정희 헌법은 4·19 헌법을 많이 계승했다. '대한민국은 민주공화국'(1조1항)이며 '대한민국의 주권은 국민에게 있고, 모든 권력은 국민으로부터 나온다'(1조2항)고 정했다. '모든 국민은 그 보호하는 어린이에게 초등교육을 받게 할 의무를 진다'(27조 2항)고 정했고 '의무교육은 무상으로 한다'(27조 3항)고 선포했다. 1960년 6월에 제정된 4·19 헌법은 '적어도 초등교육은 의무적이며 무상으로 한다'(16조)고 표현했다. 별 차이가 없다.

2013년에 사는 상식인이 유신헌법을 읽는다면 크게 놀랄 것이다. 1963

년 헌법에서 '모든 권력은 국민으로부터 나온다' 라고 정한 헌법 2조를 별안간 '대한민국의 주권은 국민에게 있고, 국민은 그 대표자나 국민투표에 의하여 주권을 행사한다' 라고 바꿔놓았다. 이용훈 대법관이 "어떻게 그런 발상을 할 수 있는지 너무 놀라웠다" 라고 말할 만하다. 이 조항은 전두환 헌법에서 1963년 헌법의 조항으로 회복됐다.

입법부와 대통령의 권한과 책임 부분에서 여러 헌법의 차이가 도드라진다. 독재자에게 국회란 거추장스러운 잔소리꾼일 것이다. 말기의 박정희는 유신헌법에서 국회 회기를 줄여버렸다. 1963년 헌법에서 국회 정기회의의 회기 상한은 120일인데 유신헌법에서 90일로 줄었다. '국회는 정기회·임시회를 합하여 연 150일을 초과하여 개회할 수 없다' 는 조항이 신설됐다. 박정희의 프로테제인 전두환도 입장이 다르지 않았다. 전두환 헌법에서도 회기의 최대일수는 90일로 유지됐고 개회일도 여전히 150일로 제한됐다. 그러므로 한국의 대중들이 정당정치를 경멸하는 것은 절반만 옳다. 저열한 정당정치는 독재자에게 유리한 것이었다. 독재자들은 정당정치를 저열한 수준으로 빠뜨리려 최선을 다했다.

프로이디언 슬립(Freudian slip)처럼, 전두환은 이를 무의식중에 드러냈다. 1986년 8월 6일 청와대에서 회의가 열렸다. 민정당에서 내각제 헌법 개정안을 만들어 전두환에게 보고했다. 민정당 대표 노태우, 국무총리 노신영 등도 참석했다. 민정당이 개회일 상한을 150일에서 180일로 연장하는 안을 올렸다. 이에 전두환은 "뭐하려고 한 달씩이나 연장을 하나" 라며 "국회 회기를 헌법에 명시하지 말고 필요하면 30일 정도를 더 할 수 있도록 국회법에 규정해서 융통성을 주는 게 좋겠어" 라고 잘라 말했다. 민망하도록 무지한 발언이었다. 특별보좌관 박철언이 옆에서 교정해줬다. "그것은 최상한에 대한 규정입니다." 전두환은 "쓸데없는 질문을 중복해서 그렇지, 각 정당이 정책만 다루고 본회의 상임위의 중복을 피한다면 지금의 기간만으로도 남아돌아갈 거요."[178]

사법부에 대한 인식도 그 수준이었다. "(사법부의 독립과 권위 제고 조항에 대해) 대법원 판사들의 추천을 통해서 대법원장 선거를 하게 되면 어떤 꼴이 나겠어요? 사법에 신경 쓰는 것이 아니라 변호사나 언론의 눈치를 보게 돼요. 사법부는 대법원장을 중심으로 일사불란하게 되어야 해요. 이번 기회에 대법원장의 지도력이 확립되도록 고쳐줘야 돼요. 그렇지 않으면 나라의 안정이 확보될 수가 없어요."

유신헌법과 전두환 헌법 둘 다 대통령을 간접선거로 뽑도록 정했다. 포장지만 바뀌었다. 유신헌법은 '통일주체국민회의'에서 대통령을 뽑도록 규정했다. 전두환 헌법에서 이름만 '대통령선거인단'으로 바뀌었다. 유신헌법과 전두환 헌법은 청년 세대에게서 참정권을 박탈했다. 통일주체국민회의 대의원과 대통령 선거인이 되려면 서른 살이 넘어야 했다. 전두환이 집권하던 시절 20대는 죄를 지으면 처벌받아야 했고, 돈을 벌면 납세해야 했으며, 적당한 시기에 군에 복무해야 했다. 의무는 많은데, 참정권은 제한된 청춘들이었다. 유신헌법은 더 지독했다. 국회의원의 3분의 1을 대통령이 지명하도록 정했다. 대통령이 국무회의의 심의를 거친 후 '국회를 해산할 수 있다'는 유신헌법의 조항은 전두환 헌법에서도 그대로 유지됐다.

1963년 헌법의 경제 조항 가운데 독특한 게 있다. 115조에서 '국가는 농민·어민과 중소기업자의 자조를 기반으로 하는 협동조합을 육성하고 그 정치적 중립성을 보장한다'라고 정했다. 대통령 자문 기구로 '경제·과학 심의회의'를 두도록 한 점도 인상적이다. 전두환 헌법은 유신헌법에 없던 경제 조항을 삽입했다. 120조 3항에 '독과점의 폐단을 적절히 규제·조정한다'라고 선언했다. 유신헌법은 대통령 긴급조치 조항에서 '사후 국회 승인' 부분을 삭제해버렸다. 전두환 헌법에서 그전으로 회복됐다.

전두환 헌법은 여러 측면에서 유신헌법의 아류다. 민주성에서 1963년 초기 박정희 헌법에 못 미친다. 전두환은 말기 박정희가 아니라 초기 박정희 헌법에서 배웠어야 했다.

경제대통령 김재익

경제적으로 전두환의 시대는 아이러니의 시대였다. 그 아이러니를 백완기 고대 명예교수만큼 적확하게 묘사한 사람은 없다. "이 두 사람의 만남은 훗날의 한국 경제를 위해서 너무나도 극적이요, 운명적이었다. 순수한 자유주의자와 절대 권력자의 만남. 극과 극은 통한다더니 이를 두고 하는 말인가!"[179]

자유주의자 김재익과 독재자 전두환의 만남은 실로 드라마틱하다. 걸출한 자유주의자 김재익의 삶은 경제학도만큼이나 역사학도나 인문학도의 관심을 끈다. 김재익은 1938년 11월 26일 서울에서 태어났다. 머리가 좋았다. 전형적인 수재의 진학 경로를 밟았다. 경기중과 경기고를 나와 서울대에 들어갔다. 특이한 점은 그의 학부 전공이 외교학이라는 것이다. 대학을 졸업한 뒤 한국은행에 입사해 경제인으로 사회생활을 시작했다. 외모는 모범생이지만 지적으로 터프했다. 국제 관계를 공부해 석사학위를 따더니 하와이대학과 스탠퍼드대학에서 경제학을 공부했다. 당시 막 떠오르기 시작한 신고전파 경제학을 전공했다. 일종의 지적인 이종격투기 선수다. 1973년 한국은행에 복직한 뒤 대통령 비서실과 경제기획원 등을 두루 거쳤다. 전두환에게 발탁되기 직전에 직책이 경제기획원의 경제기획국장이었다. 1980년 6월 국가보위비상대책위원회 경제과학분과위원장으로 발탁된다. 1980년 9월부터 1983년 10월까지 청와대 경제수석비서관으로 일했다.

커리어만 보면 김재익의 진보성이 잘 드러나지 않는다. 설익은 진보파라면 김재익이 신자유주의를 전공한 사실에서 곧장 '시카고학파와 피노체트의 만남'을 떠올릴지 모른다. 귤이 회수를 건너면 탱자가 되듯, 김재익이 미국에서 배운 신자유주의의 보수성은 태평양을 건너자 1980년 대한민국에서 모종의 진보성을 보인 것 같다. 김재익은 국보위 시절부터 전두환에게 거의 매일 경제학 강의를 했다. "그(김재익)는 아무리 복잡하고 어려운 경제 현상도 간단하고 쉽게 설명하는 뛰어난 재주를 지니고 있었다"[180]고 전 〈중앙일보〉 편집국장 이장규는 기록한다. 김재익이 강조한 가치는 '안정'이었다. 특히 물가 안정이다. 그는 "대통령에게 물가 안정이 최우선 과제임을 알기 쉽게 설명했고 몇 가지 정치적으로 인기 없는 정책 결정을 이끌어냈다. 예를 든다면 제로 베이스의 예산 편성, 예산 동결, 추곡 수매가 동결, 통화 긴축, 수입의 점진적 자유화 같은 것"이었다.[181]

경제 합리화도 과제였다. 특혜를 받은 부실기업을 정리하는 게 대표적이다. 외국자본을 끌어와 재벌에 빌려줘서 고도성장을 꾀하는 게 박정희 시대의 경제 시스템이다. 누군가는 '국가 주도형 산업화'라 부르고 또 다른 누군가는 '발전 지향적 독재'[182]라 불렀던 시스템이다. 수출 기업에 온갖 혜택을 줬다. 가령 서민의 대출금리는 높았는데 기업의 대출금리는 매우 낮았다. 성과도 있었지만 문제도 심각했다. 특히 유신 시절 경제는 문제가 심각했다. 효율 면에서, 기업은 국가의 지원에 기대 경영이 방만했다. 도덕적으로, 기업이 정치 비자금을 조성하는 등 부패했다. 경제기획원은 1971년 차관을 지원받은 기업 총 147곳 가운데 26곳을 부실 기업으로 규정할 정도였다.[183] 말년의 박정희는 경제기획원의 제안을 실행하기는커녕 거꾸로 1972년 '8·3 조치'를 발표해 재벌에 일방적으로 혜택을 줬다. 재벌이 사채업자에게 빌린 채무를 당분간 갚지 않아도 된다는 반자본주의적인 내용이었다. 김재익이 몸담았던 경제기획원은 '유신 경제'를 합리화할 것을 계속 주장해왔다.

그러나 '안정'과 '합리화'란 개념어는 경제학도의 가슴을 칠지언정 인문학도의 좌심방을 뛰게 만들지 않는다. 인문학도는 그 단어에서, 대한민국이라는 공장을 관리하는 냉혹한 공무원의 이미지를 떠올린다. 경제학자는 다음과 같은 질문에 답해야 한다. "경제 안정은 어느 집단에게 유익한가, 그것은 국민 다수에게 어떤 영향을 주는가?" "합리화란 어느 집단의 이성에 합치하는 계획인가, 합리화는 그래서 결국 어떤 결과를 낳는가?"

인플레이션의 정치학을 이해하면, 신자유주의자 김재익의 진보성이 이해된다. "인플레이션이 단순한 물가 상승에 그치지 않고 부의 이전 효과가 있다는 것을 처음 입증한 사람은 영국 경제학자 존 메이너드 케인스다. 그는 저서 ≪화폐개혁론≫에서 노동자와 저축자들을 희생시켜 실물 자산을 가진 기업에 막대한 이득을 안겨주는 인플레이션의 메커니즘을 밝혀냈다. 실제로 인플레는 민간에서 정부로, 채권자에게서 채무자로, 노동자에게서 기업으로 부를 이전시킨다."[184] 외교학을 전공한 김재익이 이런 거시 경제의 ABC를 몰랐을까?

과연 전두환은 경제 스승의 가르침을 충실히 외우고 다녔다. "나라가 돈을 찍어내 물가를 올리고 물가가 올라서 봉급자를 포함한 국민 대다수가 앉아서 손해를 보는 시대는 막을 내리고 있습니다. 정직하고 성실하게 돈을 벌어 저축하는 사람이 바보 취급을 받고 빚을 많이 져도 인플레가 빚을 저절로 해결해주고 투기로 큰돈을 벌 수 있는 시대는 지나가고 있습니다(1983년 하계 기자회견)."[185] "국민이 잘 모르는 사이에 인플레라는 세금을 거두어들이는 방식을 절대로 사용하지 않을 것입니다(같은 기자회견)." "이러한 과제가 성공해야만 비로소 봉급생활자와 농어민들의 가계는 안정되고 그들의 저축이 보람을 찾게 될 것(1982년 1월 22일 국정 연설)"이다. 존 메이너드 케인스가 들었으면 박수를 쳤을 전두환의 연설 문장 뒤에, 김재익의 얼굴이 어른거린다.

공정거래법과 금융실명제 도입은 더 유명하다. 독재 정권이 아이러니컬하게 진보적일 수 있다는 대표적 사례다. 김재익과 1982년 당시 재무부장관이던 강경식이 주도했다. "국가보위입법회의라는 초헌법적 기구가 없었으면 공정거래법은 불가능했다. 정상적 절차로는 어려웠다는 뜻이다."[186] 1980년 12월 31일 '독점규제 및 공정거래에 관한 법률'이 제정·공포됐다. '금융실명거래에 관한 법률'도 1982년 12월 31일 제정됐다. 사실, 금융실명제는 실패했다. 재벌과 육사 출신 청와대 참모, 보수적 관료들의 반대가 격심했다. 진짜 보수주의자라면 금융실명제를 마다해선 안 됐다. "부에 대한 정당성이 인정되는 바탕 위에서만 자본주의는 꽃을 피울 수 있다"는 게 이 법을 추진한 강경식의 철학이었다.[187] 반대를 이기지 못했다. 보기 좋게 마무리하기 위해, 입법은 하되 법안에서 실시 시기를 뺀 '껍데기 입법'을 해 통과시켰다. 껍데기 법은 국회에서 통과되자마자 사문화됐다. 이 역사적 조치는 훗날 김영삼의 몫으로 돌아간다.

김재익이 다 옳은 건 아니었다. 자유주의 신념이 지나칠 때도 있었다. 경제일원화 정책에 따라 현대가 자동차 산업을 맡기로 했다. 김재익은 "자동차 산업 자체가 우리 능력과 여건에 맞지 않으니 GM 같은 대

메이커의 품속에 들어가야 합당하다"고 여겼다. GM과 합작해야 한다고 생각했다.[188] 2013년의 시각으로 볼 때 터무니없어 보인다. 추곡 수매가 동결은 노동자와 서민의 박탈감을 강조하는 진보의 시각에서 비판받을 소지도 있다.

그러나 그런 한계들이 김재익이 주는 영감을 해치지 못한다. 그는 실제로 매력적인 인물로 기억된다. 당시 경제부 기자들 사이에서 김재익은 찬밥이었다. '실정 모르는 아이디얼리스트'[189]로 여겨졌고, 뉴스 소스가 없어 좋은 취재원이 아니었다.[190] 6·25 때 부친이 공산주의자에게 살해되었으며, 경제부 기자를 만나면 미제스(Ludwig von Mises)의 《자본주의 정신과 반자본주의 심리(Economic Policy/The Anti-Capitalistic Mentality)》를 건네던 이 관료는, 사실 현실주의자였던 것 같다. 눈 밝은 기자는 김재익의 그릇을 감지했다. 당시 〈경향신문〉 기자였던 손광식의 취재 수첩 기록에 나타난 김재익은 네오리버럴리스트가 아니라 현실적 자유주의자다. 손광식의 글은 울림이 깊다. 그의 문장 행간에서 인간 김재익이 얼굴을 내민다. 김재익은 1982년 기자에게 "이제는 20대 재벌을 지원하는 정책을 앙심 먹고 철수하려 한다"고 말했다. "그 1500배에 달하는 3만여 개의 중소기업이 뛰놀 마당을 만들어야 한다"고 일갈했고 "이제 국영의 금융 체제는 끝나야 한다고 앙심먹고 있다"고 다짐했다.[191] '앙심먹고'는 이 자유주의자가 좋아하던 표현이었다. 키가 크고 얼굴이 하얗던 김재익은 외모와 달리 전투적 실용주의자였다. 지식인 친구들이 독재에 부역한다고 비판할 때, 김재익은 "김일성을 설득시켜 그 사람의 생각을 바꾸어놓을 수 있다는 확신이 있으면 해야지"라고 말했다.[192]

김재익은 미제스를 읽었지만, 거기 갇히지 않았다. "나는 우리나라가 미국이나 일본 같은 경제 대국이 될 수는 없다고 본다. 하나의 모델이 있다면 그건 스웨덴이다" 라고 말했다. 금융 개방이 공화국에 해를 끼칠 수 있다는 점도 지적했다. 기자 손광식은 김재익을 만난 뒤 "아무리 교역과 개방을 개방하더라도 왜 은행은 외국자본이 지배하도록 해서는 안 된다고 말했을까" 를 자문했다.

참여정부의 경제를 기억하는 진보주의자라면, 다음과 같은 질문이 아프게 떠오를 것 같다. '보수 정당을 이기겠다던 참여정부의 경제 철학은 전두환의 경제 참모의 비전을 뛰어넘었는가?' '진보 진영은 대중이 싫어하지만 공화국에 도움이 되는 정책을 대중을 설득해서 추진할 리더십을 구축할 수 있는가?'

그러므로 이 글은 서두의 인용문을 수정하는 것으로 마무리하는 게 적절해 보인다. 김재익은 '순수한 자유주의자' 가 아니라 현실적 자유주의자였다.

어느 기업인이 추억하는
전두환노믹스

전두환이 경제 교사의 숙제를 다 완수한 게 아니다. 많이 모자랐다. 특히 재벌에게 정당한 책임을 묻는 과제를 소홀히 했다. 박정희가 차관을 빌려오면, 은행을 장악한 정부가 금융기관을 통해 그 돈을 재벌에 풀었다. 성장도 이끌었지만, 부패와 비효율도 만들었다. 서민의 대출금리는 높은데, 기업의 대출금리는 터무니없이 낮았다. 경제기획원은 1971년 차관을 받은 기업체 총 147곳 가운데 26곳을 부실기업으로 규정했다. 그걸 정리해야 했다.

개념어는 진실을 감추고 상상력을 가둔다. '부실기업 정리'라는 개념어는, 독재 정권이 어떻게 기업을 살리고 죽였는가라는 질문을 가로막는다. 블랙코미디의 현실을 제대로 담지 못한다. "5공화국의 부실기업 정리는 청문회 대상이 될 정도로 정치적 의혹도 많았던 사안"[193]이다. 2013년의 기자가 볼 때 말도 안 되는 일이 벌어졌다. '산업정책심의회'라는 정체불명의 조직이 칼을 휘둘렀다. 부총리가 위원장이고 대부분의 경제부처 장관이 참여해 권한이 컸다. 반면 법적 근거가 대통령령에 불과해 책임이 작았다. 그 유명한 국제그룹 해체가 이때 벌어졌다.

전두환은 재벌 문제 바로잡기라는 숙제에서 낙제했다. 구조를 바꾸고 부정의를 바로잡는 대신, 돈을 뜯어냈다. 재벌 문제는 2013년의 화두다. 박근혜 대통령이 전경련 소속 기업인들을 만나 "(대기업은) 국민 기업 성격도 크다"라고 발언한 것은 다행스럽다.[194] '(재벌은) 가난한 집 맏아들'이라는 유진수 숙명여대 경제학과 교수가 쓴 책의 제목도 피부에 와닿는다.

전두환노믹스를 연구하는 것은 2013년의 화두와 관련지어 고민할 때

의미 있다. 대표적인 '재벌국민기업론자'인 배순훈 S&T중공업 회장에게 5공화국의 추억을 물은 이유다. 배 회장은 대표적인 대우맨이다. 서울대 공대를 나온 과학자이면서 기업인이었다. 1982년에 대우전자의 사장이었다. 1991년 대우전자 사장직을 한 번 더 맡았다. 1998년 김대중 정부 당시 정보통신부 장관으로 더욱 알려졌다. 혁신이 늘 그의 화두였다. 숱한 직함과 경력을 거쳤지만, 2009년부터 2011년까지 재직했던 국립현대미술관의 전 관장으로 불리길 원한다. 미국에 있는 배 회장을 2013년 1월 28일 이메일로 인터뷰했다. 현장 기업인으로서 전두환과 그의 시대를 어떻게 기억하는지 물었다. 전두환노믹스의 유산에 대해서도 조언을 청했다.

배 회장은 전두환이 박정희의 유산을 청산하고 경제자유화를 실천하는 데 실패했다고 회고했다. 2013년에 발생할 중산층의 몰락을 가장 우려했다. 기업인이었으므로 노동운동에 대해서는 보수적이었지만, 동시에 대기업의 사회적 책임을 강조했다. 때로 절절했고, 자주 냉철했다. 행간에 조국에 대한 깊은 애정이 묻어나왔다. 배 회장과의 문답을 편집하지 않고 싣는다.

1. 1979~1981년 당시 정확한 직책과 근무 장소를 설명 부탁드립니다.

"대우엔지니어링 부사장 겸 대우조선 부사장으로 있으면서 울산화력 건설, 옥포조선소 인수가 마무리되는 시점에 1979년부터 대우기획조정실 전무로 재직했고, 5공의 중화학공업 구조조정 회의에 대우 측으로 참석했습니다. 1980년 구조조정 결과 대우가 현대양행을 인수하면서 인수

팀에서 한국중공업 전무로 원자력 발전소 건설 본부에 근무하였습니다. 6개월 후 전두환 정부의 구조조정 방침이 백지화된 뒤에는 대우기획조정실 전무로 복귀하여 리비아에서 플랜트 건설을 담당했습니다. 리비아 현장의 생활 조건이 너무 열악해 일찍 귀국했습니다. 1981년 말 산업은행 관리하에 있던 (구)대우전자의 사장으로 생산 현장을 담당했습니다. 1982년 말 대우전자가 내수 없는 수출 전문 전자회사로 안정되자 대한전선 가전사업부를 인수했고, 오늘날의 대우전자로 개편되었습니다. 1983년 대우전자를 그만두고 해외 유학을 떠나 스탠퍼드대와 MIT에서 2년을 지냈고 1985년 GM과 합작으로 만들어진 자동차 부품 공장(대구 월성공단)의 사장으로 부임했습니다. 5공의 중요한 시기(1983~1985년)에 미국에 거주했기 때문에 5공 시절의 기억은 희미해서 잘 말씀드리기 힘드네요. 당시 30대 기술자로 정치에 관여하지 못했고요."

2. 1979년 10 · 26 시해 사건을 언제, 어떤 경로로 처음 알게 되었는지 궁금합니다. 시해 사건을 접한 장면이 기억나시는지요?
   "언론 보도를 통해서 알았습니다."

3. '전두환'이라는 이름 석 자를 가장 처음 들어본 것은 언제 어떤 경로인지요?
   "언론 보도를 통해서입니다."

4. '전두환 전 대통령이 대한민국의 지도자가 되겠구나'라는 생각을 처음

한 것은 언제였습니까? 국보위 설치를 알린 언론 보도였습니까? 그리고
그때 무슨 생각이 드셨을지 궁금합니다.

"언론 보도를 통해서 국보위원들이 임명된 것을 알았고 '결국 전두환
대통령이 되겠구나' 하고 생각했습니다. 정국이 무서워 다른 생각은 없
었지만 막 인수한 옥포조선소를 어떻게 건설할 것인가 걱정을 했습니
다."

5. 전두환 전 대통령을 직접 만나신 적이 있으신지요? 만약 있다면 언제 어
   떤 행사에서 만났는지 장면이 기억나시는지요?

"1987년 대구 기업체 사장들과 오찬 면담을 하던 자리에서 처음 만날
기회가 있었습니다. 그 자리에서는 발언할 기회는 없었습니다. 전 대통
령이 '대통령도 아무나 할 수 있는 자리가 아닙니다. 나도 한 7년을 하고
나니 이젠 할 만한데 임기가 끝나서 유감입니다' 라고 말해서 저는 속으
로 '저분도 또 유신을 하려나' 생각했습니다만, 전 대통령이 바로 이어
서 '그렇다고 해서 내가 계속할 생각이 있는 것은 아닙니다. 처음에 약속
한 임기로 끝을 내야 우리 민주주의가 살아납니다' 라고 발언해 안도한
기억이 있습니다.

그날 오후 갑자기 전 대통령이 경북 달성 공단에 있던 대우자동차 부
품 공장에 들렀습니다. 공장을 시찰하면서 사장인 저에게 '불편한 사항
이 있으면 건의하라' 고 했습니다. 저는 '수출업체는 정부에서 잘해주기
때문에 불편한 것이 없다' 고 대답했습니다. 전 대통령은 다시 '걱정 말
고 생각을 말하라' 고 했습니다. 저는 중요한 일도 아닌데 대통령에게 직

접 얘기했다가 후일 상공부 관리들이 보복할까 두려워 '불편한 사항이 전혀 없다'고 대답했습니다. '수출 상품을 운반하는 차량이 현풍 인터체인지를 돌아 들어오려면 거리가 너무 멀어 불편할 터이니 공장으로 직접 들어오는 고속도로 출입구를 새로 건설하면 어떻겠느냐?'고 전 대통령이 물었습니다. '내가 귀경해서 지시를 하겠다'고 해서 생긴 것이 지금의 달성 인터체인지입니다. 박정희 대통령 시절 청와대 경호실이 얼마나 악명 높았는지를 잘 알고 있었던 나는 경호원들이 친절하게 대해주어 전 대통령에 대한 인상은 매우 좋았습니다. 후에 작업자들에게서 들은 얘기입니다. 전 대통령은 사장이 없는 자리이니 '솔직히 대답하라'고 하며 작업 환경과 임금에 관한 질문을 했고 작업자들은 긍정적인 대답을 했습니다. 전 대통령은 평상시에는 만날 수 없는 현장 작업자들의 긍정적인 대답을 직접 듣고 기분이 좋았던 것 같습니다. 그래서 달성 인터체인지를 선물로 준 것 아닌가 생각했습니다."

6. 10·26부터 국보위 설치, 3김 체포 및 가택 연금, 광주항쟁 진압 등 현대사가 숨가쁘게 진행되었던 기간이 1979년 10월부터 1980년 말입니다. 현장의 기업인으로서 그 기간에 기업인으로서 느꼈던 '변화'가 있었는지요? 대우 같은 수출 기업에는 환율 문제가 민감했을 텐데 당시 경제와 관련한 국가 기능이 격변기에 제대로 작동했을까 의문이 듭니다.

"국보위가 설치되고 자동차와 발전 설비 사업 구조조정이 있었습니다. 현대그룹에서는 정주영 현대그룹 회장, 정세영 현대자동차 회장, 당시 현대건설 사장이던 이명박 전 대통령이 참석했고, 대우그룹에서는 김우중 회장, 박세영 대우실업 사장, 제가 참석했습니다. 정부에서는 신병현 상공부장관, 서석준 경제기획원 차관, 금진호 국보위 상공분과위원장과 국보위원 두 사람이 참석한 회의가 기억에 남습니다.

외환이 부족하여 수출 기업 위주로 배분하던 시절이기 때문에 외화 차입 문제의 경우 정부가 알아서 수출 기업이 손해가 나지 않도록 보전해 주었다고 기억합니다. 중화학 투자는 가동률이 낮아 어차피 기업 스스로가 독립적 운영이 불가능했습니다. 은행의 정책 금융은 실질적으로 정부가 결정했습니다. 김우중 회장은 대우의 한국중공업 인수 당시 본인의 개인 소유 주식 전부를 문화재단에 기증하여 대우 전체가 소유주가 없어지고 실질적으로 공기업 형태로 운영되었습니다. 한국중공업에 대한 특혜가 김우중 개인에 대한 특혜로 비춰질 것을 우려한 조처였고, 김우중 회장 개인은 국가에 기여를 많이 하면 후에 얼마든지 돈을 벌 수 있는 기회는 있다고 믿고 한 조처라고 생각합니다. 관치 금융 체제에서 정부는 기업의 현금 흐름을 언제나 중단할 수 있었기에 정부의 눈 밖에 나면 기업이 생존할 수 없었습니다.

박 대통령 시대와는 달리 경제와 산업에 대하여는 본인이 잘 모르는 분야라고 생각한 전두환 대통령이 김재익을 비롯한 경제 관료들에게 산업 정책은 위임했기 때문에 '대리인 비용'이 크게 증가하였다고 생각합니다. 물론 김재익을 비롯한 경제 전문가들은 대리인 비용이 어떻게 발생하는지를 잘 이해하고 있었기 때문에 단기적인 개인 이득을 희생하고 공적 행동에서 엄격하게 개인행동을 자제했습니다. 그러나 대리인 비용에 대한 이해가 부족했던 일부 군 출신 경제 관료들이 결정권을 행사한 것이 공무원 부정부패의 시발점이 되었다고 생각합니다.

민주주의에서도 거래비용을 줄이기 위해 시장 경쟁을 거치지 않고 경제주체가 임의로 결정하는 경우가 있습니다. 주체가 모든 문제를 항상 직접 다룰 수 없기 때문에 자기 업무의 일부를 대리하는 대리인들을 선정하여 결정 권한을 위임합니다. 이때 주체와 대리인 사이에 생각이 다르기 때문에 발생하는 비용이 대리인 비용입니다. 도덕적 해이가 발생하여 비용이 증가하는 수도 있으나 비효율적 거래로 인한 비용이 큽니다. 박봉에 시달리던 저급 공무원들에게 '담뱃값'을 주던 관행이, 고급 공무원들이 상류 생활을 유지하기 위한 축재를 도와주는 관행으로 변한 것이 이 시점이 아닌가 생각합니다."

7. 이장규 전 〈중앙일보〉 편집국장은 저서 《경제는 당신이 대통령이야》에서 "대기업의 정보 수집 조직이 웬만한 언론기관 뺨칠 정도로 강화된 게 바로 5공 때"라고 주장합니다. 당시 언론의 마비, 국회 기능의 정지 등으로 경제와 국가정책과 관련된 정보가 제대로 유통되지 않아 기업인들이 투자와 경영 계획을 짤 때 참고할 정보를 스스로 취재해서 알아내야 했기 때문이라는 것입니다. 이런 견해에 동의하시는지요?

"기업의 부채 비율이 1000퍼센트를 상회하던 시절에 모든 투자는 은행 융자를 통해 진행되었기 때문에 정부와 사전에 상의했습니다. 시장 정보는 기업이 수집하였기 때문에 당연히 편파적이었습니다. 따라서 개인 기업의 편파적인 정보가 산업 정책에 반영되면서 금융도 왜곡되었습니다. 국제시장에서는 정부와 민간 기업이 합의하여 중화학공업을 추진하였기 때문에 일본식 '타게팅(targeting)'을 한다는 미국의 의혹도 받았습니다."

8. 1979년과 1980년에 걸쳐 대우그룹도 정보 담당 부서를 확대했습니까?

"기획조정실이 확대되었다고는 기억하지 않습니다. 김 회장은 항상 현업 부서와 상의하여 사업을 추진하였기 때문에 현업 담당 사장들의 영향력이 컸습니다. 현업 사장들은 각각 개인들의 친분을 통해 정부와 연결고리를 갖고 있었습니다. 그러나 수출 위주의 대우는 내수가 비교적 적었던 관계로 경쟁하던 대기업들에 비해 정부와의 연결이 비교적 부족했습니다."

9. 1980년대 현장에서 뛰었던 기업인으로서, 5공화국이 경제정책과 관련해 가장 잘한 게 있다면 무엇일까요?

"첫째, 1980년 2차 석유 파동을 지나면서 외환위기를 극복한 것은 한국에게는 다행으로 세계적 경기 호황 덕분이지만, 행운을 타고 위기를 극복한 것은 재무부의 업적입니다. 해외 건설 확대와 베트남 참전으로 외환 수지도 개선되었습니다.

둘째, 중화학 구조조정의 경우 전 대통령의 이해 부족으로 산업 구조조정 정책이 백지화되고 원상으로 돌아갔습니다. 당시 2차 석유 파동 후 세계시장이 회복하면서 호황이 되어 결국 과잉투자로 부실이 컸던 대기업들이 '문어발 경영(사업 다각화)'으로 살아날 수 있었습니다. 특히 중동 건설 확대와 월남 참전이 경제성장에 큰 역할을 했다고 생각합니다.

박정희 시대의 반작용으로 극심했던 지하 노동운동도 표면적으로는 줄어들어 노사 안정을 유지하였습니다. 기업들이 획기적으로 성장할 수 있던 중요 요인은 침체되었던 세계시장의 수요가 갑자기 반등했고 이미 과잉투자를 했던 기업들이 이 기회를 활용할 수 있도록 노사문제가 안정되었던 것이라고 생각합니다. 한국 기업들만이 준비가 되었던 셈이지요. 이때의 노사 안정은 후에 반작용으로 노태우 대통령의 6·29 선언 후에 노동쟁의가 폭발적으로 증가했고 문민정부부터는 노동문제가 경제발전의 가장 핵심적인 문제로 대두되었습니다.

셋째, 대기업 경영주에 대한 적절한 견제로 개인적 부의 축적, 상속을 제한했습니다. 그러나 개인의 재산과 그 상속에 대한 문제는 결국 대기업 경영주와 대통령(측근 포함)과 협상하여 해결했고 그 과정에서 전 대통령이 퇴임한 후 밝혀진 부정한 자금이 형성된 것으로 알고 있습니다. 당시 대우에는 후계 문제가 없었습니다. 시장경제로의 이전이 점진적으로 이루어지는 과정에서 시장 규제에 영향력이 있는 위치에 있는 고위 공무원들의 주관적 결정은 기업에 치명적 영향을 미쳤습니다. 대기업이 자만할 수 없었기 때문에 열심히 노력해 고속 경제성장을 이룰 수 있었으나 성장의 결과를 분배하는 과정에서 자본주의 시장경제의 원리를 따르는 과정에서 양극화 문제와 공무원 부정부패의 문제가 발생하였다고 생각합니다.

넷째, 전자식 교환 통신 기술 도입으로 전화 시스템에 획기적 발전을 가져온 것은 훗날 IT 강국이 되는 중요한 발판이 되었습니다. 그러나 통신업체 지정이 임의적으로 시행되어 아직도 통신업체는 보호된 국내 시장에서만 활약하고 있습니다. 김재익 전 수석은 경제기획원 근무 시절부터 통신 시스템 개혁에 대해 강력한 의견이 있었기 때문에 경제수석으로 가면서 이 분야에 결정적인 기여를 하였습니다. 모든 경제정책은 그 당시의 여건 때문에 임의로 시장을 왜곡하는 것으로 당시에는 긍정적인 효과도 있지만 후에는 부정적인 효과도 유발합니다."

10. 5공화국의 경제정책이 현재 한국 경제에 영향을 끼치고 있는 유산이 있다면 무엇일까요?

"전자교환기를 적극적으로 도입해 오늘날 광대역 인터넷 기반을 마련하였으나 정부의 적극적인 시장 개입은 결국 통신업체의 해외 경쟁력을 취약하게 만들었습니다. 교환기와 광케이블의 수출은 미약했습니다. 기계 베어링 산업, 철강 소재 산업의 시장 독과점 형성도 우리 부품 소재 산업을 영구히 취약하게 만든 원인 중에 하나입니다. 관치 금융의 결과 무역이 세계화된 이 시대에도 금융이 지역 금융에서 못 벗어나고 있는 것도 그 시대의 유산입니다."

11. 1970년대 후반 경제기획원이 외자 융자를 받은 국내 기업 상당수를 정리해야 한다는 보고서를 박정희 대통령에게 올린 것으로 알려져 있습니다. 부실기업 정리 과제가 5공화국에서 제대로 수행됐다고 보시는지요?

"부실기업 정리와 재정 건전성은 은행을 통해서 연관이 됩니다. 금융이 관치로 이루어졌으니 부실기업의 정리는 은행의 불량 대출을 정리하는 것이고 그것이 바로 재정 건전성입니다. 부실기업의 책임을 물어 경영주를 변경하는 것도 시장 경쟁이 아니라 정부의 결정이었습니다. 금융기관의 리스크 관리 부재, 즉 '관치 금융'도 훗날 외환위기를 불러오는 한 요인이 되었습니다. 우리나라의 금융기관은 합법적 절차로 이루어진 대출에 대하여는 대출 손실을 책임지지 않습니다. 부실기업 정리는 시장 원리를 따라 하고 그때 결정한 정부와 금융기관은 부실정리 결과에 대해 책임 소재를 분명히 했어야 부실기업 정리 목적을 달성할 수 있었고 생각합니다."

12. 젊은 세대가 '전두환 전 대통령과 5공화국의 역사'와 관련해 잊지 말아야 할 것이 과연 무엇일까요?

"1980년대 후반은 박정희 대통령이 1970년대에 시작한 중화학공업 투자에 수요가 확대되어 시장이 우호적으로 변했던 시기입니다. 한국에게는 뜻밖의 행운이라고 볼 수 있습니다. 이런 시기를 잘 운영해서 국가 경제를 살린 것은 5공화국의 업적입니다. 그러나 그런 와중에서 고위직 공무원이나 금융계 인사들이 부정하게 축재를 한 의혹이 커졌습니다. 민주화된 후 당선된 대통령마다 대기업과 얽힌 공무원의 부정부패 척결을 제일 큰 과제로 삼는 요인이 되었습니다. 국토 개발과 관련한 졸속 행정과 부동산 투기와 관련해 발생한 정보의 비대칭도 부정부패를 촉진시켰습니다.

경제자유화는 시장 경쟁의 자유화라고 생각합니다. 그러나 현실은 그와 반대로 정부의 시장 간섭은 심해졌고 정경 유착도 심화되었습니다. 농수산업에서 보다시피 정부 지원은 처음에는 효과적인 것 같지만 장기적으로는 시장 경쟁력이 없는 산업을 만들어버립니다.

제가 1983년 미국으로 출국하기 직전에 청와대에서 만난 김재익 경제수석이 우려했던 상황을 30년 후인 지금 우리가 당면하고 있습니다. 박정희 대통령의 초심(애국심)을 다시 생각해볼 시기라고 생각합니다. 당시 박 대통령은 무엇을 위하여 독재(시장 규제)를 했으며 무엇을 위하여 대기업을 특혜로 육성했던가? 정부가 시장 경쟁을 제한하고 특혜를 줌으로써 급속히 성장한 대기업의 사회적 책임은 무엇인가? 조악했던 국산품을 애용해주었던 소비자, 생산 현장에서 박봉에도 열심히 근무했던 현장 근로자, 반만년의 가난했던 역사 속에서 우리도 열심히 일하면 부자가 될 수 있다고 설득에 나섰던 새마을 운동가, 그들이 우리 국민인데 이제는 이 한강의 기적의 주인공들이 기득권만 주장하며(rent seeking) 민주화를 외치고 있는 것이 아닌가?

역사는 시각에 따라 다르게 기술할 수 있습니다. 평생을 학구적인 이론보다 현실적인 해결책을 추구하면서 살아온 저에게는, 누구의 옳고 그름을 가리는 것보다는 닥쳐올 미래를 준비하는 관점에서 과거의 사실을 바라보는 것이 더 중요합니다. 미래에는 역사에서 경험하지 못한 불확실한 환경이 우리를 기다리고 있습니다.

정부의 정책적 지원으로 세계적으로 성장한 대기업들은 이제 기업의 사회적 책임을 심각하게 생각해야 할 때가 되었습니다. 창업자들이 죽고 난 후 3, 4세대가 경영하더라도 대기업들은 과거의 유산—발전 과정에서 정책 금융의 특혜를 받았다는 유산—에서 자유로울 수 없습니다. 정부와 소비자인 국민이 보냈던 특별한 성원을 잊어버리면 내수 시장에서 기업의 지속 가능성이 감소합니다. 현재 한화와 금호의 어려움이 그런 사례라고 생각합니다. 다음에 희생을 당할 대기업은 어디일까요? 이런 걱정이 현업을 떠난 사람의 노파심으로 끝났으면 좋겠습니다. 양극화는 산업 경쟁력을 취약하게 만듭니다. 산업 경쟁력 악화로 인한 일자리 상실이나 소득의 실질적 감소로 인한 피해는 평범한 중간 계층이 감당해야 합니다. 나라 안의 우리끼리 얘기가 아니라, 일본, 중국과의 경쟁에서 선량한 우리 중산층이 살아남을 수 있느냐는 심각한 문제입니다.

지금 세계의 경쟁 여건은 전두환 대통령의 5공 시절보다 훨씬 개방되어 있고 우리 국민들의 기량은 훨씬 향상되었습니다. 그런데 왜 성장률은 경쟁국에 비해 최하위를 기록하고 있을까요? 암울했던 그 시대에도 희생을 각오하고 창조, 도전을 했었는데……. 박근혜 대통령의 창조경제가 그런 의미가 아닌가요? 좋은 일자리는 정부가 만들어주는 것이 아니라 우리 스스로가 만드는 것입니다."

민주주의자 조갑제와 전두환

13년차 기자는 한 사형수의 살인 사건을 취재했다. 1984년 여름부터 취재에 매달렸다. 경찰과 검찰보다 더 많은 사건 관련자를 만났다. 판사보다 많은 자료를 읽었다. 2년의 취재 끝에 기자는 사형수의 유죄판결이 '오판'일 가능성을 1986년 뚜렷이 입증해냈다. 기자는 《사형수 오휘웅 이야기》말미에 "정치, 사회의 민주화가 이루어져야 고문 수사와 오판도 줄어들 것"이라고 썼다.

청년 기자는 민주주의에 열광했다. 그가 전두환에 대해 쓴 문장은 날이 서 있다. "노태우 민정당 총재는 1985년 민정당원 교육장에서 특강을 통해서 '긴급조치 9호를 너무 빨리 해제하여 사회 혼란이 가중되었다'고 말하고, 이 해제 조치를 못마땅하게 생각하고 있었음을 시사했다. '혼란이 가중되었다'는 것은 무엇을 뜻하는지 모르겠으나 12월 8일의 긴급조치 9호 해제 이후 일어났던 최초의 국가 혼란은 노태우 씨 등이 기획한 12·12 사건이었다."[195]

그는 선한 권력이 전두환을 이겼어야 했다고 아파했다. "그(정승화)의 증언을 정리하면서 느낀 나의 주관적 소견을 덧붙인다면, 정승화 씨는 선한 사람이다. 선하기에 이런 증언을 할 수 있는 집념과 용기가 우러난 것이다. 그러나 그는 강하지 못했다. 우리 역사가 그에게 '강해야 할 때'라고 요구할 때 그는 역사의 부름에 화답하지 못했다. 우리가 12·12 사건과 정승화 씨로부터 끌어내어야 할 과제는 '선하면서도 강력한 권력'을 이 나라에 세울 수 있느냐 하는 것이다."[196]

그가 6월 항쟁에 대해 1988년에 쓴 문장은 뜨겁다. "오늘의 변화는 누가 만들어준 것이 아니다. 김영삼, 김대중, 노태우, 박종철, 권인숙뿐 아니라 우리 모두가 한두 번의 삽질을 거들었던 것이다." [197] "김대중 씨에게는 저 노벨상도 부족하다"고도 썼다. [198] 청년 기자는 부산 민주화 운동가들과 교류했다. 청년 기자는 《문재인의 운명》에도 등장한다. 1987년 부산에서도 민주화 운동이 거셌다. 노무현과 문재인도 운동에 동참했다. 노무현이 민주화와 민주주의를 주제로 대중 강연회를 계획했다. 경찰이 가로막아 성사되지 못했다. 청년 기자는 당시 강연자 가운데 한 명이었다.

그러므로 나는 지난 2011년 4월 6일 서울 광화문 오피시아 빌딩 앞에서 취재 수첩을 한 번 더 꺼내야 했다. 17층 '조갑제닷컴' 사무실로 가는 엘리베이터 안에서 미리 준비한 질문을 되읽었다. 조갑제 대표에게 질문할 리스트는 길었다. 2011년 4월 7일이 '신문의 날' 55돌이었음은 그리 중요하지 않았다. 2011년 조 대표는 언론인이 된 지 40년이 됐다. 조 대표의 《사형수 오휘웅 이야기》와 《고문과 조작의 기술자들》은 언론계 안팎에서 여전히 한국형 르포르타주의 대표작으로 회자된다. '팩트' 취재의 밀도가 높다. 액체지만 무거운 수은처럼, 읽는 사람의 심장에 무겁게 흘러든다.

조 대표는 1971년 2월 부산에 있는 〈국제신보〉에 입사했다. "1965년 부산수산대학에 들어가 2년 다니다 군에 갔는데 복무 기간이 4개월 연장됐어요. 1·21 청와대 습격 사건 때문에 (복무 기간이) 3년 4개월이 되는 바람에 제대하고 복학하기가…… 당시 졸업하지 않고 들어갈 수 있는 신문사가 몇 군데 안 되더라고. 〈국제신보〉가 학력을 안 따지고 뽑았기 때문에 들어갔습니다." 〈국제신보〉는 〈국제신문〉의 전신이다. '1·21 사건'이란 1968년 김신조 등 북한 특수부대가 박정희 당시 대통령의 저격을 목표로 남한을 습격한 사건이다. 북한이 조 대표를 기자의 길로 밀어넣은 셈이다.

조 대표는 '기자는 사실주의자'라고 말한 바 있다. 이런 태도는 〈국제신보〉 때 훈련받은 것이다. 그는 1974년 '중금속 오염의 추적' 시리즈로 한국기자상을 받았다. 몇 번을 읽어봐도 '스토리텔링'이나 '장면 묘사' 등의 기법이 드러나지 않는다. '재미있다'는 느낌도 없다. 그러나 집요함이 인상적이었다.

오후 4시 사무실에 비치는 역광에 조 대표의 백발이 빛났다. 인터뷰하는 책상 바로 옆에서 조수 4명이 컴퓨터 작업을 하고 있었다. 조 대표의 말투는 데시벨이 낮고 느리지만 어휘는 명징했다. "첫 수습 교육할 때 맨 처음 들어온 분이 '문장은 짧고, 정확하고, 쉽게 써야 한다'라고 말했습니다. 지금까지 제 문장론의 1장 1조입니다."

조 대표에게 가족 관계를 물었으나 "설명할 게 없다"며 답을 피했다. 미국 르포 작가 톰 울프가 "뉴저널리즘이 문학의 영토에서 소설을 지워버릴 것"이라고 주장했던 게 1972년이다. '뉴저널리즘'이란 긴 호흡의 취재와 소설의 표현법을 빌려 일간지 기사의 수준을 뛰어넘자는 움직임이다. 톰 울프는 인물 취재를 할 때 반드시 '삶의 조건(status life)'을 함께 취재하라고 했다. 가족 관계, 소득 수준, 종교, 말투, 음식 취향 등이 총체적으로 한 인간을 구성한다고 그는 주장했다. 뉴저널리즘의 주장을 조 대표는 모르고 있다는 인상을 받았다.

그러나 톰 울프를 알든 모르든, 조 대표는 톰 울프와 비슷한 시기에 '새로운 저널리즘'을 고민했다. 일본 르포 전문 기자 다치바나 다카시가 계기였다. "일본 잡지 〈문예춘추〉에 1974년 다치바나 다카시가 '다나카의 인맥과 금맥'이라는 글을 썼습니다. 총리 다나카 가쿠에이를 몰락시킨 기사입니다. 그런 기사에 의해 큰 정치 변혁이 일어나는 것을 보고 상당히 부러웠지요."

1980년 회사 몰래 병가를 내고 광주 민주화 운동을 취재하다 해직된 뒤부터 내내 월간지에서 탐사 보도를 했다. 1981년부터 1983년까지 월간지 〈마당〉에서 편집장과 취재부장으로 일했다. 〈마당〉은 내용과 형식 모두에서 혁신적이었다. 한글 전용에 가로쓰기를 택했고, 사진을 크게 실었다. 진보 성향의 필자도 많았다. 이후 1984년부터 2005년까지는 〈월간조선〉에서 글을 썼다. 아직도 많은 판사들이 명저로 꼽는 ≪사형수 오휘웅 이야기≫도 당시에 쓴 작품이다. 경찰의 고문 수사로 한 시민이 살인 누명을 뒤집어쓰고 사형에 처해진 과정을 밝혀냈다. '경찰 수사-검찰 수사-1심·2심·3심-교도소'까지 발로 뛰었다. 당시 〈월간조선〉은 취재와 기고에서 진보와 보수를 가리지 않았다. 조 대표는 열렬한 민주주의자였다.

조 대표의 이런 문장은 기자들의 가슴을 친다. "기자는 자기가 쓰고 싶은 것을 쓰는 사람이 아니다. 독자가 읽고 싶어 하는 것을 쓰는 직업인이 기자다. 내가 쓰고 싶어 하면서도 시간을 내지 못하고 있는 소재가 하나 있다. 그것은 고래다. 물기둥을 일으키면서 유유히 대양을 떠도는 고래와 이 순진무구한 고래들을 글자 그대로 작살낸 인간들의 이야기를 쓰고

싶은 것이다."(1988년 7월 ≪군부, 조갑제의 대사건 추적 1≫ '머리글')

기자의 숙명을 이야기하던 탐사 보도 기자는 40년 뒤 '대북 전단 살포'를 주장하는 '칼럼니스트-논평가'가 되었다. 사회를 보는 눈도 '개혁'에서 '보수'로 바뀌었다. "지금 대표님은 기자가 아니라 '고래 이야기'를 하고 있는 것 같습니다. 대표님은 기자입니까, 칼럼니스트입니까?" 조 대표는 잠시 눈길을 떨어뜨렸다. "논객이란 말은 싫어합니다. 한가해 보여서요." 그는 여전히 한 달에 200자 원고지 2000장 분량의 기사를 쓴다고 해명했다.

'자기 말'이 늘었음은 인정했다. "논설식으로 쓰는 분량이 많아졌을 겁니다. 그건 인터넷 매체('조갑제닷컴')의 특성상 자기를 드러내도 되거든요. 그러나 팩트는 팩트대로 씁니다……. 그게 모순된 관계가 아니라고 생각해요……. 우리 언론 환경이 바뀐 것을 고려해야 하지 않나요."

오후 5시께부터 인터뷰는 논쟁에 가까워졌다. 조 대표의 문장은 종종 반말체로 끝났고, 흥분한 듯 같은 단어를 반복하기도 했다. 논평이 많아진 이유를 물었다. "편집장 하면서 취재할 시간이 줄었어요. 또 논평을 많이 요구하는 시대가 되어버렸어요. 팩트 전달뿐 아니라 주장도 전달하는 게 필요한 시대가 되었어. 주로 이념 대결 구도하에서 그렇게 된 것이고."

조 대표는 다른 이유도 거들었다. "민주화 시대가 되고 나서 내가 화나는 건, 뻔한 사실이 있는데 동떨어진 이야기를 하니까. 화가 나면 자연히 논평을 쓰게 돼요. 더구나 천안함 폭침도 안 믿는다니, 그런 걸 보면 자연히 팩트를 중시하는 사람으로서 화가 나게 돼 있잖아요. 뻔한 거짓말."

'뻔하다'라는 단어는 '직업적 회의주의자'인 기자가 가장 멀리해야 할 말과 태도다. 논쟁이 이어졌다. "당시 시점에서 팩트가 불분명했다는 주장도 있습니다"라고 물었다.

"상식에서 판단하면 되는 거지. 그러니까 인간의 상식이 필요한 거 아니에요? '조갑제닷컴'은 천안함 사건이 지난해 3월 26일 벌어지고 3월 27일부터 '북 잠수함정에 의한 격침'이라고 단정했어요. 단정할 충분한 자료가 노출돼 있었고 결과적으로 맞았다고."

"과거 대표님의 취재 원칙상 직접 현장을 가서 취재하는 게 옳지 않습니까."

"현장 취재를 안 해도 알 수 있는 거지, 그거는, 허허. 취재 현장, 그건 다 방법론이고 결론이 맞으면 되는 겁니다."

"방법론이 아니고 핵심 아닙니까."

"아니에요. 그건 이미 드러난 것만 봐도 뻔할 뻔 자 아니에요? 태양이 동쪽에서 뜨느냐 서쪽에서 뜨느냐 차원의 논쟁이지. 천안함 폭침에서 취재 현장이 어딨어. 물밖에 더 있어요?"

"관련자들을 ≪사형수 오휘웅 이야기≫ 방식으로 취재해야 하는 것 아닙니까."

"거기에 준해서 했지. 내가 내린 결론이 맞느냐, 안 맞느냐가 중요한 거지, 내가 무슨 취재를 했느냐가 중요한 게 아니지."

태도에 대해 질문했지만, 논쟁은 도돌이표처럼 이념 논쟁으로 돌아왔다. 그는 지금 "오판이 줄었으므로" 사형제에 찬성하며, "노벨상이 아깝지 않다"고 상찬하던 고 김대중 전 대통령을 '친북'으로 규정한다. 조 대표는 왜, 언제부터 북한에 대한 태도를 한 정치집단과 정치인을 판단하는 결정적 준거로 삼게 된 걸까.

"한국에서 인권과 자유를 누리게 되면 자연스레 북에서 더 열악하게 고통받는 사람들에게 관심을 가져야 할 것 아닌가. 왜 안 갖느냐 이거야."

"자칭 진보 세력이 북의 인권을 비판하지 않는 행위는 가슴속에 이념적 금단의 선을 스스로 쳐놓은 것"이라고 말했다. "도덕적 인간으로서 불구자가 된 것"이라고도 했다.

더 이상의 논쟁은 무의미했다. "팩트는 신성하다"고 말했고 "확신처럼 무서운 전율은 없다"(《사형수 오휘웅 이야기》)던 탐사 기자는 40년 뒤 '무슨 취재를 했느냐'가 아니라 '결론이 맞느냐가 중요하다'고 확신에 차 말한다.

남재일 경북대 신문방송학과 교수는 조 대표에 대해 "전체적으로 보면 슬프다"라고 평했다. 남 교수는 2011년 4월 7일 통화에서 "조 대표의 기자로서 직업적 능력, 즉 끝까지 파고들어 취재하는 능력은 훌륭했다"며 "기자로서의 기능인 자질과 언론인의 계몽자 역할이 결합하는 과정에서 어긋남이 있었던 것으로 보인다"라고 말했다. 조 대표가 〈월간조선〉에 근무하던 시절 국가안전기획부를 취재하며 대북 정보 특종을 많이 해 북한 현실에 관한 고급 정보를 접했고, 이것이 그를 반공주의로 이끈 것 같다고 남 교수는 추측했다.

'기자 조갑제를 논평가 조갑제로 만든 것이 무엇이냐'는 질문에 남 교수는 "(북한 관련) 팩트를 아는 사람으로서의 확신이 작용한 것 아니냐"라고 말했다. 남 교수는 "한국 언론의 정파적 성향이 갈수록 심해지는 것"과 이런 언론의 정파성이 경영에 도움 되는 언론 환경도 이유로 꼽았다.

신문 등 종이 매체의 열독률은 갈수록 떨어지고 있다. 한국언론진흥재단이 2010년 11월 발표한 '2010 언론 수용자 의식 조사'에 따르면 신문 주간 열독률은 52.6퍼센트로 2002년에 비해 30퍼센트가량 떨어졌다. 신뢰도도 떨어진다. '특정 사안을 동시에 보도할 때 어떤 매체를 가장 신뢰하느냐'는 질문에 응답자의 74.5퍼센트는 텔레비전을 택했다. 신문을 꼽은 응답자는 13.1퍼센트였고, 10.8퍼센트가 인터넷을 꼽았다. 〈월간조선〉과 〈한겨레21〉 모두 이런 언론 환경에서 자유롭지 않다.

조 대표는 예의가 몸에 배어 있었다. 오후 5시 20분 인터뷰를 마쳤다. 사무실 밖으로 따라 나와 엘리베이터 문이 닫힐 때까지 내내 서 있었다. '신문의 날'을 하루 앞둔 2011년 4월 6일 오후 5시 30분, 신문로의 하늘은 흐렸다. '기자 조갑제가 논평가 조갑제로 바뀐 현실 자체가 한국 언론의 위기 징후가 아니냐'라는 마지막 질문은 끝내 하지 못했다. 시간이 없어서만은 아니었다. '고래 이야기를 쓰고 싶다'는 문장이 맴돌았기 때문이다. 조 대표는 여전히 고래 이야기를 쓰지 못하고 있다.

아무도 미워하지 않는 자의 죽음

역사가 호걸들의 쟁투라고 생각하는 낭만주의자
는, 이 페이지에서 옷깃을 여밀 일이다. 전두환과 하나회는 4년제 정규
육사를 나온 장교다. 이들은 1979년 12월 12일 사병, 부사관, 위관 장교의
피를 마시고 집권했다. 전두환과 하나회는 자신들 때문에 죽고 다친 사
병들을 기억하지 않는다. 국체를 지켜야 했을 최규하와 노재현은 이들보
다 용기 없는 겁쟁이었다. 역사는 영웅들의 투쟁이 아니다. 영웅을 대신
해 이름 없는 자들이 죽는 현실이 진짜 역사다. 이 페이지는 종이로 세운
비석이다.

일병 박윤관. 당시 쿠데타군 장교의 지시를 받던 33헌병대 소속. 쿠데타
군이 정승화 총장을 연행하는 사이 총장 공관의 정문 초소를 쿠데타군 장
교의 지시에 따라 점령했다. 공관 경비대인 해병대 병력과 교전을 벌이
다 머리에 관통상을 당해 그 자리에서 숨졌다.[199]

병장 정선엽. 당시 국방부 헌병대 소속. 쿠데타군이 육군본부와 국방부를
점령할 때 육군본부와 국방부를 연결하는 지하벙커에서 근무하고 있었
다. 쿠데타군인 제1공수여단은 그날을 이렇게 기록한다. "벙커 출입구
헌병 근무자 2명 중 1명 체포, 1명은 반항 사격과 함께 벙커로 도주 사살
됨."[200]

대위 김인선. 1979년 12월 12일 당시 정승화 육군참모총장의 경호대장.
육사 31기. 쿠데타군 편인 보안사령부 군인의 총격으로 척추와 눈에 서

너 발의 총을 맞았으나 살아났다.[201] 1996년 7월에 열렸던 12·12 관련 재판에 증인으로 출석했다.

대위 나영조. 당시 쿠데타군 편 공수여단 소속. 박종규 중령과 함께 정병주 특전사령관을 체포하러 갔다. 특전사령부와 총격을 주고받다 하반신 불구가 됐다.

　다음은 영관급 이상 장교다.

소령 김오랑. 당시 정병주 특전사령관의 비서실장. 쿠데타군에 맞서 사령관을 지키다 M-16 총격으로 숨졌다.

소령 이재천. 당시 정승화 육군참모총장의 수행부관. 육사 29기. 쿠데타군 편 보안사령부 군인의 총알이 간을 스쳤으나 목숨을 건졌다.

대령 우경윤. 당시 쿠데타군 편 합동수사본부 수사2국장. 허삼수 대령과 함께 정승화 총장을 불법 연행하러 왔다. 당시 벌어진 총격으로 하반신 불수가 됐다. 정승화 총장을 체포하는 과정에서 같은 쿠데타군이 오인 사격한 것으로 알려져 있다.[202]

소장 하소곤. 당시 육군본부 작전참모부장. 당시 수도경비사령부에 와 있다가 쿠데타군의 총격에 가슴을 맞았으나 목숨을 건졌다.

아직 살아 있는 자들

전두환과 그의 시대를 기억하는 사람들이 살아
있다. 그 사람들 가운데 인터뷰 요청을 거절한 사람들의 이름을, 돌 위에
글자를 새기듯, 한자 한자 적는다. 대다수는 전두환에 대해 증언해야 할
책무를 졌으나 침묵하며 사는 사람들이다. 일부는 상처받아 입을 다문 사
람들이다. 5공화국의 핵심 인물부터 적는다.

노재현

1926년 경남 마산 출생. 육사 3기. 1972년부터 1975년까지 육군참모총
장을 지냈다. 12·12 쿠데타 당시 국방부장관이었다. 쿠데타 이전에 정승
화 당시 육군참모총장이 전두환의 인사발령을 건의했을 때 이를 거부했
다. 쿠데타 당시 국방부의 지하로 도주했다. 정승화 육군참모총장 체포
를 승인했다. 쿠데타 뒤 한국종합화학공업 사장, 한국비료공업협회 회
장, 자유총연맹 총재 등을 역임했다. 2013년 2월 25일 전화로 인터뷰를
요청했으나, 건강을 이유로 거절했다.

노신영

1930년 평남 강서 출생. 행정고시에 합격한 뒤 1955년부터 외무부에
근무했다. 이후 1976년까지 외무부차관 등 외교 관료로 근무했고, 전두
환 정권에서 외무부장관, 안기부장, 국무총리 등을 역임했다. 1987년 박
종철 고문 사건 등 이유로 총리직을 사임했다. 대통령 자문 국민원로회
의 위원을 지냈고 현재는 롯데그룹 총괄고문이다. 2013년 1월 롯데그룹
을 통해 인터뷰를 요청했으나, 거절했다.

안무혁

1935년 황해도 안악 출생. 육사 14기. 하나회 회원. 준장으로 예편한 뒤 1982년 5월부터 1987년 5월까지 국세청장, 1987년 5월부터 1988년 5월 국가안전기획부장을 지냈다. 14대 국회에서 민자당의 비례대표 국회 의원이었다. 전두환을 대신해 기업 총수들로부터 뇌물을 수수한 혐의로 징역 2년 6월에 집행유예 4년을 선고받았다. 2012년 이북도민회중앙연합회 회장을 지냈고, 현재는 황해도중앙도민회장이자 민족화해협력범국민협의회 공동의장이다. 2013년 황해도민회를 통해 인터뷰를 요청했으나, 거절했다.

허화평

1937년 경북 포항 출생. 육사 17기. 하나회 회원. 12·12 당시 보안사령부 비서실장이었고, 1980년부터 1982년까지 청와대에서 정무1수석 비서관 등으로 근무했다. 전두환한테 버림받고 나서 1983년 미국 헤리티지연구소에서 연수했고, 14, 15대 국회에서 경북 포항에 지역구가 있는 무소속 국회의원으로 활동했다. 전두환 내란죄 재판에서 징역 8년을 선고받았고, 현재는 미래한국재단 이사장이다. 2013년 2월 인터뷰를 요청했으나, 거절했다.

이학봉

1938년 부산 출생. 육사 18기. 하나회 회원. 1967년부터 육군 방첩부대와 보안사령부를 포함해 정보 부서에서만 10년 가까이 근무했다.[203] 1979

년 12·12 당시 보안사령부 대공처장이었다. 전두환 내란죄 항소심을 맡은 재판장 권성은 판결문에서 "피고인 허화평, 허삼수, 이학봉은 자시하여 피고인 전두환의 우익이 되고 함께 그 뜻을 성취하였으며 아직도 앙연한 뜻이 은연중 배어" 난다고 이학봉을 묘사했다. '앙연'은 '마음에 차지 아니하거나 야속하다'라는 의미다. 2013년 3월 29일 접촉했으나, 인터뷰 허락 의사를 명확히 밝히지 않아 사실상 거절했다.

손삼수

1952년 경북 경주 출생. 육사 33기. 하나회 회원. 12·12 쿠데타 당시 전두환 보안사령관의 수행부관이었다. 이후 청와대 재무관 등으로 근무했다. 1996년 전두환 내란죄 수사 당시, 전두환의 금융 자산을 명의 신탁으로 숨기는 작업을 도맡아 구속 수사를 받았다. 현재 데이터베이스 보안업체인 웨어밸리의 대표이사이며 한국DB산업협의회장이다. 2012년 11월 접촉했으나, 인터뷰를 거절했다.

허문도

1940년 경남 고성 출생. 부산고, 서울대 농대 졸업. 1964년 〈조선일보〉에 기자로 입사해 특파원과 외신부 차장 등으로 근무했고, 1979년 일본 주재 대사관의 공보관이었다. 1980년 중앙정보부장 비서실장, 국보위 문공분과위원, 1980년 청와대 비서실 정무1비서관, 1986부터 1988년까지 국토통일원 장관을 지냈다. 2013년 2월 인터뷰를 요청했으나, "5월 중순 이후 가능하다"며 거절했다.

이경로

1957년 경북 달성 출생. 대건고, 서강대 경영학과 졸업. 1982년 한화증권에 입사한 이후 오랫동안 한화증권, 대한생명보험에서 근무하며 대한생명보험 부사장 등을 역임한 채권 전문가다. 전두환의 채권을 관리하고 은닉하는 데 관여한 혐의로, 1996년과 2004년 피의자 신분으로 검찰의 수사를 받았다. 대한생명보험 홍보실을 통해 인터뷰를 요청했으나, 거절했다.

김종필

1926년 충남 부여 출생. 서울대 사범대학 교육학부에서 공부했으며 6·25 때 숨진 사람이 많은 육사 8기 출신이다. 초대 중앙정보부장이고 5·16 쿠데타의 설계자이지만 박정희에게 지속적으로 견제를 당했다. 2012년 4월 비서 역할을 하는 김상윤 전 특보를 통해 인터뷰를 요청했으나, 거절했다.

존 위컴 주니어(John A. Wickham, Jr.)

1928년 뉴욕 출생. 1950년 미국 육군사관학교 졸업. 미국 육사의 사회과학 교관이었고 하버드 대학에서 경제학 석사학위를 받았다. 베를린 등에 미군으로 주둔했으며, 1기갑사단 소속으로 베트남전에 참전했다가 부상당했다. 12·12 당시 유엔군사령관 겸 한미연합사령관이었다. 당시 노태우의 9사단이 한미연합사령관의 지휘 체계 아래 있었다. 이후 레이건 행정부에서 육군참모총장을 지냈다. 저서로 ≪Korea on the Brink≫(한국어판 《12·12와 미국의 딜레마》)가 있다. 현재 미국 아리조나주 오로 밸리에 거주하고 있다. 2013년 1월 전화와 이메일로 인터뷰를 요청했으나, "(회고록이) 미 정부 시책에 따라 국무부의 감수를 거쳐 출판됐다"라며 추가 답변을 거절했다. 이메일에서 답변이 어려운 사정을 해명했다.

"감사합니다. 제 회고록에 대한 당신의 섬세한 독해가 나와 내 아내로 하여금 한국 국민과 아름다운 한국 땅에 대한 깊은 애정을 되살렸습니다. 저와 제 친구 글라이스틴 전 미국대사가 회고록에 묘사했듯이, 우리는 도전의 시기에 영광스럽게도 한국의 지도자들이 북으로부터 위협을 부르는 일 없이 자신들의 문제를 해결하는 일을 도울 수 있었습니다. 아시다시피 글라이스틴 대사는 불행히 몇 년 전에 돌아가셨습니다. 취재와 집필에 행운이 있기를. 신의 가호를 빕니다."

강재륜

제주 출생. 전두환과 노태우의 육사 11기 동기생. 4년제 정규 육사 졸업생 동창회인 '북극성회'의 초대 회장을 지냈다. 이후 전두환과 노태우 등 하나회가 북극성회를 장악했다. 친형인 재일사학자 강재언이 총련계라는 모함을 받고 중령으로 예편했다.[204] 이후 동국대 교수를 지냈다. 육사총동창회를 통해 인터뷰를 요청했으나, 2013년 1월 "몸이 안 좋다"며 거절했다.

서우인

대구 출생. 경동고 졸업. 전두환과 노태우의 육사 11기 동기생. 육사 교수였고, 서강대 ROTC 단장을 지내다 1979년 12·12에 반대하는 발언을 하고 대령으로 예편했다. 금융계 종사자인 아들을 통해 인터뷰를 요청했으나, 2013년 1월 아들을 통해 "지금 시점에서 이런저런 얘기를 하는 게 적절치 않을 것"이라며 거절했다.

전두환

1931년생. 육사 11기. 하나회 회원. 대한민국 11대, 12대 대통령. 2012년 3월 민정기 전 청와대 비서관을 통해 인터뷰를 요청했으나, "회고록을 쓰기 전까지 인터뷰 안 한다"며 거절했다.

나의 전두환

　내 안의 전두환을 떠올린다. 1976년생 섬소년에게 5공화국은 몇 개의 장면으로 기억된다. 이성적이라기보다 정서적인 장면이다. 그것은 가령, 공립학교 교사의 월급만으로 세 아이를 키우느라 늘 쪼들리던 여자에게, 철없는 사내아이가 그 당시 어린이들이라면 누구나 갖고 싶어 하던 과학 상자를 사달라고 울며 조르던 1986년 5월 어느 볕 좋은 오후의 온기 같은 장면이다. 1980년대 어린이들 사이에서 벌어지던 계급 전쟁에서 낙오되지 않기 위해 반드시 가입해야 했던 어린이 단체 '아람단' 가입비와 단복 구입비를 뒤늦게 내기 위해 30대 후반의 여자가 피곤한 얼굴로 은행에 갔던, 역시 볕이 좋았던 어느 토요일 오후 누나와 함께 어머니를 기다리던 낡은 아파트의 계단 복도에 내리쬐던 햇빛이라거나 내내 서 있어 피곤했던 종아리 근육의 느낌 같은 것이다. 사내아이에게 몇 만 원을 제때 주지 못해 몇 시간 걸려 은행에 갔다 와야 했던 30대 여자의 지친 종종걸음의 기억을 20대 초 떠올렸을 때, 전두환의 위세를 빌려 아람단 장사를 했던 '한국청소년연맹' 극우파에 대한 적개심이 내 안에서 솟아올랐다. 제주도의 사내아이에게 그 극우파들은, 아람단 가

306

입비와 유니폼비 때문에 쪼들리던 어머니가 결국 아버지와 부부싸움을 하게 만든 존재로 기억된다.

〈경향신문〉 1981년 3월 28일자와 7월 2일자를 보면, 이 단체는 '국민 통합의 구심점'을 목표로 1981년 만들어졌다. 조직 대상은 유치원부터 대학교를 망라했다. 국민당 장개석의 '구국청년단'을 모델로 삼았다. 7억 8000만 원을 국고에서 지원받았다. 초대 총재는 김용휴였다. 육사 7기다. 12·12 쿠데타 당시 국방부차관이었다. 쿠데타 뒤 전두환 쪽에 줄을 섰다. 총무처장관을 지냈다. 2대 총재는 이상규다. 육사 12기로 하나회 회원[205]이었다.

그럼에도 불구하고 개인적 기억 때문에 전두환에 관심을 갖게 된 건 아니다. 어릴 때 기억은 냉동된 죽처럼, 가슴 한쪽에 저장됐다. 저널리스트로서의 고민이 그 죽을 해동시켰다. 2007년 이명박이 집권한 이후 박정희에 대한 논쟁이 갈수록 치열해졌다. 박정희는 역사가의 연구 주제이자 동시에 기자가 매일 기사를 쓰는 와중에 직면해야 하는 살아 있는 정치 이슈였다. 진영 논리가 합리적 질문을 가로막을 때가 많았다. 자기 검열은 진보파 안에서도 작동한다고 느꼈다. 기자를 '직업적 회의주의자'로 배우고 정의해왔던 나는 그런 진영 논리 때문에 괴로웠다. 보수를 알아야겠다는 어렴풋한 생각에서 닥치는 대로 회고록을 집어 들기 시작한 게 2010년 가을쯤이었다. 박정희 시절에 활동한 경제 관료의 회고록부터 읽기 시작했다. '역시 한국 보수는 생각했던 대로야'라는 선입견의 확인보다 '한국의 보수는 복잡하다'라는 느낌이 읽을수록 강해졌다. '쿠데타의 설계자' 김종필의 명민함에 매료됐고 초기 박정희의 진지함에 놀랐다. 그리고 전두환이 다음 번 숙제가 됐다. 2012년 총선과 대선을 지켜본 뒤 지금이 숙제를 풀 적기라고 느꼈다.

전두환은 486 세대에게 악마이며 20대에게는 희화화된 개그 소재다. 그런 정서적 태도가 나는 불편했다. 전두환에 대한 비아냥거림을 들을 때마다 강렬한 반문이 나왔다. '전두환이 악이라면, 악은 왜 성공했는가?' '쿠데타가 악마적 사건이라면, 악마적 사건은 왜 진압되지 못했는가?' 그러므로 의문은 '1979년, 죽은 박정희가 어떻게 산 민주파를 이겼는가?'라는 질문에 가 닿았다.

2012년 대선 뒤 의문이 더 단단해졌다. 많은 개혁적 시민들이 대선 결과에 절망했다. 그들은 '한국 사회에 어울리지 않는 리더가 뽑혔다'고 좌절했다. 2012년 12월 19일 밤 영등포에서 고통스럽게 대선 개표를 지켜보던 나는 숙제를 고쳐 적었다. '1980년 한국 사회에 어울리지 않는 리더는 어떻게 탄생했는가?' 요컨대 전두환은 내게 반면교사다.

이제 '나의 전두환'에 대해 판정을 내릴 때다. 내게 전두환은 어떤 인간인가? 그는 가난에 주눅 들지 않는 생도였고, 사병들이 좋아하기 어려운 권위주의 타입의 사단장이었다. 냉혹하게 권력과 돈을 추구한 하나회의 핵심이자 지지자의 충성을 물질적으로 보상해야 함을 잘 아는 실용주의적 조직가였다. 역사 인식은 천박했지만, 권력의 진공상태에서 본능적으로 대담하게 행동할 줄 아는 남자였다. 잔정이 많은 조폭형 리더였지만 동시에 광주 시민을 학살한 것에 죄책감을 느끼지 않는 냉혈한이었다. 그러므로 결국 전두환은, 1980년 한국 사회에 어울리는 리더가 아니었다.

선한 세력이 무능할 때 한 사회는 그 사회에 어울리지 않는 리더를 가진다. 1970년대생인 기자는 2012년 12월 19일 밤을 떠올리며 책의 결론에 갈음할 문장을 찾다 포기한다. "신민당은 그들이 단지 시끄러운 반대운동만 할 줄 아는 게 아니라, 현명한 정책을 입안하고 유능한 정부를 운영할 능력이 있음을 과거보다 (지금) 더 보여줘야 할 것이다."[206] 신민당이라고 쓰고 야당이라고 읽는다. 글라이스틴의 1980년 3월 12일 기록이다. 이보다 적절한 결론 문장을, 나는 아직 찾지 못하고 있다.

　만날 수 없어서 힘들었다. 전두환은 언론과 만나지 않는다. 〈중앙일보〉의 종합편성 채널인 JTBC가 2012년 3월 14일 멀리서 전두환과 이순자를 찍었다. 이게 가장 최근 보도다. 전두환이 미국 예일대 대학원생들과 5공화국의 경제정책에 대해 묻고 답하는 간담회였다. 제대로 된 인터뷰나 취재라 보기 어렵다. 내가 그 자리에 있었으면, "장인 이규동 씨가 부실기업 인수 과정에 관여했다는 의혹에 대해 해명하라"거나 "아시아나항공 인허가 과정을 설명해달라"는 질문부터 했을 것이다. 물론, 전두환은 질문을 허락지 않았겠지만. 전두환뿐만이 아니다. 전두환과 그의 시대의 비밀을 쥔 핵심 인물은 거의 다, 인터뷰를 거절했다. 국가 기록은 빈약했고, 검열로 누더기가 된 당시 신문의 기사는 오로지 은유로 읽을 때만 의미 있었다.

　그러므로 집필과 취재 과정은 죽은 자에 대한 전기를 쓰는 것과 다르지 않았다. 정치인 전두환에 관한 모든 기억의 편린과 기록의 조각을 긁어모아야 했다. 미국 외교 문서, 각종 회고록, 당시 언론 보도, 생존자들의 증언, 학술 논문 등 편린들은 다종다양했다. 그 조각들이 모여, 쇠라의 점묘화나 비잔틴 모자이크 벽화처럼, 정치인 전두환에 대한 완전한 그림 (whole picture)을 보여주리라 기대했다. 내가 그려야 할 그림이, 풍경화가 아니라 인물화임을 늘 잊지 않았다. 캐릭터와 무관한 팩트는 그것이 아무리 중요하더라도 버렸다.

전두환에 대한 새로운 사실 발굴이 절실했다. 1970년대생이 2013년에 1980년대를 새롭게 해석한다는 목표를 위해서다. 새로운 사실의 발굴이 없으면 새로운 시각은 힘을 잃는다. 국회도서관에서 'Digital National Security Archive'를 두루 검색했다. 미국정보공개법에 따라 공개된 기밀자료다. 1945년 이후 미국의 외교·안보·첩보 정책과 관련한 여러 부처의 문서를 모두 포괄한다. 'FRUS(Foreign Relations of United States)'로 불리는 미국 국무부 문서를 많이 봤다. 주한 미국대사관과 미국 국무부 사이에 오고간 전문은 실로 '조선왕조실록'을 떠올리게 했다. 빠르고 꼼꼼했으며, 심지어 문학적이었다. 백악관 안보보좌관의 메모, 국무부 브리핑, 미국 국가안전보장회의 문서도 참고했다. 모두 260장 넘는 분량이다.

1979년과 1980년에 걸쳐 전두환을 가장 가까이에서 관찰한 기록이 있

어 다행이었다. 당시 주한 미국대사인 윌리엄 글라이스틴과 한미연합사
령관 존 위컴 주니어의 회고록이다. 두 미국인 관찰자는 격동의 시기에
전두환과 조우했던 결정적 장면을 생생히 묘사했다. 사회학을 전공한 위
컴의 문장은 논픽션 작가의 것처럼 수려하고 문학적이었다. 위컴은 '한
국인은 레밍스'라는 발언으로 알려져 있지만, 회고록에는 한국인에 대한
애정이 많이 묻어났다. 두 사람의 회고록 모두 한국어판이 나왔지만, 이
들이 전두환을 묘사한 대목은 거의 보도되지 않았다.

한국인의 기록 가운데에는 단연 ≪전두환 육성증언≫이 인상적이었
다. 대통령 전두환이 경계심을 내려놓고 한 발언들이 많았다. 김성익은
〈동아일보〉 해직 기자 출신이다. 해직되자마자 민정당에서 밥벌이했다.
해직 기자는 자신을 해직시킨 대통령의 발언을 꼼꼼히 기록했다. 기자정
신을 의외의 장소에서 구현한 셈이다. 박철언 전 체육청소년부장관의 회
고록은 정치인 전두환에 대한 궁금증을 키워줬다.

일상인의 시각으로 5공화국 시대를 조망하려 시도했다. 조야하지만 일
상사 혹은 구술사적 역사 기술을 시도했다. 호텔리어 최영수, 작가 천금

성, 기업인 배순훈, 기자 조갑제, 전 공화당 사무총장 예춘호를 직접 인터뷰한 이유다.

전두환의 애창곡 〈사나이 결심〉을 이어폰으로 들으며 글을 쓰던 시간은, 때로 즐거웠고 자주 힘들었다. 지도는 엉성했다. 자주 헤맸고 종종 길을 잃었다. 희미하게 빛나던 등대가 있었다. 슈테판 츠바이크의 전기들이었다. 그는 위인이 아니라 문제적 인간을 통해 세상을 들여다봤다. 《어느 정치적 인간의 초상》은 이 책을 쓰던 내내 머리를 떠나지 않던 전범이었다. 프랑스대혁명, 총재 정부, 로베스피에르 체제, 나폴레옹 정부, 왕정복고 시대를 지나며 절묘하게 생존한 조제프 푸셰의 전기다. 정보 정치의 발명자라 부를 만한 인물이다. 푸셰라는 창을 통해 바라본 프랑스대혁명은 냉혹한 권력 투쟁의 정글이다. 그것은 혁명의 전모는 아니라도, 어떤 면모임에는 틀림없을 것이다. 전두환을 통해, 나는 2013년의 내게 영향을 미치는 아버지 세대의 역사 유산을 정리해보고 싶었다. 츠바이크라는 불빛 아래에서 점묘화를 그렸다. 점묘화의 음영과 채도가 잘못됐다면, 전적으로 내 잘못이다.

참고 문헌 및 취재 목록

Digital National Security Archive 미국 외교 안보 문서(주요 문서만 정리)

―United States, Department of State, Foreign Relations of United States, 1979―1983, 1961―1963

―Memorandum for The Honorable Zbigniew Brzezinski Assistant to the President for National Security Affairs, 15 September 1980, The Director of Central Intelligence

―The Official Visit of Korean President Chun February 1―3, 1981 Memorandum for the President, subject Your meeting with Chun Doo― Hwan, President of the Republic of Korea, 1981.1.29

―Department of State Briefing Paper U.S.―South Korea Nuclear Cooperation, January 23, 1981

―NSC Memorandum For Richard V. Allen, January 30, 1981

―Department of State Telegram, subject Visit of President Chun―Deputy Prime Minister' s Meeting on Economic Affairs―Taxation Question, January 30, 1981

―Memorandum of Conversation, subject Summary of the President' s Meeting with President Chun Doo―Hwan of the Republic of Korea

―Department of State Briefing Paper Korea' s Current Economic Situation, 1982.4.6―7

―Department of State, subject Vice President' s Visit: April 6 Breakfast,

1982.4.21

—Department of State Briefing Paper Domestic Political Situation,
1983.3.30

—Department of State Briefing Paper Korea's Investment Climate,
1980.3.30

—Department of State Briefing Paper Korean Economic Prospects,
1980.3.30

—Current Intelligence Weekly Summary, 1961.6.8.

—The Secretary of State Washington Memorandum for the President
from Alexander Haig, subject Your Meeting with Chun Doo—Hwan,
President of the Republic of Korea, 1981.1.29

Jimmy Carter Library

—Memorandum for The President From Zbigniew Brzezinski, September
16, 1980

—Memorandum for The President From David Arron, November 14,
1980

Ronald Reagan Library

—South Korea Prospects for Fifth Republic

—Memorandum for Richard V. Allen, subject President Chun of Korea,
January 29, 1981

—Department of Defense Joint Chief of Staff Message Center, 1980.11.14

회고록

≪군번 1번의 외길 인생≫(이형근. 중앙일보사)

≪길은 멀어도 뜻은 하나≫(박동진. 동아출판사)

≪그 어두움의 증인이 되어≫(예춘호. 성정출판사)

≪김용태 자서록≫(김용태. 집문당)

≪나의 진실≫(허삼수. 해냄출판사)

≪노신영 회고록≫(노신영. 고려서적)

≪대의는 권력을 이긴다≫(양순직. 에디터)

≪묻어둔 이야기: 이맹희 회고록≫(이맹희. 청산)

≪바른 역사를 위한 증언≫(박철언. 랜덤하우스중앙)

≪서울의 봄 그 많은 사연: 예춘호 재야 활동 회고록≫(예춘호. 언어문화)

≪12·12 사건 정승화는 말한다≫(정승화. 까치)

≪세기의 격랑: 이한림 회상록≫(이한림. 팔복원)

≪5·16과 10·26: 박정희 김재규 그리고 나≫(이만섭. 나남)

≪5·16 비록 혁명은 어디로 갔나≫(유원식. 인물연구소)

≪오! 화랑대: 육사 30년 그 무한한 가능의 세계≫(이동희. 삼중당)

≪탱크와 피아노: 육사 11기는 말한다≫(장석윤. 행림출판)

≪한국의 추억: 워커 전 주한 미국대사 회고록≫(리처드 워커. 한국문원)

≪허화평 굽은 길도 바로 간다≫(허화평. 새로운사람들)

≪혁명과 우상: 김형욱 회고록≫ 1~5권(인물과사상사)

≪황진하 회고록≫ (황진하. 연장통)

≪Massive Entanglement, Marginal Influence: Carter and Korea in Cri-
sis≫ (William H. Gleysteen Jr. Brookings)

≪Korea on the Brink: A Memoir of Political Intrigue and Military Cri-
sis≫ (John A. Wickham, Jr. Brassey's≫

≪A not So Silent Envoy: A Biography of Ambassador Samuel David
Berger≫ (Graenum Berger. JWBH)

≪Sub Rosa: The CIA and the Uses of Intelligence≫ (Peer de Silva.
Times Books)

기타 참고 도서

≪구별짓기≫ (피에르 부르디외. 새물결)

≪군 결단 1000시간: 천금성 도큐멘트워크≫ (천금성. 민조사)

≪군부, 조갑제의 대사건 추적 1≫ (조갑제. 조선일보사)

≪남산의 부장들≫ 1, 2권(김충식. 동아일보사), 3권(이도성. 동아일보사)

≪내가 겪은 해방과 분단≫ (한국정신문화연구원 한민족문화연구소 편. 도
서출판 선인)

≪대한민국 만들기 1945~1987: 경제성장과 민주화, 그리고 미국≫ (그렉 브
라진스키. 책과함께)

≪대구공고 80년사: 1925~2005≫ (대구공업중고등학교총동문회)

≪대폭발, 조갑제의 대사건 추적 2≫ (조갑제. 조선일보사)

≪로마사 논고≫ (니콜로 마키아벨리. 한길사)

≪무스타파 케말 아타튀르크≫(앤드류 망고. 애플미디어)

≪문재인의 운명≫(문재인. 가교)

≪불타는 오대양≫(천금성. 현대해양)

≪삼김과 노태우: 오효진이 추적한 정치 현장≫(오효진. 세종출판공사)

≪시대의 양심: 정구영 평전≫(예춘호. 서울문화사)

≪어느 정치적 인간의 초상≫(슈테판 츠바이크. 리브로)

≪우리 건축 100년≫(신영훈, 이상해, 김도경. 현암사)

≪육군사관학교 60년사≫

≪영광의 새 역사를 국민과 함께: 전두환 대통령 어록≫(민정기 편. 동화출판공사)

≪전두환 육성증언≫(김성익. 조선일보사)

≪한국 현대사 산책 1980년대편≫ 1~4(강준만. 인물과사상사)

≪허무의 바다≫(천금성. 문학예술사)

≪황강에서 북악까지: 인간 전두환 창조와 초극의 길≫(천금성. 동서문화사)

≪Ancient Gonzo Wisdom≫(Hunter S. Thompson. Da Capo)

≪Nasser≫(Anne Alexander. Life & Times)

경제 관련

≪경제는 당신이 대통령이야: 전두환 시대의 경제 비사≫(이장규. 중앙일보사)

≪대한민국 머니임팩트≫(윤광원. 비전코리아)

≪영욕의 한국 경제: 비사 경제기획원 33년≫(김흥기 편. 매일경제신문사)

≪박정희 패러다임: 경제기획원 과장이 본 박정희 대통령≫(황병태. 조선뉴스프레스)

≪80년대 경제개혁과 김재익 수석: 20주기 추모 기념집≫(남덕우 등 지음. 삼성경제연구소)

≪한국재벌사≫(이한구. 대명출판사)

정치학

≪군주론 강한 국가를 위한 냉혹한 통치론≫(강정인, 엄관용. 살림출판사)

≪대통령의 자격: 스테이트크래프트≫(윤여준. 메디치미디어)

≪독재자의 핸드북≫(브루스 부에노 데 메스키타, 알라스테어 스미스. 웅진지식하우스)

≪로마사 논고≫(니콜로 마키아벨리. 한길사)

≪어느 정치적 인간의 초상≫(슈테판 츠바이크. 리브로)

5·16 관련

≪국가와 혁명과 나≫(박정희. 지구촌)

≪내 무덤에 침을 뱉어라 5: 김종필의 풍운≫(조갑제. 조선일보사)

≪노병들의 증언 육사8기사≫(육군사관학교제8기생회)

≪비원의 번영탑 김종필 의장의 어제와 오늘≫(이달순 편. 진명문화사)

≪세기의 격랑: 이한림 회상록≫(이한림. 팔복원)

≪실록 박정희와 김종필≫(김석야 등. Project 409)

≪한국현대사와 김종필≫(이달순. 박영사)

연구서

〈역사산책〉(1990년 12월호. 범우사)

〈1956~1964년 한국 경제개발계획의 성립 과정 — 경제개발론의 확산과 미국의 대한정책 변화를 중심으로〉(박태균. 서울대학교 국사학과 박사학위 논문)

'자유당과 공화당의 창당 과정 비교 연구' (서인석.〈역사비평〉1992년 12월호)

대면 취재 및 전화 · 이메일 인터뷰

배순훈, 이동희, 예춘호, 장석윤, 정구호, 조갑제, 천금성, 최영수, 조동걸, 김운환

언론 보도

〈경향신문〉〈동아일보〉〈매일경제〉〈연합뉴스〉〈조선일보〉〈한겨레〉

들어가는 말

1 ≪Ancient Gonzo Wisdom≫ 79쪽

전두환 최후의 날

2 ≪12·12 사건 정승화는 말한다≫ 24쪽

3 ≪전두환 육성증언≫ 468쪽

전두환 영구 집권 계획

4 ≪전두환 육성증언≫ 524쪽

5 ≪전두환 육성증언≫ 96쪽

6 ≪전두환 육성증언≫ 531쪽

전두환의 패밀리 비지니스

7 ≪바른 역사를 위한 증언≫ 111쪽

8 ≪경제는 당신이 대통령이야≫ 217쪽

9 ≪전두환 육성증언≫ 455쪽

10 ≪전두환 육성증언≫ 325쪽

11 ≪전두환 육성증언≫ 439쪽

전두환과 재산

12 〈한겨레〉 2003년 5월 24일 14면

13 〈한겨레〉 2003년 4월 29일 18면

14 〈한겨레〉 1988년 11월 24일 5면

15 《경제는 당신이 대통령이야》 217쪽

16 《경제는 당신이 대통령이야》 349쪽

전두환의 재산을 숨겨준 사람들

17 〈한겨레〉 1988년 8월 21일 1면

전두환 재산 문제, 구호로 정리하면

18 〈경향신문〉 1996년 4월 16일

19 〈경향신문〉 1996년 1월 14일

20 〈경향신문〉 1996년 1월 14일

전두환과 동시대인

21 South Korea Prospects for the Fifth Republic(1981.1.1) 10쪽

한국 쿠데타의 선배 나세르

22 《Massive Entanglement, Marginal Influence》 79쪽

23 《Korea on the Brink》 39쪽

24 《혁명과 우상》 1권 112쪽

25 《삼김과 노태우》 147쪽

26 South Korea Prospects for Fifth Republic(1981.1.1) 3쪽

27 《세기의 격랑》 403쪽

전두환과 김대중

28 《혁명과 우상》 1권 209쪽

29 《혁명과 우상》 1권 313쪽

30 《Massive Entanglement, Marginal Influence》 169쪽

31 《Massive Entanglement, Marginal Influence》 88쪽

32 1980년 3월 12일 주한 미국대사관 국무부 전문

33 1980년 3월 12일 주한 미국대사관 국무부 전문

34 《전두환 육성증언》 482쪽

35 1980년 9월 16일 Memorandum for The President from Zbigniew Brzezinski

36 《남산의 부장들》 3권 277쪽

37 Department of Defense Joint Chiefs of Staff Message Center(1980.11.14)

전두환과 육사, 하극상의 역사

38 《역사의 하늘에 뜬 별 김오랑》 273쪽

39 《남산의 부장들》 2권 356쪽

40 《바른 역사를 위한 증언》 234쪽

41 ≪세기의 격랑≫ 363쪽

42 ≪세기의 격랑≫ 454쪽

43 ≪전두환 육성증언≫ 537쪽

전두환과 김종필

44 ≪전두환 육성증언≫ 306쪽

45 1980년 3월 12일 주한 미국대사관 국무부 전문

46 ≪묻어둔 이야기≫ 150쪽

47 ≪전두환 육성증언≫ 205쪽

48 '자유당과 공화당의 창당 과정 비교 연구'

49 ≪삼김과 노태우≫ 189쪽

50 〈문화일보〉 2012년 3월 30일 남재희 전 장관 인터뷰

51 1963년 10월 16일 오전 1시 주한 미국대사관 국무부 전문

52 ≪Sub Rosa≫ 177쪽

53 Current Intelligence Memorandum, subject the South Korean Crisis(1963년 1월 25일)

54 ≪삼김과 노태우≫ 149쪽

55 ≪삼김과 노태우≫ 148쪽

56 Current Intelligence Weekly Summary(1961.6.8)

57 ≪남산의 부장들≫ 1권 81쪽

58 1980년 3월 12일 주한 미국대사관 국무부 전문

59 〈문화일보〉 2012년 3월 30일 남재희 전 장관 인터뷰

78 ≪Korea on the Brink≫ 48쪽

79 ≪12·12 사건 정승화는 말한다≫ 141쪽

80 ≪12·12 사건 정승화는 말한다≫ 277쪽

81 1980년 3월 12일 주한 미국대사관 국무부 전문

82 ≪한국 현대사 산책 1980년대 편≫

83 ≪12·12 사건 정승화는 말한다≫ 293쪽

10·26에 대한 열네 개의 기억

84 ≪12·12 사건 정승화는 말한다≫ 74쪽

전두환의 최상의 순간

85 ≪Korea on the Brink≫ 19쪽

86 ≪Korea on the Brink≫ 95쪽

87 ≪한국의 추억≫ 27쪽

88 〈Under the Jaguar Sun〉(이탈로 칼비노). ≪독재자의 핸드북≫ 105쪽
   에서 재인용.

리더 전두환

89 The Official Visit of Korean President Chun February 1-3, 1981

90 ≪Korea on the Brink≫ 104쪽

91 ≪Korea on the Brink≫ 104쪽

92 ≪Korea on the Brink≫ 105쪽

93 ≪Korea on the Brink≫ 39쪽

94 1980년 5월 3일 주한 미국대사관 국무부 전문

95 ≪전두환 육성증언≫ 136쪽

96 ≪Massive Entanglement, Marginal Influence≫ 117쪽

97 ≪Korea on the Brink≫ 151쪽

98 ≪탱크와 피아노≫ 36쪽

99 ≪한국의 추억≫ 282쪽

100 ≪묻어둔 이야기≫ 226쪽

101 ≪탱크와 피아노≫ 191쪽

102 ≪바른 역사를 위한 증언≫ 70쪽

103 ≪묻어둔 이야기≫ 332쪽

104 ≪전두환 육성증언≫ 27쪽

105 ≪전두환 육성증언≫ 545쪽

106 ≪전두환 육성증언≫ 587쪽

107 ≪12 · 12 사건 정승화는 말한다≫ 115쪽

108 ≪12 · 12 사건 정승화는 말한다≫ 118쪽

109 ≪12 · 12 사건 정승화는 말한다≫ 107쪽

110 ≪12 · 12 사건 정승화는 말한다≫ 125쪽

111 ≪전두환 육성증언≫ 138쪽

전두환의 '욕망'

112 ≪전두환 육성증언≫ 124쪽

131 ≪Korea on the Brink≫ 19쪽

132 ≪Korea on the Brink≫ 50쪽

133 ≪Massive Entanglement, Marginal Influence≫ 79쪽

134 ≪12·12 사건 정승화는 말한다≫ 195쪽

135 ≪Korea on the Brink≫ 63쪽

136 ≪Massive Entanglement, Marginal Influence≫ 78쪽

137 South Korea Prospects for the Fifth Republic(1981.1.1) 24쪽

138 1980년 3월 12일 주한 미국대사관 국무부 전문 1쪽

139 ≪Korea on the Brink≫ 77쪽

140 ≪Korea on the Brink≫ 81쪽

141 1980년 3월 12일 주한 미국대사관 국무부 전문 2쪽

142 1980년 3월 12일 주한 미국대사관 국무부 전문 4쪽

143 ≪Korea on the Brink≫ 189쪽

144 Memorandum for The Honorable Zbigniew Brzezinski(1980.9.15
      2쪽

145 The Secretary of State Washington Memorandum for the President
      from Alexander Haig(1981.1.29) 3쪽

146 ≪Korea on the Brink≫ 149쪽

147 ≪대한민국 만들기 1945~1987≫ 397쪽

148 ≪대한민국 만들기 1945~1987≫ 400쪽

전두환의 청와대

149 《한국의 추억》 32쪽

150 《Massive Entanglement, Marginal Influence》 78쪽

151 《우리 건축 100년》

152 《전두환 육성증언》 553쪽

전두환과 골프

153 《전두환 육성증언》 226쪽

154 《전두환 육성증언》 89쪽

155 《한국의 추억》 323쪽

156 《Korea on the Brink》 170쪽

157 《한국의 추억》 320쪽

158 《Korea on the Brink》 88쪽

159 《Korea on the Brink》 89쪽

160 《구별짓기》 388쪽

161 《전두환 육성증언》 552쪽

162 《전두환 육성증언》 414쪽

폭탄주와 전두환

163 《전두환 육성증언》 278쪽

164 《12·12 사건 정승화는 말한다》 35쪽

165 《Massive Entanglement, Marginal Influence》 115쪽

179 '행정가로서의 김재익' (백완기) 189쪽. ≪80년대 경제개혁과 김재익 수석≫

180 ≪경제는 당신이 대통령이야≫ 12쪽

181 '총론−김재익과의 인연' 51쪽. ≪80년대 경제개혁과 김재익 수석≫

182 ≪대한민국 만들기 1945~1987≫ 20쪽

183 ≪영욕의 한국 경제≫ 228쪽

184 〈한겨레〉 2011년 2월 15일 31면 '보이지 않는 약탈자, 고환율' (정남기)

185 ≪영광의 새 역사를 국민과 함께≫

186 ≪영욕의 한국경제≫ 294쪽

187 '금융실명제와 안정화 시책' (강경식). ≪80년대 경제개혁과 김재익 수석≫

188 ≪경제는 당신이 대통령이야≫ 88쪽

189 ≪영욕의 한국경제≫ 293쪽

190 '한 경제 전략가에 대한 회상' (손광식) 207쪽. ≪80년대 경제개혁과 김재익 수석≫

191 '한 경제 전략가에 대한 회상' (손광식) 222쪽. ≪80년대 경제개혁과 김재익 수석≫

192 '한 경제 전략가에 대한 회상' (손광식) 214쪽. ≪80년대 경제개혁과 김재익 수석≫

어느 기업인이 추억하는 전두환노믹스

193 ≪영욕의 한국경제≫ 380쪽

전두환은 어떻게 죽을까.

자서전도 쓰고 천수도 누린 다음 자신의 침대에서 죽을까.

전 재산 29만 원과 국가에 2000억의 빚을 남긴 채 죽을까.

그래도 되는가.

그게 마땅한 일인가.

지금으로 봐선 그럴 가능성이 크다.

국민들이 그걸 용납해도 되는가.

≪아직 살아있는 자 전두환≫은 전두환에 대한 기록일 뿐 아니라 그를 살아남게 한 우리 모두에 대한 기록이다. 저자인 고나무 기자는 히틀러가 나치 정권을 수립했을 때 침묵했던 독일 국민들처럼 우리 모두의 침묵과 비겁, 무능을 되살려내어 우리를 부끄럽게 만든다. 4·19 혁명이 5·16 군사 쿠데타로 이어지고 종신 집권을 꿈꾼 독재자 박정희가 부하의 총에 맞아 죽었는데도, 왜 민주 정부가 탄생하지 못하고 당시엔 '듣보잡'이었던 전두환이 어떻게 정권을 찬탈할수 있었는지를…… 그리고 2013년 10월이 되면 전두환의 빚 2000억도 사라진다는 사실을 상기시키며 다시 우리의 무능과 비겁과 침묵이 현재 진행형임을 일깨워주고 있다.

― **김선주**/언론인

전두환을 역사의 죄인이라 말하기는 쉽다. 사법부도 인정한 사실이니까. 그런데 그의 잘못을 가지런히 정리해 말하는 일은 만만치 않다. 전두환 시대가 얼마나 나쁜지 보여주는 자료가 너무 방대하기도 하거니와 당시 떵떵거리던 분들이 아직도 사회 곳곳에서 힘깨나 쓰고 있기 때문이다. 이 틈을 놓칠세라, 민주주의를 부정하기 위해 전두환을 영웅시하는 목소리도 가끔씩 들리는가 보다. (나라 바깥에서도 히틀러 시대와 일본 제국주의 시대가 좋다며 말썽을 부리는 무리가 있다.) 다행이다, 요즘 같은 때 이 책이 나와주어. 저자는 발로 뛰어 자료를 모으고 전두환 시대를 여러 각도에서 바라볼 수 있도록 세심하게 구성하였다. 쉽게 읽히는 빠른 호흡도 돋보인다.

— **김태권**/《김태권의 십자군 이야기》 《히틀러의 성공시대》 만화가

나는 그가 트루먼 카포티가 되지 못해도 좋다. 그가 진실로 가는 길목에 서 있다. 침묵이 말이 되기를 기다리지 말기를 바랐다. 《황강에서 북악까지》를 얘기해줄 때 그의 눈빛을 잊지 못하겠다. 전두환은 우리 현대사의 패총이다. 그가 그 무덤 속으로 단기필마, 기꺼이 걸어 들어간다.

— **박찬일**/요리사

몇 달 전 서울역에서 경호원들을 대동하고 플랫폼으로 향하는 그를 목격한 적이 있다. 십여 명 무리의 중앙에서 중절모를 쓴 채 허리를 곧추세우고 팔을 힘차게 내저으며 보무도 당당히 걷고 있었다. 영화 〈범죄와의 전쟁: 나쁜 놈들 전성시대〉 식으로 말하고 싶었다. "살아 있네!" 세상이 전혀 무섭지 않아 보였다. 아직 살아 있는 자. 그것도 아주 잘 살아 있는 자.

"온 국민의 민주화 열망을 짓밟고 군사 쿠데타를 통해 정권을 찬탈한 전두환 정권은……"으로 시작하는 성명서는 귀에 딱지가 앉을 만하다. 진부함이 말라비틀어졌다. 마구 침을 뱉어왔지만, 관성적인 침이었다. 12·12에서 29만 원까지 진실의 단서들을 차분하고 끈기 있게 포위하며 추적할 기회는 많지 않았다. 고나무 기자가 그 일을 해냈다. 〈한겨레〉 안에서도 섬세하고 독특한 글을 쓰는 스타일리스트로 알려진 그다. 가장 문학적이고 탐미적인 전두환 르포이자 현대사 다큐멘터리를 기대해도 좋다.

— **고경태**/〈한겨레〉 토요판 에디터

어머니 원영숙과 아버지 고시홍은 내게 펜을 잡을 손과 비유법을 사고할 머리를 주셨다. 삶은 가혹하지만 견딜 만한 가치가 있음을, 늘 몸소 보여주신다. 반면교사에게서 교훈을 얻어내는 삶의 에너지를 전적으로 두 분께 받았다. 아내와 가족들은 최초의 독자이자 냉정한 편집자였으며 힘들 때 격려해준 친구였다. 한겨레의 선후배, 동료 기자들에게서 취재하는 법을 배웠다. 한겨레 주말섹션 esc에서 글쓰기의 즐거움을 배웠다. 만난 지 17년째 되는 대학 친구들과 그보다 더 오래된 고향 친구들이 없었다면 이 책은 불가능했다. 한 친구의 비유법을 빌리자면, 친구들이 나의 생태계이며 나는 그 생태계에서 자라는 나무에 불과하다. 나무가 오늘 책을 열매 맺었다면, 열매는 전적으로 그 생태계에 속한다.

아직 살아있는 자 전두환

발행일 초판 1쇄 2013년 6월 5일

지은이 고나무 펴낸이 임후성 펴낸곳 북콤마

편집 · 디자인 이예숙 · 박진범

등록 제406-2012-000090호

주소 (413-756) 경기도 파주시 문발동 파주출판단지 534-2 201호

전화 031-955-1650 팩스 0505-300-2750

이메일 bookcomma@naver.com 트위터 @bookcomma

ISBN 979-11-950383-2-9 03300